Luca P. Marighetti, Ralf Jasny,
Andreas Herrmann, Frank Huber (Hrsg.)

Management der Wertschöpfungsketten in Banken

Luca P. Marighetti, Ralf Jasny,
Andreas Herrmann, Frank Huber (Hrsg.)

Management der Wertschöpfungsketten in Banken

Outsourcing, Reengineering und Workflow in der Praxis

Die Deutsche Bibliothek – CIP-Einheitsaufnahme
Ein Titeldatensatz für diese Publikation ist bei
Der Deutschen Bibliothek erhältlich

1. Auflage November 2001

Alle Rechte vorbehalten
© Betriebswirtschaftlicher Verlag Dr. Th. Gabler GmbH, Wiesbaden 2001
Softcover reprint of the hardcover 1st edition 2001

Lektorat: Guido Notthoff

Der Gabler Verlag ist ein Unternehmen der Fachverlagsgruppe BertelsmannSpringer.
www.gabler.de

Das Werk einschließlich aller seiner Teile ist urheberrechtlich geschützt. Jede Verwertung außerhalb der engen Grenzen des Urheberrechtsgesetzes ist ohne Zustimmung des Verlags unzulässig und strafbar. Das gilt insbesondere für Vervielfältigungen, Übersetzungen, Mikroverfilmungen und die Einspeicherung und Verarbeitung in elektronischen Systemen.

Die Wiedergabe von Gebrauchsnamen, Handelsnamen, Warenbezeichnungen usw. in diesem Werk berechtigt auch ohne besondere Kennzeichnung nicht zu der Annahme, dass solche Namen im Sinne der Warenzeichen- und Markenschutz-Gesetzgebung als frei zu betrachten wären und daher von jedermann benutzt werden dürften.

Umschlaggestaltung: Nina Faber de.sign, Wiesbaden
Satz: FROMM MediaDesign GmbH, Selters/Ts.

Gedruckt auf säurefreiem und chlorfrei gebleichtem Papier

ISBN-13: 978-3-322-82310-6   e-ISBN-13: 978-3-322-82309-0
DOI: 10.1007/978-3-322-82309-0

Vorwort

Die moderne Informations- und Kommunikationstechnologie verändert die Bankenwelt nachhaltig. Mit steigender Leistungsfähigkeit dieser Technologie sinken die Transaktionskosten der Arbeitsteilung. Zur Verarbeitung zusätzlich komplexer Informationseinheiten ist weniger Aufwand als je zuvor erforderlich. Hinzu kommt eine Entspezifizierung von Informationsvorteilen und Wissensvorsprüngen auf Grund der schnelleren Diffusion von Neuerungen in weltweiten Netzen. Dies bringt verstärkte Produktstandardisierung in immer kürzerer Zeit und damit ebenfalls eine Vermarktlichung von Organisationsformen mit sich.

Damit verschwimmen die Grenzen zwischen Banken und ihren Wertschöpfungspartnern in zunehmendem Maße. Der Anteil, den die Informations- und Kommunikationstechnologie an dieser Entwicklung besitzt, ist nicht zu unterschätzen. Sie stellt in vielen Fällen die notwendige Bedingung für die Verwirklichung neuer Organisationsformen dar. Beispielsweise entstehen Netzwerke, in denen die Informations- und Kommunikationstechnologie dazu beiträgt, die unternehmensübergreifende Wertschöpfungskoordination massiv und flexibel zu unterstützen. So war es bislang undenkbar, dass etwa die Deutsche Bank AG eine eigene Tochter für die Abwicklung von Wertpapier- und Zahlungsverkehrstransaktionen aufbaut (ETB), eine andere Tochter mit der Entwicklung von Investmentfonds betraut (DWS) und wieder einer anderen Tochter die Gestaltung von Kundenbeziehungen überträgt (Deutsche Bank 24). Offenbar verändern neue Medien die Organisation und den Ablauf von Geschäftsprozessen bei Banken nachhaltig.

Insofern liegt es nahe, sich mit den wirtschaftlichen Perspektiven der neuen Informations- und Kommunikationstechnologien eingehend zu befassen. Hierbei geht es vor allem darum, die betriebswirtschaftlichen Auswirkungen auf verschiedenen Ebenen zu diskutieren. Einerseits stehen die Veränderungen der Wertschöpfungskette und der Organisation von Banken im Mittelpunkt der Betrachtung. Andererseits geht es um die konkrete Modifikation der Leistungsgestaltung in Anbetracht neuer Medien.

Die Herausgeber freuen sich darüber, dass es gelungen ist, Theorie und Praxis miteinander zu verzahnen, um die soeben aufgeworfenen Herausforderungen eingehend zu erörtern. Ganz unterschiedliche Auffassungen und Sichtweisen, vielfältige theoretische Überlegungen und praktische Erfahrungen kennzeichnen die vorliegenden Beiträge. Dies kann nicht verwundern, da die Autoren sehr verschiedene Sektoren des Marktes für Finanzdienstleistungen repräsentieren. Das Buch gliedert sich entsprechend der erläuterten Problemstellungen in drei Teile mit insgesamt zwölf Einzelbeiträgen, die jeweils unterschiedliche Themenschwerpunkte besitzen. Allen Aufsätzen gemeinsam ist die Betonung der Neugestaltung des unternehmerischen Geschehens als zentrale Herausforderung im Finanzdienstleistungsmarkt.

Unser Dank gilt vor allem den beteiligten Autoren, die ihr Wissen, ihre Erfahrungen und insbesondere ihre sehr knapp bemessene Zeit in das Sammelwerk einbrachten. Darüber hinaus danken wir Frau Imma Baumgärtner für die Aufbereitung der Texte und die Gestaltung der Grafiken.

Frankfurt und Mainz im Oktober 2001

Luca P. Marighetti, Ralf Jasny,
Andreas Herrmann, Frank Huber

Die Autoren

Stanley Bauer	Deutsche Bank AG
Rainer Blank	Volkswagenbank GmbH
Dr. Klaus P. Caspritz	Lombardkasse AG
Dr. Roland Folz	Direkt Anlage Bank AG
Norman Hänsler	Universität Mainz
Prof. Dr. Andreas Herrmann	Universität Mainz
Dr. Frank Huber	Universität Mainz
Prof. Dr. Ralf Jasny	FH Frankfurt am Main
Dr. Luca P. Marighetti	Deutsche Bank 24 AG
Frank Meyrahn	2hm & Associates
Dr. Friedhelm Plogmann	Landesbank Rheinland-Pfalz
Jürgen Rebouillon	Credit Suisse First Boston AG
Thomas Veit	Eurohypo AG
Ingrid Vollmer	Universität Mainz
Dr. Herbert Walter	Deutsche Bank 24 AG

Inhaltsverzeichnis

Vorwort 5

Teil I:
Die Wertschöpfungskette im Umbruch 11

- Herausforderungen an das Management von Wertschöpfungsketten 13
  Luca P. Marighetti, Andreas Herrmann, Norman Hänsler
- Wertschöpfungsketten bei Banken 25
  Ralf Jasny

Teil II:
Elemente der Wertschöpfungskette 37

- Optimierung von Wertschöpfungsketten bei Privatkundenbanken 39
  Herbert Walter
- Discount-Brokerage – Darstellung am Beispiel der Direkt Anlage Bank 51
  Roland Folz
- Strategische Perspektiven einer Hypothekenbank 61
  Thomas Veit
- Mittelstandsfinanzierung vor neuen Herausforderungen 77
  Friedhelm Plogmann
- Risikominimierung einer Outsourcingentscheidung 91
  Klaus Caspritz

Teil III:
Wertschöpfungsketten in neuen Institutionen 101

- Franchising im Privatkundengeschäft von Banken 103
  Ralf Jasny
- Finanzdienstleistungen entlang der automobilen Wertschöpfungskette 113
  Rainer Blank
- Optimierung der Wertschöpfungskette durch Outsourcing 127
  Jürgen Rebouillon, Stanley Bauer
- Outsourcing von Finanzdienstleistungen 145
  Andreas Herrmann, Ingrid Vollmer, Frank Meyrahn
- Sortimentspolitik in Retailbanken 161
  Ralf Jasny, Andreas Herrmann, Norman Hänsler, Frank Huber

Die Autoren 173

Stichwortverzeichnis 177

Teil 1:
Die Wertschöpfungskette im Umbruch

Herausforderungen an das Management von Wertschöpfungsketten

Luca P. Marighetti, Andreas Herrmann, Norman Hänsler

„... DaimlerChrysler-Aktien kaufen, SAP-Papiere verkaufen ...", so tönt die Stimme aus dem sprechenden Computer als der Kunde die Homepage mit seinen bereits getätigten und noch vorzunehmenden Finanztransaktionen ansteuert. Erneut meldet sich der intelligente Computer: „... schau bitte noch auf die Veränderung der Zinsen für Festgeld ...". Dieses Wissen entnimmt der smarte Computer einer Datenbank (Datei), in der die Anlagewünsche sowie Informationen über die Risiko-Rendite-Neigung des Kunden niedergelegt sind. Beherzt greift der Kunde die Vorschläge auf, und die bereits bekannte Stimme aus dem Computer lobt die Ausgewogenheit des gebildeten Portfolio. Nur kurze Zeit später erhält der Investor die Bestätigung des Kaufs beziehungsweise Verkaufs der Aktien. Die Abbuchung der für die getätigten Transaktionen anfallenden Gebühren erfolgt automatisch vom Konto.

Willkommen im Jahr 2004, im Netz der ABC-Bank, einer globalen Online-Bank, die in allen fünf Kontinenten präsent ist. Sie steht für intelligente Technik, eine (soweit der PC es zulässt) verführerische Atmosphäre und stets freundlichen Service der Mitarbeiter am Telefon. Das Motto der ABC-Bank lautet: preisgünstig, schnell und sehr hohe Qualität. Daher umfasst das Leistungsspektrum lediglich den Handel von Aktien und festverzinslichen Wertpapieren.

Im Kern zielt die ABC-Bank darauf ab, die Vorzüge eines Discounter im Finanzdienstleistungssektors mit denen eines klassischen Bankhauses zu verknüpfen. Zwar spielt der Preis der offerierten Dienste eine zentrale Rolle, allerdings hängt die Bankwahl, so die Macher der ABC-Bank, auch in Zukunft von der Güte der Beratungsleistung ab.

- Entspricht dieses Szenario wohl den realen Gegebenheiten im Jahr 2004?
- Inwieweit wird die Wertschöpfungskette der Banken durch die sich immer schneller entwickelnde Informations- und Kommunikationstechnologie verändert?
- Welche Herausforderungen kommen auf die Banken zu?

Zur Klärung dieser Fragen bietet sich die folgende Vorgehensweise an:

Zunächst soll das Thema der Festlegung von Unternehmensgrenzen beziehungsweise der Definition der Wertschöpfungskette diskutiert werden. Anschließend interessiert eine Aufarbeitung der wesentlichen Facetten des Electronic-Commerce. Ferner steht die Reorganisation der Wertschöpfungskette im Blickpunkt, bevor es um die Erörterung einzelner Elemente der Wertschöpfungskette geht. Den Abschluss bildet eine Diskussion um die unternehmenspolitischen Handlungsoptionen von Banken.

1. Bildung der Unternehmensgrenzen

Von zentraler Bedeutung für den Unternehmenserfolg ist die Beantwortung der Frage nach der Unternehmensgrenze. Hierbei gilt es, jene Aufgaben entlang der Wertschöpfungskette festzulegen, die vom Unternehmen selbst beziehungsweise von Marktpartnern zu bewältigen sind. Ein Blick in die Literatur zeigt, dass sich der Transaktionskostenansatz als theoretisch-methodische Basis hierfür eignet (vgl. Picot 1982 und Picot/Freudenberg 1998).

Je größer die Spezifität der Elemente der Wertschöpfungskette und deren strategische Bedeutung für das Unternehmen sind, desto eher entwickelt sich die Leistungserstellung durch einen Markpartner (marktliche Koordination) hin zu einer hybriden Koordinationsformen und letztendlich zur Eigenerstellung (hierarchische Koordination).

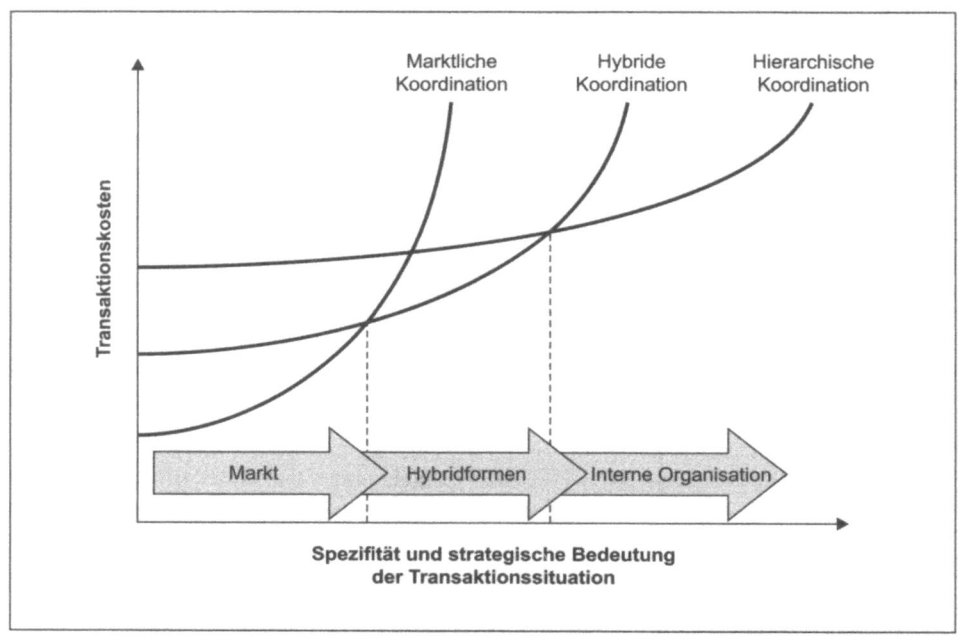

Quelle: Picot/Freudenberg 1998, S. 72

Abbildung 1: Die Vorteilhaftigkeit einzelner Koordinationsformen ist abhängig von den Eigenschaften der Transaktionssituation

Alle Schritte zur Wertschöpfung, die sich aus Sicht des Unternehmens als relativ unspezifisch sowie strategisch unbedeutsam erweisen, sollten in die Hände von Marktpartnern gelegt werden. Dabei ist zu beachten, dass die Informations- und Kommunikationsschnittstellen möglichst unkompliziert beschaffen sein sollten, um Komplexitätskosten zu vermeiden. Eine solche Abstimmung über den Markt mit dem Preis als Koordinationsinstrument zeichnet sich durch besonders niedrige Transaktionskosten aus.

Abschnitte der Wertschöpfungskette, die sich durch eine durchschnittliche Spezifität sowie eine gewisse strategische Bedeutung auszeichnen, sollten im Rahmen hybrider Koordinationsformen erbracht werden. Dies tritt beispielsweise bei strategischen Allianzen und Joint Ventures auf, bei denen unter den genannten Voraussetzungen die Transaktionskosten deutlich geringer sind als in alternativen Koordinationsformen.

Die Eigenerstellung im Sinne von Auf- und Ausbau wettbewerbsrelevanter Kernkompetenzen liegt bei hochspezifischen und strategisch sehr relevanten Aktivitäten nahe. In diesem Fall würde eine Kooperation mit Dritten auf Grund des großen Abstimmungsbedarfs und der entstehenden Abhängigkeit zu sehr hohen Transaktionskosten führen.

Somit zählen die Aktivitäten eines Unternehmens im Normalfall zu den Rubriken Fremdbezug, Hybridformen oder Eigenerstellung, die sich als Normstrategien auf der Grundlage des Transaktionskostenansatzes ableiten lassen (siehe Abbildung 2).

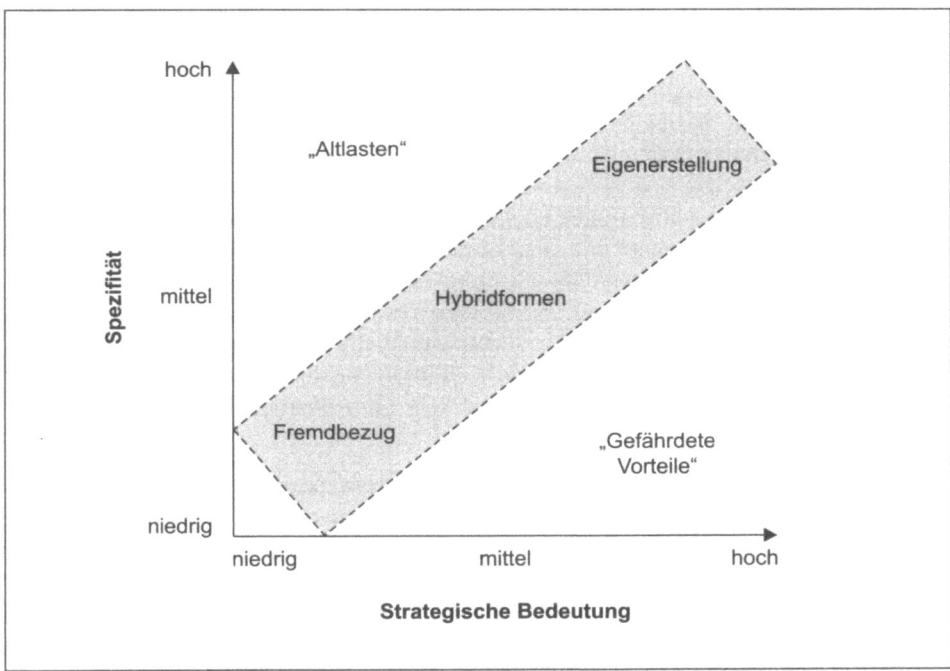

Abbildung 2: Normstrategien auf Grundlage des Transaktionskostenansatzes

Hochspezifische Prozesse, die keine oder nur eine geringe strategische Bedeutung aufweisen, stellen so genannte „Altlasten" dar. Sie beanspruchen mitunter erhebliche finanzielle, personelle und zeitliche Ressourcen, ohne dass sie dem Unternehmen einen klaren Wettbewerbsvorteil liefern. Da sie zumeist sehr teuer und nur schwer reversibel sind, wie etwa sekundäre Individualsoftware, sind solche „Altlasten" nicht mehr selbst zu erstellen, sondern fremd zu beziehen.

Ebenso kritisch zu betrachten sind die „gefährdeten Vorteile", die strategisch relevante Aktivitäten mit einer niedrigen Spezifität umfassen. Die mit solchen Aktivitäten errungenen Wettbewerbsvorteile wirken häufig nur kurzfristig, da sie von Konkurrenten sehr schnell ausgeglichen werden können. Als Beispiel hierfür ist etwa eine Standard-Tabellenkalkulation zu nennen.

2. Das Umfeld der Banken verändert sich

Electronic-Commerce lässt sich als elektronischer Marktplatz beschreiben, der sich durch die Offenheit der Systeme sowie die Gleichberechtigung und Freiwilligkeit der Teilnahme auszeichnet. Die diesem Marktplatz zu Grunde liegenden elektronischen Informations- und Kommunikationssysteme arbeiten mit digitalisierten Daten, das heißt die Systeme erfassen, verarbeiten, verteilen und stellen Informationen bereit. Durch die Trennung der Information von einem physischen Überbringer und somit der physischen Wertschöpfungskette erhält der Wirtschaftsfaktor „Information" einen Mehrwert an Nutzungsmöglichkeiten, das heißt die Information erfährt mittels der IT-Technologie eine Loslösung von Raum und Zeit. Universelle Informationssysteme schaffen die Voraussetzung auf elektronischen Weg weltweit miteinander zu kommunizieren und dienen auf dem Daten-Highway als Hilfsmittel, um komplexe Kommunikation zu ermöglichen. Dadurch konnte sich eine „neue" Informationsökonomik entwickeln (vgl. Evans/Wurster 1997, S. 71–82). Auf Grund der Übermittlungsmöglichkeiten und der Übertragungsgeschwindigkeit verlieren Raum und Zeit für diese Systeme an Bedeutung, sodass die Daten „anytime and anywhere" verfügbar sind und eine erhöhte Konnektivität begünstigen. Darüber hinaus ermöglichen die Systeme vielfältige Darstellungsformen in der virtuellen Welt, die die reale Welt in vielen Fällen sehr gut reflektiert (Armstrong/Hagel III 1996).

Ohne Zweifel ist die Mediatisierung von Markttransaktionen auf Informationsaspekte begrenzt und betrifft die physischen Bestandteile der Transaktion nicht. Allerdings stellt die Verarbeitung von Informationen einen beachtlichen Teil der Transaktionskosten dar. Der Einsatz von Electronic-Commerce mit der anytime and anywhere-Verfügbarkeit von Informationen bewirkt eine erhebliche Senkung der Transaktionskosten. Diese führt ihrerseits zu einer Migration der Transaktionsabwicklung, das heißt Aufgaben, die früher von dem Leistungsanbieter selbst zu erledigen waren, beschafft sich das Unternehmen heute und in Zukunft schneller, besser und einfacher von einem Spezialisten am Markt. Die Grenzen zwischen dem Unternehmen und den Wertschöpfungspartner verlieren sich dabei in dem Maße, wie es die Informations- und Kommunikationstechnologie qualitativ zulässt. Bei generell offenen Systemen mit standardisierten Schnittstellen als Grundlage des Electronic-Commerce erfährt die Wertschöpfungskette eine Entbündelung. Spezialisten kommen auf, die die einzelnen Funktionen auf Grund der Kostenstruktur beziehungsweise der Lernkurveneffekte besser oder preisgünstiger erfüllen als die Universalbanken, sodass es zu einer partiellen Substitution kommt.

Das Wesen der „neuen" Informationsökonomik kann dazu führen, dass der Wettbewerb um die entbündelten Bankfunktionen global erfolgt und quer über alle Betriebsformen reichen wird. Je mehr Standardschnittstellen zwischen den Computersystemen eingerichtet werden, desto intensiver konkurrieren die auf bestimmte Funktionen der Wertschöpfungskette spezialisierten Unternehmen. Dabei wird es dem Nachfrager entgehen, dass die vom ihm verlangte Leistung ein Bündel bildet, an dessen Gestaltung eine beachtliche Zahl von Zulieferern mitwirken. Was aber bedeutet die Entbündelung der Bankfunktionen und das damit verbundene Aufkommen von Spezialisten für die Banken?

3. Reorganisation der Wertschöpfungskette

In Anbetracht dieser Ausführungen ist im Folgenden zu prüfen, wie sich die modernen Informations- und Kommunikationstechnologien auf die Gestaltung der Wertschöpfungskette auswirken. Neue Informations- und Kommunikationstechnologien erlauben eine immer schnellere Diffusion von Wissen sowie eine Omnipräsenz von Informationen und neuen Erkenntnissen. Spezifisches Know-how mit strategischem Wert wird aus diesem Grund rascher entspezifiziert, das heißt standardisiert und somit strategisch entwertet, als dies früher der Fall war. Darüber hinaus trägt die Entwicklung der Informations- und Kommunikationstechnologie selbst zur Standardisierung bei, die sich in einer weiten Verbreitung von Standardsoftware, Standardschnittstellen und Standardsystemarchitektur zeigt.

- Profitable Leitungen, charakterisiert durch strategische Wettbewerbsvorteile, die auf spezifische Problemlösungen und Systemen aufbauen, können durch standardisierte Informations- und Kommunikationstechnologie imitiert und verbreitet werden, sodass Zutrittsbarrieren für potenzielle Wettbewerber fallen.

- Darüber hinaus nimmt die strategische Bedeutung der bislang hochspezialisierten Eigenaktivitäten rapide ab, sodass neue „Altlasten" entstehen.

Ein Unternehmen kann seine strategisch bedeutende, auf spezifischen Systemen basierende Wettbewerbsposition verlieren und an den verbleibenden „Altlasten" dauerhaft kostenmäßig leiden. Diese Überlegungen verdeutlichen, dass insbesondere im Bereich informations- und kommunikationstechnologischer Problemlösungen die Eigenerstellung mit erheblichen Risiken behaftet ist. Bei vielen Unternehmen erscheinen kooperative Lösungen oder sogar Standardlösungen als die weitaus bessere Alternative. Mit Hilfe der neuen Medien lassen sich strategische Wettbewerbsvorteile vor allem dort gewinnen, wo Economies of scale erreicht werden können, die für Konkurrenten Eintrittsbarrieren bilden (zum Beispiel in der Prozess-Spezialisierung). Diesen Weg beschreiben beispielsweise informationsverarbeitende Dienstleister, die sich auf besondere Marktsegmente mit spezifischen Prozesskomponenten spezialisieren. Hierzu zählen etwa Transaktionsbanken, die für Geschäftsbanken die Wertpapier- und Zahlungsverkehrsabwicklung übernehmen.

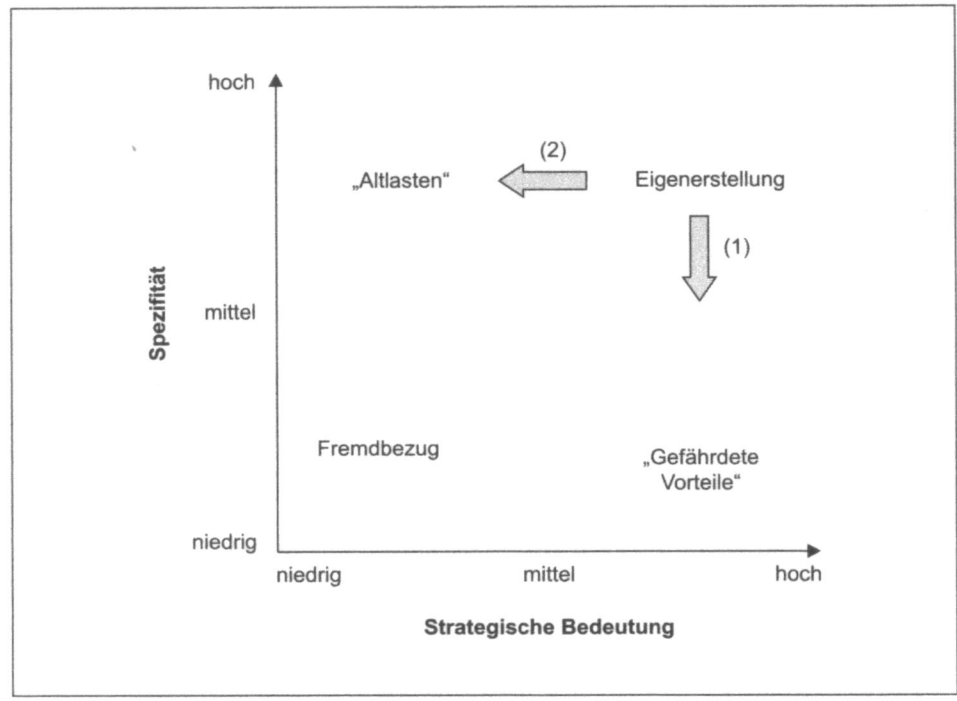

Abbildung 3: Entwicklung der ursprünglichen Unternehmensstrategie durch den Einfluss der Informations- und Kommunikationstechnologie

Dagegen sind strategische Wettbewerbsvorteile durch Eigenerstellung dann zu erlangen, wenn besonderes Know-how ausschlaggebend ist. Dies ist etwa im Beratungsgeschäft der Fall, bei dem qualifiziertes Personal eingesetzt, durch Aus- und Weiterbildungsprogramme entwickelt und durch spezifische Motivations- und Anreizsysteme zu einer hohen Leistung angeregt wird. Gerade in dem vielfach beratungsintensiven Wirtschaftsbereich lässt sich durch das besondere Vertrauensverhältnis (Systemvertrauen) zwischen dem Geschäftsbetrieb und der Kundschaft ein deutlicher Wettbewerbsvorteil generieren. Dieses Systemvertrauen kann wesentlich zur Senkung der Transaktionskosten beitragen.

Bereits hier lässt sich erkennen: Unternehmen reduzieren ihre Wertschöpfungskette durch eine Reorganisation ihrer Grenzen. Im Zuge einer zunehmenden Verbreitung der Informationstechnologie und einem deutlichen Anstieg ihrer Leistungsfähigkeit wird die unternehmensinterne Koordination zu Gunsten der externen (marktlichen Koordination) vermindert. Die Nutzung des Marktes und die Kooperation mit anderen Unternehmen gewinnen als Instrumente zur Koordination arbeitsteiliger Leistungen erheblich an Bedeutung (siehe Abbildung 4).

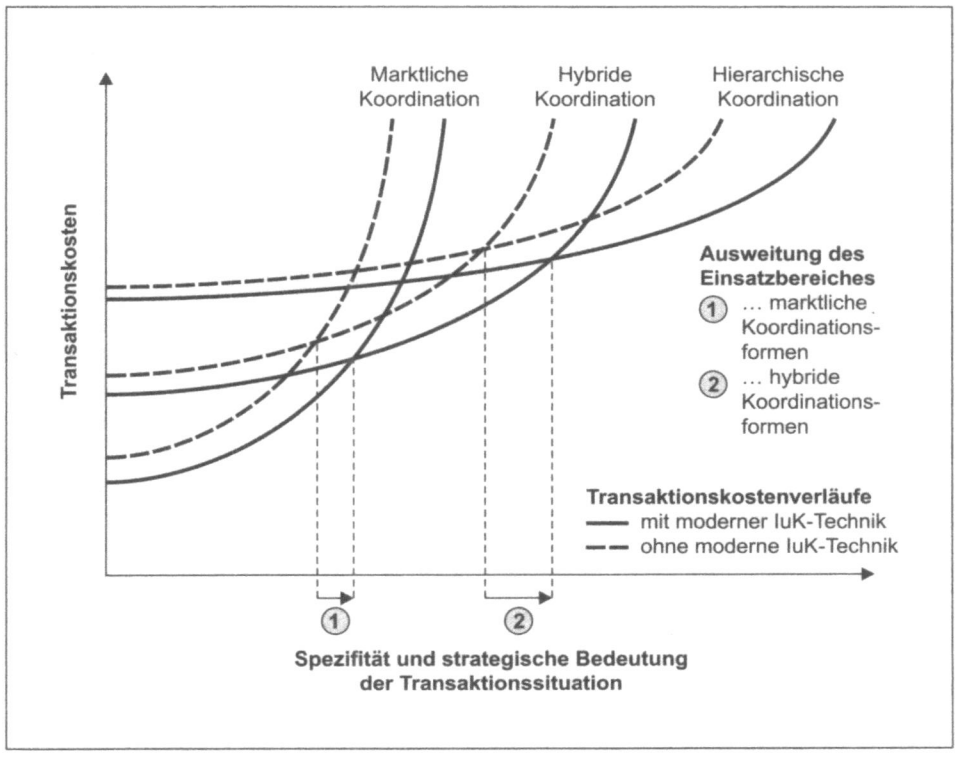

Quelle: Picot/Freudenberg 1998, S. 75

Abbildung 4: Der Einsatz von Informationstechnik erweitert den Einsatzbereich marktnäherer Koordinationsformen

Zahlreiche theoretische Überlegungen und empirische Untersuchungen zeigen, dass sich die bisherigen Grenzen zwischen marktlicher, hybrider und interner Koordination mit zunehmender Verfügbarkeit leistungsfähiger Informations- und Kommunikationstechnik zu Gunsten der marktlichen und hybriden Koordinationsform verschieben. Dies liegt vor allem an den Transaktionskosten, die mit einer sich verbessernden Informations- und Kommunikationstechnik sinken. Zur Aufnahme und Verarbeitung von Daten ist unter diesen Bedingungen deutlich weniger Aufwand erforderlich als zuvor. Hinzu kommt eine Entspezifizierung von Informationsvorsprüngen und Wissensvorteilen auf Grund der raschen Diffusion der Daten im weltweiten Netz. Dies bringt eine verstärkte Standardisierung von Gütern und Diensten mit sich und führt damit zu einer Vermarktlichung der Organisation. Je geringer die Steigung der Transaktionskostenkurve in Abbildung 4 ist, desto weiter verschieben sich die Schnittpunkte der verschiedenen Koordinationsformen in Richtung der marktnahen Koordinationsform.

Die Grenzen zwischen den Unternehmen und den Partnern entlang der Wertschöpfungskette verschwimmen dabei in zunehmendem Maße. Darüber hinaus erlauben die neuen Medien auch eine Zusammenarbeit zwischen Unternehmen, die zum Teil über Grenzen hinweg an unterschiedlichen Ort niedergelassen sind. Dadurch ist es möglich, die Spezialisierungsvorteile der einzelnen Unternehmen zu geringen Transaktionskosten auszuschöpfen.

Eine besondere Form der Organisation bildet das Konzept der Modularisierung, das aus einer Restrukturierung eines Unternehmens auf Basis integrierter, kundennaher Prozesse in kleine, überschaubare Einheiten besteht. Die organisatorischen Einheiten (Module) lassen sich aneinander reihen und zu einer Wertschöpfungskette verzahnen. Dabei beginnen und enden die Wertschöpfungsprozesse stets bei internen und externen Kunden. Die zu bewältigenden Aufgaben erhalten jene organisatorischen Einheiten (Module), die das zur Aufgabenerfüllung erforderliche Know-how besitzen. Alle Aufgaben, die einem Modul vorliegen, weisen einen sehr hohen Grad der Abgeschlossenheit auf. Insofern ist die Komplexität der Transaktionen innerhalb eines Moduls hoch, zwischen den Modulen hingegen gering. Das hat zur Folge, dass die Leistungserstellung innerhalb eines Moduls zur wissensökonomischen Reife vorangetrieben wird. Die wissensökonomische Reife ist erreicht, wenn die zwischen den Modulen ausgetauschten Leistungen zwar implizites Wissen verkörpern, die Kenntnis dieses Wissens jedoch für den Austauschprozess nicht von Bedeutung ist. Dadurch wird ein komplexer Wissens- und Informationstransfer zwischen den spezialisierten Einheiten vermieden. Es können an diesen Schnittstellen hierarchiefreie, marktähnliche Koordinationsformen zum Einsatz kommen.

4. Umbruch der Wertschöpfungskette

Aufbauend auf den dargelegten Erläuterungen sollen im Folgenden die Auswirkungen des Electronic-Commerce auf die Funktionen einer Bank verdeutlicht werden. Hierzu erscheint es ratsam, zunächst den Kern der jeweiligen Bankfunktion zu erörtern, um im Anschluss auf die unternehmenspolitischen Optionen im Licht der neuen Medien einzugehen.

Banken bilden Sortimente von Finanzdienstleistungen, um die Transaktionskosten der Nachfrager bei der Auswahl geeigneter Produkte zu verringern. Zur Beschaffung solcher Dienste brauchen Individuen daher nur eine kleine Zahl von Banken aufzusuchen. In der Welt des Electronic-Commerce spielen diese Transaktionskosten keine große Rolle mehr. Per Knopfdruck kann sich der Kunde alle möglichen Angebote einer bestimmten Dienstleistungsgattung zeigen lassen, ohne dass er dazu verschiedene Banken besuchen muss.

Selbstverständlich werden auch in Zukunft Sortimente zusammengestellt, jedoch seltener physisch, sondern überwiegend virtuell, und zwar sehr viel stärker als bisher mit Blick auf die spezifischen Bedürfnisse der Nachfrager. Dabei ist zu beachten, dass die Vermittlung von standardisierten Bankdienstleistungen über immer neuere elektronische Transfermedien in Verbindung mit einer Innovation des Customer-Managements stehen muss. Denn ein vielschichtiges Finanzdienstleistungspaket – offeriert auf einer adrett gestalteten Internetseite – bewirkt noch keine ausreichende Kundenzufriedenheit und langfristige Kundenbindung. Ein auf den individuellen Kunden zugeschnittener Service basierend auf seinen Bedürfnissen und seiner Nachfragehistorie muss derart mit den neunen Technologie verzahnt werden, dass auf kostensparender Basis eine optimale Kundenbetreuung realisiert werden kann. Somit bietet sich die Möglichkeit einer effizienten Kundenbetreuung und -bindung. Dabei geht es um mehr als die reine Informationsvermittlung, den Kontozugriff oder eine Überweisung. Die One-to-One-Kommunikation erlaubt vielmehr den gezielten Einsatz kunden- und produktspezifischer Angebote, die lebendige Interaktion und die automatisch personalisierte Nachricht via Handy (SMS), Fax oder PC – kundenspezifische Informationsdienste in Echtzeit.

Weiterhin besitzen die Bankfilialen die große Chance, die von nichtbanktraditionellen Finanzdienstleistern (möglicherweise auch konkurrierender Häuser) angebotenen Güter hinsichtlich ihrer Tauglichkeit zur Erfüllung der Kundenwünsche zu überprüfen. Somit könnten die Bankfilialen eine Funktion übernehmen, die darin besteht, die Kunden hinsichtlich Qualität und Preis sowie die relative Vorteilhaftigkeit von Produkten zu beraten. Hierzu ist es jedoch erforderlich, dass in jeder Bankfiliale auch Produkte der Konkurrenz angeboten werden dürfen, um den Charakter einer objektiven Beraterbank zu unterstreichen.

Damit sich Banken nicht zunehmend zu Vermittlern und somit zu Provisionsempfängern wandeln, muss dieser Beratungsaspekt verstärkt genutzt und in seiner Qualität konsequent gesteigert werden. Der Bankangestellte vor Ort besitzt gegenüber den nichtbanktraditionellen Finanzdienstleistern den Vorteil, dass er die Kunden mit ihren besonderen Vorstellungen kennt und ein gewisses Vertrauen genießt. Umgekehrt kann er die Leistungsfähigkeit der Anbieter einschätzen und diese Kenntnisse im Dialog mit den Nachfrager nutzen. Damit liegt es nahe, für eine Rolle der Bankfiliale als Makler beziehungsweise Informationsbroker sowie als Ratgeber für Anbieter und Nachfrager zu plädieren. Die individualisierten Sortimente in der virtuellen Welt sind den heute bei verschiedenen Bankformen anzutreffenden Offerten schon deshalb überlegen, weil das Problem einer begrenzten Produktpalette nicht besteht. Insofern bleibt den Banken nur der Weg, die Berateraufgabe zu erfüllen. Der Grund für den deutlichen Rückgang der Informations- und Beratungsleistung in den Bankfilialen liegt im Anliegen, Kosten zu sparen, die bei der Bereitstellung und Bearbeitung von Informationen anfallen. Um allerdings eine „umfassende" Beratung über die Tauglichkeit von Finanzdienstleistungen anbieten zu können, bedarf es eines physischen Kontaktes, was lediglich in Bankfilialen möglich ist, denn in Online-Bankshops ist diese intensive Beratungsleistung kaum gegeben.

Bezüglich der reinen Informationsbereitstellung liegen in der virtuellen Welt die Dinge völlig anders, weil dies nur mit geringfügigen zusätzlichen Kosten einhergeht. Hinzu kommt, dass diese Funktion nicht zwingend an die Wahlhandlung gebunden ist und sich somit leicht von den anderen Bankfunktionen entbündeln lässt. Insofern werden Dritte hinzukommen, die eine gattungsspezifische oder sogar gattungsübergreifende Beratung anbieten, zumal jede Bank bislang nur die Angebote in ihrem Sortiment kennt. Darüber hinaus kann ein Dritter vielfältige Produktvergleiche liefern, Finanzdienstleistungen im Hinblick auf bestimmte Kriterienrangreihen sowie die Aussagen von Kunden über die

Erzeugnisse sammeln, auswerten und anderen Nachfragern bereitstellen, ohne dass dieser Spezialist die Absicht verfolgt, bestimmte Leistungen zu verkaufen. Diese Entwicklung ist schon deshalb zu erwarten, weil sich dadurch das Free-riding-Problem der Banken lösen lässt: Nachfrager informieren sich in Bankfilialen und kaufen ihre Leistungen bei preisgünstigen Online-Banken. Im Zeitalter des Electronic-Commerce müssen die Kunden nach Maßgabe der von ihnen in Anspruch genommenen Informations- und Beratungsleistung diesen Dritten bezahlen. Wie schon die zuvor erläuterte Funktion bietet auch diese eine große Chance, sofern es den Banken gelingt, ihre Rolle als Berater auszufüllen.

Der Handel übernimmt im Rahmen der Abwicklung finanzieller Transaktionen mehrere Funktionen. Einerseits besorgt er das Inkasso für die von den Individuen erworbenen Waren. Der Kunde senkt mit der Bezahlung von Waren aus einem Sortiment seine Transaktionskosten und reduziert gleichzeitig durch das Zug-um-Zug-Geschäft das Transaktionsrisiko. Andererseits finanziert der Händler die Hersteller vor, da die Güter üblicherweise im Voraus bezahlt werden. Auch lässt sich das Transaktionsrisiko des Produzenten senken, sofern der Händler als Makler auftritt.

In Zeiten des Electronic-Commerce werden diese Funktionen aus der Wertschöpfungskette herausgelöst und von Dritten übernommen. Hierzu kommen sowohl für die Abwicklung der monetären Transaktionen als auch für die Übernahme des Transaktionsrisikos branchenfremde Akteure in Betracht. Kreditkartenunternehmen bieten sich an, die finanzielle Abwicklung zu bewältigen, während die Risikoreduzierung in den Händen von Secure-buy-Gesellschaften liegt. Diese Unternehmen überprüfen die Seriosität der Anbieter und geben Empfehlungen ab, inwieweit Geschäfte mit ihnen für einen Nachfrager risikoreich sein können. In Anbetracht dieser Entwicklungen scheint die Steuerung und Abwicklung finanzieller Transaktionen für Banken verloren zu sein.

Neben dem Verkauf der Finanzdienstleistungen entwickeln viele Banken in Eigen- oder Fremdregie unterschiedliche Verbunddienstleistungen, die als Added-value zu sehen sind. Typische Beispiele hierfür sind der Verkauf von Versicherungen oder die Ausgabe von Konzertkarten. Zu diesen Verbunddienstleistungen gehören auch die Gestaltung der Filiale sowie alle Aktivitäten im Sinne eines Event-Marketing. Viele dieser Dienstleistungen lassen sich sehr leicht von den anderen Bankfunktionen entbündeln. So verfolgen viele Banken schon jetzt das Store-in-store-Konzept oder ermuntern klassische Dienstleister, als Subunternehmer tätig zu sein. Auch die Erlebniswelt wird bei einigen Banken bereits durch Dritte gestaltet.

In der virtuellen Welt schreitet die Entbündelung der Dienstleistungen von den anderen Bankfunktionen voran. Dem Konzept der virtuellen Bank folgend werden verschiedene Dienstleistungen elektronisch in das Angebot integriert, ohne dem Kunden mitzuteilen, dass er mit mehreren Subunternehmern Geschäfte abschließt. Allein die Gestaltung von Einkaufserlebnissen bleibt eine ureigene Filialbankfunktion. Selbst mit einer sehr ausgefeilten Technik ist der Computer nicht geeignet, das Eintauchen in eine faszinierende Ladenatmosphäre oder die Pflege sozialer Kontakte in einer erlebnisreichen Umgebung zu vermitteln. Das Internet kann ein gut funktionierendes Filialgeschäft nicht ersetzen, sondern ist eine sinnvolle Ergänzung, um die Kommunikations- und Beziehungsradien zum Kunden zu vergrößern. Eine wachsende Anonymisierung der Kunde-Bank-Beziehung birgt die Gefahr eines Qualitätsverlustes der Kundenbindung. Da Einkaufen ein sinnliches Ereignis bleiben wird und dem Kauferlebnis möglicherweise im Zusammenhang der Kundenbindung eine noch größere Bedeutung zukommt, bestehen für die Banken gute Chancen, sich über ein Event-Marketing zu positionieren (Bosshart 1999 und Bolz/Bosshart 1995).

5. Fazit

Die klassische Beziehung zwischen Kunde und Bank scheint der Vergangenheit anzugehören. Die Zukunft der Banken ist einerseits unabdingbar mit dem technischen Fortschritt in der Informations- und Kommunikationstechnologie verknüpft. Andererseits bestimmt der Kunde das Schicksal der Bank, indem dynamische Bedürfnisse neue Dienstleistungsmodelle erfordern. Durch das Aufzeigen der Unternehmensgrenzen mit Hilfe des Transaktionskostenansatzes sind Banken in der Lage, strategisch relevante Wertschöpfungselemente zu identifizieren, um unrentable Unternehmensbereiche auszulagern beziehungsweise sich auf wesentliche und hochspezialisierte Kompetenzen zu konzentrieren. Dadurch besteht die Möglichkeit zur Kooperation mit weiteren Finanzdienstleistern, wodurch eigene Unternehmensgrenzen mit denen der Wertschöpfungspartner ineinander übergehen und sich eine Win-win-Situation ergibt.

Die Bank als Vollsortimenter mit kostenintensivem Filialnetz steuert geradewegs auf ein unwirtschaftliches Dasein zu, sodass mit Hilfe der neuen Technologien und einer bedingungslosen Kundenorientierung alternative Strategien definiert werden müssen. Diese Strategien zeichnen sich durch Flexibilität, Fokussierung und Kostenkontrolle im Beratungssektor aus, indem Erfahrungen mit bestehenden Kunden genutzt werden, um, unterstützt durch die IT-Technologien, kundenindividuelle Finanzdienstleistungsprodukte anbieten zu können.

Literaturhinweise

ARMSTRONG, A. und HAGEL, J. III., The Real Value of On-line Communities, in: Havard Business Review, May–June 1996, S. 135–148.
BOLZ N. und BOSSHART D., Kult-Marketing. Die neuen Götter des Marktes, 2. Auflage, Düsseldorf 1995.
BOSSHART, D., Mehr als nur Veranstaltungen, Rüschlikon 1999.
EVANTS, P. B. und WURSTER, T. S., Strategy in the new Economics of information, in: Havard Business Review, September-Oktober 1997, S. 71–82.
PICOT, A., Transaktionskostenansatz in der Organisationstheorie. Stand der Diskussion und Aussagewert, in: Betriebswirtschaft, 42, 1982, S. 267–284.
PICOT, A. und FREUDENBERG, H., Neue organisatorische Ansätze zum Umgang mit Komplexität, in: Dietrich, A. et al. (Hrsg.), Schriften zur Unternehmensführung – Komplexitätsmanagement, Band 61, Wiesbaden 1998, S. 69–85.

Wertschöpfungsketten bei Banken

Ralf Jasny

1. Einleitung

Banken sehen in den letzten Jahren einer Reihe von Umwälzungen entgegen, die in der Zukunft weitreichende Auswirkungen auf das deutsche Universalbankensystem haben werden. Die Ursache hierfür liegt nicht nur in der rasanten technologischen Entwicklung, die die Banken gerade im Bereich Electronic-Commerce und neue Zugangswege in Handlungszwang bringt, sondern auch an der Notwendigkeit, die in den 80er Jahren getroffenen strategischen Grundentscheidungen zu überdenken.

Verfolgt man die Strategien der Banken der letzten 20 Jahre so zeigt sich, dass die großen Bankhäuser ihr Geschäft nicht nur internationalisierten, sondern auch den Versuch unternommen haben, sich zu Allfinanzanbietern zu entwickeln. Der Allfinanzgedanke verfolgt die Idee, nicht nur die klassischen Bankprodukte, wie Einlagen und Kredite über die Bankfilialen zu vertreiben, sondern, den Kunden die gesamte Produktpalette von Versicherungen, Bausparkassen und Investmentfondsgesellschaften sowie Immobilienvermittlungsleistungen zur Verfügung zu stellen. Im gehobenen Privatkundengeschäft wurde darüber hinaus der Versuch unternommen, auch Beratung in Testamentsvollstreckung, Erbschaftsfragen sowie Beratung im Bereich Kunstobjekte zu erbringen. Die Grundidee dieser Überlegung war, die Distributionskanäle besser auszuschöpfen und die (teure) Beratungsleistung ertragreicher zu gestalten.

Anfang der 80er Jahre fingen die Banken an, mit Bausparkassen und Versicherungen Kooperationsverträge zu schließen oder sogar eigene Institute zu gründen (zum Beispiel Deutsche Bank Bauspar AG, Deutsche Bank Lebensversicherung AG), um in den Genuss von Prämien zu kommen. Durch das wachsende Geschäft mit der privaten Altersvorsorge und der Vermögensanlage versuchten mit Beginn der 90er Jahre die Versicherungsgesellschaften ihrerseits in diesen Geschäftsfeldern Fuß zu fassen. Gerade die Verbindung von Lebens- und Rentenversicherung zur Altersvorsorge oder die Verwendung von Lebensversicherungen als Bestandteil der Vermögensanlage machen diese Geschäftserweiterung für Versicherungen sehr interessant. Darüber hinaus beginnen nun die Versicherungen ihre Einlagen aus Versicherungsprämien selbst an den Kapitalmärkten anzulegen und versuchen, auch in diesem Bereich den etablierten Banken das Geschäft strittig zu machen.

Führt man sich die aktuelle Situation des deutschen Universalbanksystems vor dem Hintergrund der strategischen Weichenstellungen der vergangenen Jahre und der aktuellen Marktentwicklungen vor Augen, so zeigt sich, dass Banken mittlerweile große Finanzkonglomerate geworden sind. Bei genauerer Betrachtung der Ertragskomponenten von

Universalbanken zeigt sich, dass in den Bereichen Investmentbanking sehr hohe Erträge erwirtschaftet werden, während in anderen Bereichen wie zum Beispiel Retail Banking die Erträge deutlich geringer ausfallen – bei gleichzeitig höherem Personal- und Kapitalbedarf. In Bezug auf das Wachstum der Universalbanken durch Fusionen zeigt sich in der jüngsten Vergangenheit, dass es offenbar sehr schwierig – wenn nicht sogar unmöglich ist, zwei große Universalbanken zu fusionieren. Vor diesem Hintergrund müssen für Universalbanken neue Strategien entwickelt werden, um sie langfristig profitabel zu halten.

2. Reengeneering der Wertschöpfungskette bei Banken

Bedingt durch das Aufkommen neuer technologischer Entwicklungen insbesondere des Internets muss die Frage gestellt werden, ob die Strategie des Insourcing, das heißt die Integration verschiedener Finanzdienstleistungsbereiche unter einem Dach, noch die richtige Strategie für die Banken in der Zukunft ist. Seit der Gründung der ersten Direktbanken, die weder persönliche Beratung noch einen Filialzugang bieten, dafür aber kostengünstigere Bankdienstleistungen über das Telefon und das Internet, wird deutlich, dass die Preis- und Leistungsstrukturen der Banken neu überdacht werden müssen. Die Ursache für niedrigere Preise bei Direktbanken liegt nicht nur im Verzicht auf stationären Vertrieb und somit günstigeren Herstellungskosten der Dienstleistungen, sondern vor allem in der Andersartigkeit der Leistungen. Beratung wird in der Regel nicht angeboten. Beratungsleistungen kann der Kunde meist nur in der Filiale in Anspruch nehmen. Der Unterschied in der Bepreisung zwischen einer Direktbank ohne Beratung und einer Filialbank mit Beratung liegt zur Zeit einzig und allein in unterschiedlich hohen Transaktionskosten für die Kunden, obwohl die Orderabwicklung allein für die Institute zu ähnlichem Aufwand führt. Die Beratung wird bei den Filialbanken nicht explizit in Rechnung gestellt.

Vor diesem Hintergrund besteht latent die Gefahr, dass Kunden die kostenlose Beratungsleistungen in der Filialbank in Anspruch nehmen, die Transaktionen selbst aber über die wesentlich kostengünstigeren Direktbanken durchführen. Dabei wird die Wertschöpfungskette der Filialbanken de facto durch die Kunden aufgebrochen, die beim einen Institut Beratung in Anspruch nehmen können, bei einem anderen Institut die Orderabwicklung.

Betrachtet man vor diesem Hintergrund die Wertschöpfungskette zum Beispiel im Vermögensanlagegeschäft, so kann diese in folgende Teile zerlegt werden:

1. Beratungsleistung
2. Transfer des anzulegenden Geldes
3. Wertpapierkauf an der Börse
4. Verbuchung der Wertpapiere und Depotpflege

Bislang ist aus dieser Wertschöpfungskette nur der Wertpapierkauf an der Börse herausgebrochen und wird demzufolge auch eigenständig durch Maklercourtagen vergütet. Für die restlichen Leistungen, die durchaus unterschiedlich sind, bezahlt der Kunde nur einen

Preis – nämlich für die Wertpapierabwicklung. Wird dagegen die Wertschöpfungskette in ihre Bestandteile aufgespalten, so führt dies dazu, dass sowohl für Beratung, Geldtransfer und Custody Services ein Preis ermittelt werden muss, der den tatsächlichen Leistungen des jeweiligen Bereiches entspricht. Auf diese Weise entsteht auf der einen Seite ein der tatsächlichen Leistung entsprechender Preis, auf der anderen Seite können die Einzelleistungen von den jeweiligen Geschäftspartnern frei gewählt werden. Anders ausgedrückt bedeutet dies, dass der Kunde sich bei einem Institut beraten lässt und seine Transaktionen bei einem anderen Institut abwickeln kann, ohne dass einem der beiden Institute dadurch Nachteile entstehen, denn bei beiden würde ein leistungsgerechter Preis in Rechnung gestellt werden.

Verfolgt man diesen Gedanken weiter und betrachtet man die Struktur der heutigen Universalbanken, so können diese als eine „Ansammlung" von finanzspezifischen Dienstleistungsangeboten betrachtet werden. Diese einzelnen Dienstleistungsangebote innerhalb eines Finanzkonzerns sind zwar in der Regel durch unterschiedliche Verantwortungsbereiche in ihrem Ergebnisbeitrag für das gesamte Institut getrennt, sie können aber dennoch nicht in jedem Fall eigenständig agieren.

Durch die Ansammlung verschiedener Leistungsbereiche unter einem Konzerndach besteht für die einzelnen Bereiche der Kontrahierungszwang mit dem eigenen Institut. So muss zum Beispiel Private-Banking für die Wertpapierabwicklung die hauseigene Custody-Services-Abteilung in Anspruch nehmen und für die Abwicklung des Zahlungsverkehrs die hauseigenen Transaction-Services – unabhängig davon, ob diese Leistungen extern wesentlich günstiger eingekauft werden könnten. Auf diese Weise werden die einzelnen Leistungsbereiche quersubventioniert und die Leistungsfähigkeit der Bank nicht marktgerechten Bedingungen ausgesetzt.

Um diese Nachteile, die durch Kontrahierungszwänge entstehen, zu vermeiden, könnte die Universalbank in ihre Einzelbestandteile zerlegt werden. Die Folge wäre, dass eigenständige Institute entstehen, die zum Beispiel das Retail-Geschäft oder das Private-Banking-Geschäft abdecken oder Gesellschaften entstehen, die Wertpapierabwicklung oder Zahlungsverkehrsleistungen anbieten (siehe Abbildung 1).

Das Aufbrechen der Wertschöpfungskette in dem dargestellten Sinn bedeutet dabei lediglich, dass die Leistungsbereiche in eigenständigen Gesellschaften auf dem Markt tätig sind, nicht aber dass sich die Konzernmutter auch von den Kapitalanteilen ihrer vormaligen Divisionen trennt.

Durch die Aufspaltung der Wertschöpfungskette könnten die folgenden Vorteile erreicht werden:

- **Mehr Transparenz in der Leistungsfähigkeit der Divisionen:**
  Jede einzelne Division muss im Rahmen eines eigenständigen Marktauftritts ihre Leistungsfähigkeit im Wettbewerbsumfeld unter Beweis stellen ohne Quersubventionierung durch andere Geschäftsbereiche. Dies führt dazu, dass sich die Divisionen auf spezielle Stärken konzentrieren müssen, um konkurrenzfähige Leistungen anbieten zu können. Dadurch wird der marktgerechte Leistungsbeitrag jeder einzelnen Division zum Gesamtergebnis des Konzerns transparent.

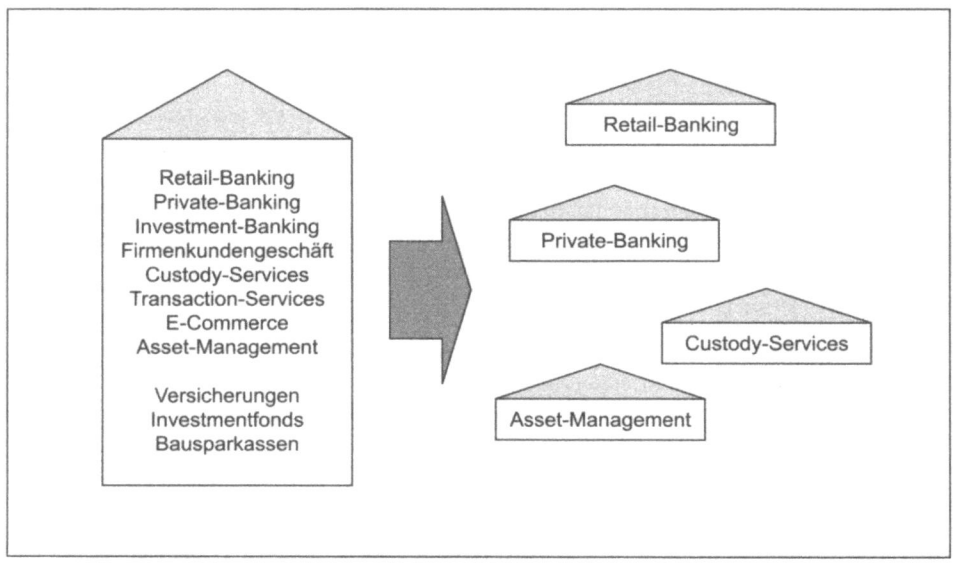

Abbildung 1: Aufspaltung der Wertschöpfungskette

- **Realisierung neuer Kooperationsformen:**
  Durch den eigenständigen Marktauftritt der Divisionen können Kooperationen zwischen den gleichen Divisionen verschiedener Banken oder sogar Mergers durchgeführt werden. Der Zusammenschluss zu größeren Einheiten kann zur Realisierung von Economies of Scale führen. So können sich zum Beispiel mehrere Anbieter von Transaction Services zusammenschließen, um gemeinsam den Zahlungsverkehr, unter Umständen sogar in einem eigenen Gironetz, abzuwickeln. Ähnliche Überlegungen sind auch für das Retail-Geschäft verschiedener Banken denkbar, die durch den Zusammenschluss das gemeinsame Filialnetz ausdünnen und so zu Kostenvorteilen kommen können.

- **Erreichen neuer Geschäftspotenziale:**
  Mit der Ausgründung von Divisionen ist zugleich auch die Möglichkeit verbunden, den Tochtergesellschaften ein eigenes Profil zu verleihen, dass nicht notwendigerweise mit dem Profil der Muttergesellschaft einhergehen muss. So kann zum Beispiel eine Bank die durch ihr Image im Privatkundengeschäft traditionell mit Private-Banking verbunden wird, durch die Ausgründung des Retail-Geschäfts mit eigenständiger Positionierung den Versuch unternehmen, neue Kundengruppen zu gewinnen, die vorher nicht oder nur schwer erreichbar waren.

Nicht zuletzt wird durch die Aufspaltung der Wertschöpfungskette erreicht, dass die Wertschöpfung in jedem einzelnen Glied der Kette explizit unter Beweis gestellt werden muss und über die Marktpreise auch zu fairen Leistungsbeiträgen gelangt.

3. Herausforderungen an das Management der Wertschöpfungskette

Wird die Wertschöpfungskette der Banken in der beschriebenen Form aufgespalten und werden zugleich die Möglichkeiten genutzt, die damit verbunden sind, so ergeben sich hieraus für das Management dieser herausgelösten Teile von Wertschöpfungsketten Herausforderungen insbesondere auf den Gebieten Kooperationen und Akquisitionen, der Frage der Markenbildung und Markenpolitik, der Kunden- und Mitarbeiterbindung und der Produktpolitik, das heißt der Frage welche Arten von Dienstleistungen im Rahmen der neuen Wertschöpfungskette erbracht werden können und sollen. Diese Herausforderungen werden im Folgenden näher diskutiert.

3.1 Kooperationen und Akquisitionen

Durch die Aufspaltung der Wertschöpfungskette besteht die Möglichkeit, dass einzelne Divisionen der vormaligen Universalbanken miteinander kooperieren oder zu neuen Gesamtheiten zusammengeführt werden. Auf diese Weise können Skaleneffekte in Produktion und Marketing erreicht werden. Damit dies realisiert werden kann, ist es notwendig, dass Universalbanken ihre Divisionen ausgründen, damit einzelne Divisionen die ähnliche Leistungen erstellen oder in gleichen Märkten tätig sind, zusammenarbeiten können. So besteht zum Beispiel bei einer Ausgründung der Custody-Service-Aktivitäten verschiedener Universalbanken die Möglichkeit, die einzelnen Custody-Service-Divisionen zu einem neuen, großen Custody Service Dienstleistern zusammenzuführen (siehe Abbildung 2).

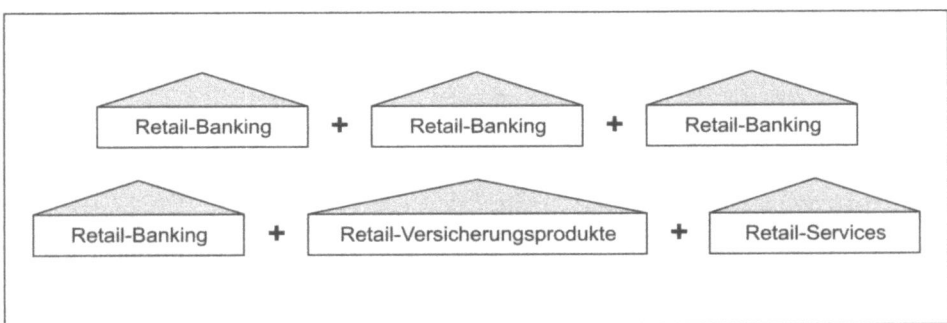

Abbildung 2: Kooperationen und Akquisitionen von Teilen der Wertschöpfungskette

Werden Divisionen nicht ausgegründet, ist für eine Zusammenarbeit verschiedener Universalbanken eine Kooperation beziehungsweise Fusion der gesamten Universalbanken nötig. Solche Fusionen sind jedoch in der Vergangenheit überwiegend gescheitert (Deutsche Bank/Dresdner Bank und Commerzbank/Dresdner Bank), da die Voraussetzung für eine Gesamtfusion ist, dass alle Divisionen beider Institute entsprechende Skaleneffekte realisieren können. Dies ist jedoch bei Universalbanken der heutigen Prägung kaum möglich.

Die Ausgründung von Division der Universalbanken hat nicht nur den Aspekt der Ausgründung von Geschäftsbereichen, die neu zusammengefügt werden können. Die Aufspaltung der Wertschöpfungskette kann auch zur Trennung von Produktion und Distribution führen. Betrachtet man zum Beispiel die Ausgründung des Retail-Banking nicht nur als Ausgründung einer Division, sondern auch als Ausgründung des Distributionssystems in Form des Filialnetzes, so können weitere Überlegungen zur besseren Ausnutzung des Filialnetzes angestellt werden, die im Verbund der Universalbank wegen der dargestellten Interessenkonflikte nur schwer möglich sind.

Eine solche Strategie ist auch im Retail-Banking der Deutschen Bank AG zu beobachten. Die Deutsche Bank hat ihre Retail-Aktivitäten in die Deutsche Bank 24 ausgegründet, sodass sich nun eine Vielzahl von Kooperationsmöglichkeiten mit anderen Instituten bietet. Ohne die Ausgründung wären eine Reihe von internen Abstimmungsprozessen und Interessenkonflikten mit anderen Divisionen in der Universalbank zu befürchten. So können beispielsweise bei der Deutschen Bank 24 Retail-Banking-Divisionen anderer Institute übernommen werden, oder es können mit den entsprechenden Divisionen anderer Institute Kooperationen eingegangen werden.

Diese bessere Ausnutzung der Distributionskanäle kann nicht nur durch die Kooperation mit anderen Banken erreicht werden, die diese Vertriebsplattform für andere Retail-Finanzdienstleistungen wie zum Beispiel Versicherungen, Investmentfonds, Kreditkarten oder Bausparen nutzen können. Darüber hinaus besteht die Möglichkeit mit anderen Unternehmen, die Retail-Services anbieten zu kooperieren, die nicht finanznah sind, aber eine Vertriebsplattform benötigen (zum Beispiel Mobilfunkanbieter, Internet-Provider). In der Universalbank der heutigen Prägung ist es schwer durchsetzbar die Bankfiliale als reinen Vertriebskanal zu betrachten, der – ähnlich den Einzelhandelsunternehmen – verschiedene Produkte und Dienstleistungen unterschiedlicher Hersteller zugleich im Sortiment führt und vertreibt.

3.2 Co-Branding

Als Co-Branding kann der Vertrieb einer oder mehrerer Dienstleistungen unter einem Namen definiert werden. Die Frage des Co-Branding rückt bei Kooperationen und Mergers als Folge der Aufspaltung der Wertschöpfungskette in den Blickpunkt des Interesses. Soll eine neue Dienstleistung unter gemeinsamen Namen vertrieben werden, sind die folgenden Fragen zu beantworten:

- Soll einer der Markennamen als Dachmarke und die anderen Markennamen als Submarken erhalten bleiben, oder sollen die Markennamen ganz verschwinden?
- Soll der neue Markenname aus den alten Markennamen hervorgehen oder soll ein gänzliche neuer Markenname entstehen?

■ Wie ist das Image der neuen Marke, beziehungsweise wie sollte das Image der neuen Marke sein (Soll-Positionierung im Verhältnis zu den ursprünglichen Marken)?

Die Beantwortung dieser Fragen hat weitreichende Konsequenzen für die Wahrnehmung der Leistung im Markt. So ist beispielsweise bei der Übernahme des US-amerikanischen Investmenthauses Bankers Trust der Name dieser Institution fast völlig zu Gunsten des Namens Deutsche Bank aufgegeben worden. Dies führt dazu, dass die ehemaligen Kunden von Bankers Trust nun mit der Deutschen Bank in Geschäftsverbindung stehen, obwohl sie sich nie explizit dafür entschieden haben. Ob und in welchem Umfang dies mittelfristig zu Kundenabflüssen führt ist bislang noch nicht (öffentlich) untersucht worden.

Auch bei der geplanten Fusion von Deutscher Bank und Dresdner Bank ist im Vorfeld ein neues Logo präsentiert worden, das den Namen der Deutschen Bank trägt, aber die Farbe der Dresdner Bank übernimmt. Damit wäre weder das eine noch das andere Logo und damit die Marke in seiner Urform erhalten geblieben. Vermutlich wäre auch dies mit entsprechenden Identitätsverlusten der Kunden beider Häuser einher gegangen.

Werden solche Veränderungen der Markennamen vorgenommen, so ist es ratsam, den Kunden den Grund für diese Veränderungen zu erläutern und gleichzeitig deutlich zu machen, dass durch die Übernahme die Stärken der Marken nicht in Mitleidenschaft gezogen werden, sondern sich unter Umständen sogar potenzieren. Auf jeden Fall muss bei jeder Veränderung des Markennamens dieser neu im Bewusstsein des Verbrauchers mit seinen Werten verankert werden, was in der Regel erhebliche Investitionen für Kommunikation mit sich führt. Vor diesem Hintergrund bedeutet die Veränderung von Markennamen oder Logos auch immer die Vernichtung von Markenwerten. Dies gilt umso mehr, je eher Kaufentscheidungen der Kunden zum großen Teil von Markenimage beeinflusst werden.

Entscheidet man sich, die Markennamen zu erhalten, müssen folgende Fragen beantwortet werden:

■ Passen die Markenimages der Marken zueinander?
■ Gibt es Beziehungen zwischen den Markenstärken oder -schwächen der Marken?

Bei der Kooperation zwischen Marken, die in einem gemeinsamen Vertriebskanal angeboten werden, ist es notwendig zu prüfen, ob und inwieweit die Marken in der Wahrnehmung der Kunden zusammenpassen. So besteht latent die Gefahr, dass negative Imagekomponenten einer Marke auch auf andere Marken abstrahlen und so deren Wahrnehmung in Mitleidenschaft ziehen kann. Ist zum Beispiel eine Marke für ihre billigen Angebote bekannt, so kann sie nicht zugleich mit Marken angeboten werden, die für ihre hohe Qualität – und damit einher gehend höheren Preisen – im Bewusstsein der Verbraucher verankert ist. Dies würde zu Misstrauen der Verbraucher gegenüber allen beteiligten Marken führen (so zum einen die Frage, ob die eine Marke tatsächlich noch billig ist, zum anderen die Frage, ob die Qualität der anderen Marken tatsächlich noch so hoch ist). Welche Markenstrategie bei Kooperationen und Akquisitionen am zweckmäßigsten ist, kann nicht pauschal beantwortet werden, sondern muss im Einzelfall unter den Aspekten Wertverlust durch Markenvernichtung vs. Wertgewinn durch neue Marken mit neuen Images geprüft werden.

3.3 Kunden- und Mitarbeiterbindung

Veränderungen des Unternehmens oder dessen Tätigkeitsschwerpunkte haben nicht nur aus technischer Sicht heraus Veränderungen des Unternehmenszwecks zum Inhalt, sondern können auch zu Identitätsverlusten bei Kunden und Mitarbeiten führen. Diese Effekte werden umso ausgeprägter sein, je stärker die Unternehmen mit ihrer Tradition und ihrer Leistung im Bewusstsein der Kunden und Mitarbeiter verankert sind. Bei den Kunden stellt sich die Frage, ob sie trotz der Verlagerung des Unternehmensschwerpunktes noch so gut bedient werden wie früher, oder ob möglicherweise die Auslagerung oder der Zukauf von Geschäftsteilen eine Verminderung der Qualität der Dienstleistung zur Folge hat.

Diese Befürchtungen können unmittelbare Auswirkungen auf die Kundenbindung, also die Bereitschaft, die Geschäfte in mindestens gleichem Umfang wie bisher mit dem Institut abzuwickeln, haben. Können Ängste um eine veränderte Qualität der Leistungserstellung nicht ausgeräumt werden, so besteht die Gefahr, dass Geschäfte verlagert werden oder sogar die ganze Kundenverbindung aufgelöst wird. Auf jeden Fall wird eine Veränderung des Unternehmens in der Wahrnehmung der Kunden dazu führen, dass die Leistungen des Unternehmens kritisch unter die Lupe genommen werden, um zu prüfen, ob die Qualität sich verändert. Auf diese Weise können Leistungsschwankungen des Unternehmens, die unter „normalen" Umständen als solche gar nicht wahrgenommen wurden, plötzlich zu einem kritischen Reflektieren der Kaufentscheidung des Kunden beziehungsweise kritischen Prüfung der Geschäftsverbindung führen.

Wie für die Kunden, stellt sich auch für die Mitarbeiter bei einer Veränderung des Tätigkeitsschwerpunktes die Frage nach der Identität des Unternehmens. Auch können bei den Mitarbeitern durch veränderte Tätigkeitsschwerpunkte des Unternehmens Ängste über den Verlust des eigenen Arbeitsplatzes aufkommen. Auch hier ist es bei gravierenden Veränderungen unumgänglich, deutlich zu machen, dass qualifizierte Mitarbeiter nach wie vor Perspektiven im Unternehmen haben und, dass sie keine Nachteile durch die Veränderungen erleiden werden. Wie bei der Bindung der Kunden ist auch bei der Bindung der Mitarbeiter zu beobachten, dass Veränderungen des Umfeldes dazu führen, die Entscheidung für ein Unternehmen in Frage zu stellen und für negative Ereignisse stärker sensibilisiert zu sein. So war im Zusammenhang mit der angekündigten Fusion von Deutscher Bank und Dresdner Bank im Frühjahr 2000 zu beobachten, dass eine Vielzahl von Mitarbeiter bei der Dresdner Bank – die Fusion vor Augen – ihr Arbeitsverhältnis kündigten.

Jedoch besteht durch die Veränderung der Wertschöpfungskette und die damit verbundene Bereinigung des Leistungsspektrums auch die Möglichkeit, sich aktiv von bestimmten Mitarbeitern zu trennen oder durch Vorruhestandsregelungen den Mitarbeiterstamm zu verkleinern. Gerade bei Finanzdienstleistern besteht latent die Gefahr, dass die Ankündigung von Mitarbeiterfreisetzungen, die nicht durch gravierende organisatorische Veränderungen begleitet werden, Vertrauensverluste der Kunden erzeugen. Oftmals kann nicht glaubhaft vermittelt werden, dass die Mitarbeiterfreisetzungen nicht aus wirtschaftlicher Not erfolgen, sondern für die langfristige Profitabilität wichtig sind. Diese glaubhafte Vermittlung ist bei einer Veränderung der Wertschöpfungskette leichter vorzunehmen.

3.4 Neue Leistungsbündel

Durch die Ausgliederung von Teilen der Wertschöpfungskette und die damit verbundene Möglichkeit der Kooperation wird es möglich, neue Dienstleistungen oder Verbünde von Dienstleistungen entstehen zu lassen, die nicht mehr nur innerhalb eines einzigen Finanzkonzerns hergestellt werden müssen. So können durch die Zusammenarbeit mehrerer verschiedener Finanzdienstleistungsunternehmen neue steuerbegünstigte Altersvorsorgeprodukte durch die Kombination von zum Beispiel Investmentfonds mit Lebens- und Rentenversicherungen kreiert werden. Auch können bestehende Finanzierungsprodukte mit Versicherungsangeboten ergänzt werden, wie zum Beispiel die Kombination von Hypothekendarlehen mit Arbeitslosenversicherungen, Unfallversicherungen. Diese Kooperationen in Form von neuen Produkten sind zwar auch schon im Rahmen des Universalbanksystems machbar, allerdings unterliegen sie dort einer viel höheren Zahl an Interessenkonflikten und Abstimmungsprozessen als in kleineren spezialisierteren Einheiten. Darüber hinaus bestehen auch im Universalbanksystem Kontrahierungszwänge mit den Produzenten der einzelnen Leistungen innerhalb der Universalbank, sodass nicht die auf dem Markt „besten" Leistungen zusammengefügt werden können, sondern nur die besten innerhalb eines Finanzkonzerns.

Durch die Vermeidung von Kontrahierungszwängen wird es darüber hinaus möglich, verschiedene Dienstleistungen parallel anzubieten, um so zu einem neuen Produktsortiment zu gelangen. Auf diese Weise wird es für das anbietende Unternehmen auf der einen Seite möglich, Provisionserträge zu generieren und damit den Vertriebskanal ertragreicher zu machen, auf der anderen Seite besteht für den Kunden die Möglichkeit in einem Vertriebskanal verschiedene Produkte und Dienstleistungen unterschiedlicher Anbieter zu vergleichen und so das beste auf ihn zugeschnittene Angebot zu finden – ohne sich der Mühe der Benutzung mehrerer Vertriebskanäle zu unterziehen.

Die Aufspaltung von Wertschöpfungsketten erleichtert auch die Verbindung von finanzfremden Dienstleistungen mit Finanzdienstleistungen, wie zum Beispiel die Kombination von elektronischen Geldbörsen im Internet in Kooperation mit Internet Providern oder Suchmaschinen. Auch ist es denkbar, im Retail Banking andere finanzfremde Dienstleistungen in Kooperation mit Finanzdienstleistungen im gleichen Vertriebskanal anzubieten, wie zum Beispiel Mobilfunk, Immobilienvermittlung oder auch Pauschalreiseangebote, solange diese Angebote in einem Sortiment sinnvoll zu verbinden sind.

4. Neue Herausforderungen in der Zukunft

Vor dem Hintergrund der Gestaltung der Wertschöpfungsketten steht das Management in Zukunft vor neuen Herausforderungen. Es müssen nicht nur erhebliche innerbetriebliche Reorganisationsprozesse durchgeführt werden, um die Wertschöpfungsketten zunächst zu trennen und dann neu zu gestalten. Es müssen auch Tätigkeitsschwerpunkte neu gesetzt werden. Während im früheren Universalbanksystem auf der Produktion, das heißt der Leistungserstellung und der innerbetrieblichen Optimierung das Hauptaugenmerk lag, muss durch das Reengeneering der Wertschöpfungskette dem Marketing und der

Kommunikation verstärkt Aufmerksamkeit geschenkt werden. Die gilt insbesondere für die Teile der Wertschöpfungskette, die als Distributionskanäle den Vertrieb übernehmen, wie beispielsweise Retail-Banking-Divisionen oder Online-Banking-Divisionen. Für diese Einheiten wird in Zukunft weniger der Prozess der Leistungserstellung von Relevanz sein – denn viele Leistungen werden zugekauft werden –, sondern vielmehr die Frage nach der bestmöglichen Sortimentspolitik, der bestmöglichen Gestaltung der Vertriebskanäle (angefangen von der Frage der Öffnungszeiten bis hin zur Frage, ob Beratungsleistungen im Vertriebskanal angeboten werden) und der bestmöglichen Darstellung der Leistungsfähigkeit gegenüber Kunden und der Öffentlichkeit.

Verfolgt man den Gedanken der Aufspaltung der Wertschöpfungskette konsequent weiter, so werden sich die Vertriebskanäle ähnlich den Handelsunternehmen zu eigenständigen Handelsorganisationen für Finanzdienstleistungen weiterentwickeln (siehe Abbildung 3).

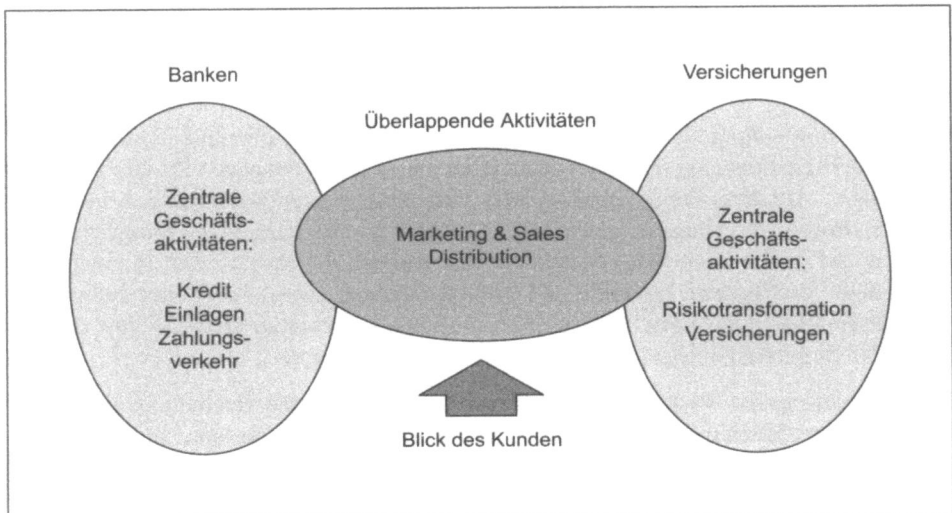

Abbildung 3: Zukunft der Wertschöpfungsketten

Der Kunde kauft damit in Zukunft nicht mehr direkt beim Hersteller beziehungsweise in den Distributionskanälen des Herstellers, sondern sucht sich unter den Finanzdienstleistungshändlern denjenigen heraus, der seinem Anforderungsprofil am besten entspricht. Damit wird für den Kunden der Vertriebskanal selbst zum Gegenstand der Kaufentscheidung. Ebenso wie im Lebensmitteleinzelhandel wählt der Kunde zunächst die Einkaufsstätte aus (nach Kriterien, wie Bedienung/Beratung, Lage und Öffnungszeiten und Sortiment), um dann in dieser Vertriebseinheit verschiedene Produkte im Regal vorzufinden. Diese Produkte konkurrieren am Point of sale um die Gunst des Verbrauchers und müssen daher eigenständige Produktmerkmale aufweisen und/oder durch starke Markenpräferenzen die Kaufentscheidung beeinflussen. Damit wird das Problem der Markenpolitik nicht nur für den Teil der Wertschöpfungskette, der die Vertriebsleistung erbringt, relevant, sondern vor allem auch für die Hersteller. Schon heute existieren Finanzportale im Internet, bei denen die Konsumenten die Auswahl zwischen verschiedenen Finanzprodukten haben, die die gleiche Problemlösung bieten. Diese Hersteller müssen versuchen, durch ein starkes Branding in das Evoked-Set der Konsumenten zu gelangen, um die Chance zu erhalten, gekauft zu werden.

5. Fazit

Durch die Aufspaltung der Wertschöpfungsketten dreht sich der seit den 80er Jahren vorhandene Trend des Insourcing um. Wie in vielen anderen Industrien auch bieten sich durch Outsourcing und die Aufspaltung der Wertschöpfungskette und die damit verbundene Spezialisierung erhebliche Rationalisierungspotenziale. Dieser Trend wird durch Kooperationen und Akquisitionen und Zusammenschlüsse noch verstärkt.

Die Grenzen zwischen den verschiedenen Finanzdienstleistern werden neu definiert. Nicht mehr das Universalbanksystem auf der einen und die Versicherungskonzerne auf der anderen Seite werden das Bild der Finanzdienstleistungsbranche bestimmen, sondern die Trennung zwischen Produktion und Vertrieb. Dabei kommt den Vertriebseinheiten die Funktion von Handelsorganisationen zu, die sich durch aktive Sortimentspolitik und unterschiedliche Serviceniveaus untereinander abgrenzen müssen. Auf der andern Seite werden die Produzenten stärker als bisher auf das Branding ihrer Dienstleistungen achten müssen, um sich in den Köpfen der Verbraucher zu etablieren. Durch die Entwicklungen wird dem Marketing und der Kommunikation in der Finanzdienstleistungsbranche eine zunehmende Bedeutung zukommen.

Teil 2:
Elemente der Wertschöpfungskette

Optimierung von Wertschöpfungsketten bei Privatkundenbanken

Herbert Walter

1. Banken und Wertschöpfungsketten

Wirtschaft und Gesellschaft durchlaufen derzeit eine der tiefgreifendsten Transformationsperioden der Geschichte. In wenigen Jahren wird vieles nicht mehr so sein, wie es heute ist oder bisher war. Es wird sich die Art und Weise ändern, wie wir produzieren und konsumieren, distribuieren und finanzieren, lernen und lehren. Die derzeit heftigen Diskussionen über Globalisierung, Deregulierung, E-Commerce oder New Economy befassen sich allenfalls mit Symptomen von Prozessen, die viel tiefer liegen. Diese Prozesse gestalten unsere Gesellschaft von Grund auf neu (Mecklinger 1997, S. 30–41).

Im Finanzdienstleistungssektor lässt sich dieser Transformationsprozess vor allem an zwei scheinbar gegenläufigen Entwicklungen festmachen, die die 90er Jahre geprägt haben wie wenige Prozesse zuvor. Da ist der Prozess der Konsolidierung und die damit einhergehenden Fusionen und Übernahmen. Das Resultat und die Logik der Konsolidierung wird in dem Zuwachsen zu größeren Finanzdienstleistern gesehen, die über mehr Effizienz durch Volumenvorteile und mehr Effektivität durch Optimierung der eigenen Fähigkeiten verfügen (Klein 1999, S. 11).

1.1 Konsolidierung und Dekonstruktion

Der Konsolidierung entgegen läuft der zweite wesentliche Veränderungsprozess im Finanzbereich: die „Dekonstruktion". Darunter versteht man allgemein die Neuformierung von Wertschöpfungsketten, die im Finanzbereich insbesondere durch neue Kommunikationstechnologien sowie veränderte Nachfragestrukturen bei den Bankkunden ausgelöst wird. Dies wiederum führt dazu, dass überkommene Funktionsaufteilungen im Produktions- und Vertriebsprozess von Banken zur Disposition stehen. Alle Finanzinstitute werden sich mit dem Prozess der Dekonstruktion auseinandersetzen müssen, um für sich die richtige Strategie und Struktur zu finden. Sie werden die Wertschöpfungsketten ihrer Finanzdienstleistungen noch stärker als bisher analysieren und darüber nachdenken, sie gegebenenfalls zu zerlegen und neu zusammenzustellen. Sie werden dabei entscheiden, ob neue Vertriebs- und Zugangswege hinzugenommen, Produkte und Leistungen ganz oder in Teilen von anderen bezogen oder umgekehrt eigene Produkte und Leistungen Dritten angeboten werden (Bürkner 2001, S. 32).

1.2 Industrie als Vorreiter

Die Dekonstruktion verlangt von den Banken ein Überdenken aller Aktivitäten mit dem Ziel, die Ressourcen stärker auf ihre Kernkompetenzen zu konzentrieren und sich im Markt bewusster zu differenzieren. Während sich diese Erkenntnis bei den Finanzdienstleistern erst langsam durchsetzt, spürt der industrielle Sektor bereits seit Jahren den latenten Umbruch durch das Aufkommen neuer Technologien beziehungsweise der Verschärfung des Wettbewerbs – und dies über alle unternehmerischen, politischen und geografischen Grenzen hinweg.

Branchen wie die Druck- oder Automobilindustrie (Staudt et al. 1998, S. 30 ff.) haben schon vor vielen Jahren damit begonnen, ihre internationale Konkurrenzfähigkeit zu vergrößern, indem sie ihre ohnehin weit geöffneten Wertschöpfungsketten noch weiter zerlegten und die Zusammenarbeit mit Zulieferern forcierten. Diese Entwicklung begann in der Autoindustrie bereits in den 60er- und 70er Jahren, als sich zunächst die Amerikaner, dann aber auch die Europäer der Herausforderung der auf die Weltmärkte drängenden japanischen Konkurrenz stellen mussten. Der daraufhin eingeleitete Prozess der Dekonstruktion geht inzwischen in der Automobilindustrie so weit, dass viele der Lieferanten nicht nur einzelne Teile, sondern komplette Module anliefern und sogar deren Montage in das Endprodukt übernehmen. Realität ist auch, dass sich Autohersteller gegenseitig mit selbst produzierten Teilen wie Motoren oder Plattformen beliefern. In einzelnen Fällen rollen von einem einzigen Montageband Modelle zweier Hersteller, die sich in nicht viel mehr als dem Markenemblem unterscheiden.

Die Reaktion der Autoindustrie ist nichts anderes als eine aktive Veränderung der Wertschöpfungsketten. Die Systematik dieser Ketten hatte als einer der ersten Mitte der 80er Jahre der Ökonom Michael E. Porter als Analyseinstrument zur Untersuchung der Wettbewerbsfähigkeit speziell von Industrieunternehmen entwickelt (Porter 1985). Mit Hilfe des Porterschen Systems ist es möglich, den unternehmerischen Wertschöpfungsprozess in strategisch relevante Tätigkeiten zu gliedern, um auf diese Art und Weise das Kostenverhalten wie auch bestehende und mögliche Differenzierungsquellen gegenüber Wettbewerbern erkennen zu können. Die Marktposition des jeweiligen Unternehmens kann also durch zielgerichtete Eingriffe in die Wertschöpfungskette optimiert und verbessert werden (Prahalad et al. 1990, S. 79–91).

1.3 Erfolg und Wachstum durch Fokussierung

Warum hat der Finanzdienstleistungsbereich und speziell die Banken, anders als die Automobilindustrie, erst spät die Neudefinition der Wertschöpfungsketten als Instrument der Wettbewerbspolitik aufgegriffen? Vor dem Hintergrund einer hohen Kundenbindung war zwar seit jeher ein intensives Konkurrenzverhältnis zwischen den Banken zu beobachten. Viele Geldinstitute sahen sich aber als weitgehend autarke Unternehmen, deren Fertigungstiefe ein vergleichsweise hohes Ausmaß erreichte. Es gab zudem wenig Veranlassung, sich aggressiv um Kunden zu bewerben und die internen Prozesse konsequent zu optimieren. Der traditionelle Anbieter von Finanzdienstleistungen stellte im Rahmen des Universalbankmodells gleichzeitig mehreren Kundengruppen ein umfassendes Angebot zur Verfügung und deckte alle Wertschöpfungsstufen ab.

Dies änderte sich spätestens Anfang der 90er Jahre dramatisch, als die Globalisierung auch die Finanzdienstleister erreichte und sich der Wettbewerb unter den Banken mit dem Aufkommen neuer Technologien und E-Commerce sowie veränderter Kundenbedürfnisse verschärfte. Im Privatkundengeschäft etablierten sich in der Folge neue Spezialisten am Markt, die die veränderten Herausforderungen eindrucksvoll aufgenommen haben. So fokussiert sich seit der ersten Hälfte der neunziger Jahre eine Reihe von Direktbanken gezielt auf bestimmte Kundensegmente und nutzt die neuen technologischen Möglichkeiten erstmals auch zur aktiven Anbahnung und dauerhaften Pflege von Kundenbeziehungen. Der zunehmende Wunsch vieler Bankkunden, bei der Erledigung ihrer Finanz- und Geldgeschäfte zeitlich und räumlich vollkommen frei zu sein, wurde zuerst in den USA erkannt und erfolgreich in Geschäftsmodellen wie Charles Schwab oder etwa Ameritrade umgesetzt (Corcoran et al. 2000, S. 13 ff.).

Inzwischen gibt es auch in Europa und Deutschland zahlreiche rein internetbasierte Finanzdienstleister, die ihre Marktposition durch zielgerichtete Neugestaltung der Wertschöpfungskette verbessert haben. Sie haben erkannt, dass eine klare Vision und eine klare Fokussierung mehr denn je gefordert sind, um im immer härter werdenden Markt der Finanzdienstleistungen erfolgreich bestehen und wachsen zu können.

2. Neue Geschäftsmodelle für Finanzdienstleister

Natürlich leuchtet ein, dass sich die Systematik der Wertschöpfungsketten von Industrieunternehmen und Banken unterscheiden. Während Porters Wertschöpfungskettensystem für den industriellen Sektor weltweit anerkannt ist, existiert über die Grundstruktur von Wertschöpfungsketten bei Banken keine einhellige Meinung. Es erscheint für Zwecke dieses Beitrages plausibel, sich eng an Porter anzulehnen und die Wertschöpfungskette einer Bank grob in die Primäraktivitäten Produkte, Infrastruktur und Vertrieb/Kundenbeziehungen einzuteilen. Diese Primäraktivitäten zerfallen wiederum in Teilaktivitäten, deren Struktur von Institut zu Institut unterschiedlich ausfallen kann, aber über die gesamte Kette alle Stufen von der Produktidee über die Erstellung bis zur Vermarktung umfasst.

Während traditionell Finanzdienstleister für ihre Produkte alle Wertschöpfungsstufen im eigenen Haus unter Kontrolle haben wollten, sind in einer sich verändernden „dekonstruierten" und neu zusammengesetzten Finanzwelt die folgenden – wesentlichen – Geschäftsmodelle darstellbar und möglich:

- Der **„Produktspezialist"** vertreibt seine Produkte über viele Kanäle – auch über Drittvertriebe, um ein größtmögliches Volumen sicherzustellen. Zu dieser Gruppe zählt die DWS, die Fondsgesellschaft der Deutschen Bank.

- Der **„Distributor"** konzentriert seine Kernkompetenzen auf den Kundenkontakt und sucht sich diejenigen Wertschöpfungselemente aus der Kette heraus, die es ihm erlauben, den Kunden – ganz wesentlich auf der Basis selbst erstellter oder im eigenen Verbund erstellter Produkte – ein herausragendes Angebot zu machen. Teile, die er entweder weniger gut beherrscht und die für die vom Kunden wahrgenommene Qualität von untergeordneter Bedeutung sind, gibt er an dritte Dienstleister ab. Die Finanzdienstleistungsangebote von Tesco, dem Retailer aus Großbritannien, sind ein gutes Beispiel dafür (Bürkner 2001, S. 32).

- Der **„Navigator"** stellt sich zwischen Kunden und Anbieter und erlaubt den Kunden, Produkte und Leistungen verschiedener Anbieter zu vergleichen und das geeignete auszuwählen. Finanzportale, wie etwa Moneyshelf, sind ein Beispiel für dieses Geschäftsmodell.

Das Entstehen neuer Geschäftsmodelle ermöglicht es etablierten Finanzdienstleistern, sich auf der Grundlage ihrer Stärken neu aufzustellen, es gibt aber auch Wettbewerbern aus anderen Bereichen die Chance, in den Markt einzutreten. Die notwendige Neuformierung der Wertschöpfungsketten im Finanzbereich ist also Chance und Herausforderung zugleich. Allen Modellen gemeinsam ist die Einsicht in die Notwendigkeit der klaren Positionierung am Markt. Bleibt zu fragen: Welche Strategie ist nun die richtige? Auf welche Kunden und Geschäftsbereiche soll sich das Finanzunternehmen der Zukunft konzentrieren?

3. Integrierte Filial- und Direktbank als Zukunftsmodell

Die Deutsche Bank-Gruppe hat sich auch im Privatkundengeschäft vergleichsweise früh dieser Entwicklung gestellt. Die Neudefinition des Geschäftsmodells im Retail und Personal Banking zur Deutschen Bank 24 wird in der Folge beispielhaft dargestellt.

3.1 Kunden wollen wählen können

Die Deutsche Bank 24 ist im September 1999 mit der klaren Fokussierung als innovative Multikanalbank an den Start gegangen. Durch den Zusammenschluss des filialgestützten Geschäfts mit Privat- und Geschäftskunden der Deutschen Bank AG und der konzerneigenen Direktbank Bank 24 entstanden, integriert sie als erste flächendeckende Bank in Deutschland die Kundenvorteile einer Filial- und Direktbank unter einem Dach. Zugleich fokussiert sie sich innerhalb ihrer Wertschöpfungskette konsequent auf die Kernkompetenz eines dienstleistungsorientierten Vertriebs- und Kundenunternehmens. Welche Überlegungen liegen diesem integrierten Geschäftsmodell zu Grunde?

Im Gegensatz zu den USA sind in Deutschland und Europa die neuen Direktbank-Kanäle weitestgehend im Umfeld der etablierten Banken entstanden. Um ihr umfassendes Angebot für mehrere Kundengruppen aufrechterhalten und gleichzeitig gezielt die wachsende Gruppe der Online Nutzer ansprechen zu können, lagerten die Institute das Direktbankgeschäft anfangs in eigens gegründete Tochtergesellschaften aus. Das heißt, sie brachen ihre Wertschöpfungsketten auf, um einerseits traditionelle Kunden nicht zu verlieren und andererseits neue Kunden gewinnen zu können. Es entstanden zunächst rein direktkanal-basierte Stand-alone-Lösungen, die in der Außenwirkung mehr oder weniger losgelöst von den Muttergesellschaften agierten. Auch die Deutsche Bank ist diesen Weg gegangen, als sie 1995 mit der Bank 24 eine der führenden Direktbanken in Deutschland startete.

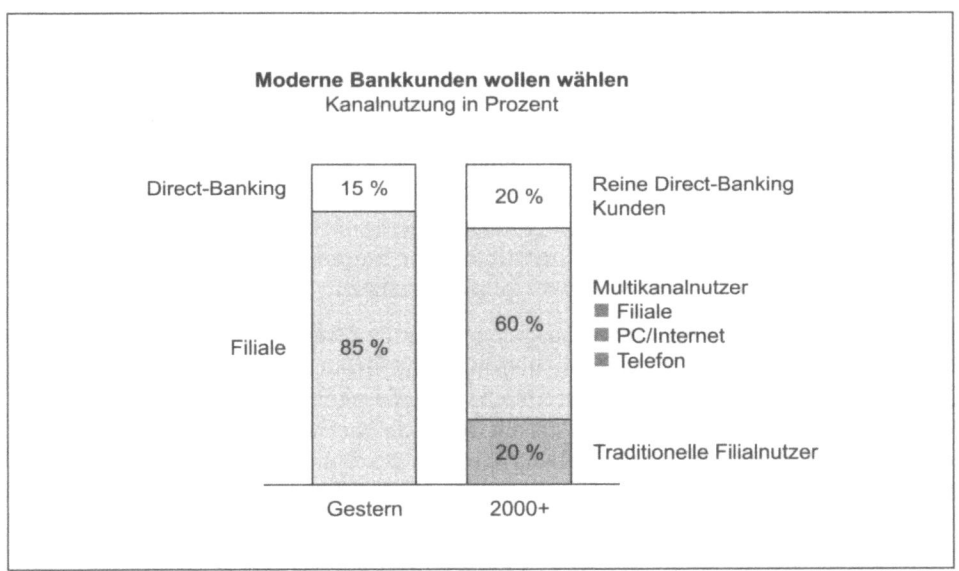

Abbildung 1: Bankkunden als Multikanalnutzer

Der Erfolg dieser Direktbanken in den 90er Jahren ist vor allem auf ihren unkonventionellen Marktauftritt sowie der fokussierten Kundenansprache zurückzuführen. Es waren vor allem jüngere, stark technik-affine Kunden mit einem hohen Maß an Eigenständigkeit und ausgeprägtem Preis- und Kostenbewusstsein, die von den Angeboten der ersten Direktbanken Gebrauch gemacht haben. Bei der Gruppe der selbstgesteuerten Bankkunden bestand und besteht auch weiterhin im wesentlichen kaum Interesse an einem Filialzugang. Diese Vorzeichen ändern sich Ende der 90er Jahre mit dem Entstehen einer „zweiten Welle" etablierter Online-Nutzer. Diese Mulitkanalnutzer sind dem Segment der reinen Direct Banking-Kunden nicht nur zahlenmäßig um ein Vielfaches überlegen. Sie legen zudem auch in der Internet-Welt Wert auf Service und Qualität, sind weniger preis- und technikorientiert als die Surfer der ersten Stunde und verfügen über ein ausgeprägtes Markenbewusstsein.

Und sie erwarten Wahlfreiheit und wollen alle Zugangswege zu ihrer Bank nutzen – nicht nur Internet oder Telefon, sondern auch die physischen Kanäle, etwa für das individuelle Beratungsgespräch. Sie wollen eine Multikanalbank, die stationäre und virtuelle Wege unter einem Dach vereint. Das Potenzial derjenigen Verbraucher, die ausschließlich das „look and feel" einer reinen Internetbank suchen, wird auf etwa zehn Prozent veranschlagt. Die große Mehrheit der Bankkunden verlangt nach Wahlfreiheit bei den Zugangswegen, um je nach Bedarf Finanzangelegenheiten bequem über die stationären, mobilen und virtuellen Vertriebskanäle eigenständig abwickeln zu können. Eine breite Zielgruppe sieht deshalb als ihre Bank der Zukunft die Multikanalbank mit einer konsequent kundenorientierten Balance aus stationärem, mobilem und virtuellem Vertrieb.

3.2 Zielgruppenbank

Neben der Wahlfreiheit bei den Zugangswegen fokussiert sich die Deutsche Bank 24 am Markt – anders als vergleichbare Privatbanken in Deutschland – klar auf die Kundenzielgruppe der Privat- und Geschäftskunden. Dies ist ein Marktsegment mit erheblichem Wachstumspotenzial. Die Gruppe der Privatkunden und mittelständischen Geschäftskunden, die Wert auf persönliche Beratung und Betreuung legen und ihre Bankgeschäfte auch auf den unterschiedlichen Zugangswegen einer modernen Multikanalbank erledigen wollen, wird in Deutschland auf 16 Millionen, in Europa auf insgesamt 60 Millionen Menschen im Alter zwischen 25 und 65 Jahren geschätzt.

Um diese Menschen erfolgreich anzusprechen, ist die Deutsche Bank 24 einen neuen Weg gegangen. Die bloße Produktorientierung früherer Jahre tritt ebenso in den Hintergrund wie die bei Banken lange Zeit übliche Kundensegmentierung nach Einkommen oder Vermögen. Vielmehr orientiert sich die Deutsche Bank 24 bei der Kundenansprache an modernen Lebenswelten und an Bedarfsfeldern der Kunden. Sie rücken ultimativ in den Mittelpunkt, das Produkt ist Mittel zum Zweck der Erfüllung von Kundenwünschen. Dazu gehört auch der faktische Nutzen für den Kunden, wie etwa eine hohe Benutzerfreundlichkeit der Selbstbedienungsterminals, eine hohe Servicebereitschaft und Beratungskompetenz der Mitarbeiter in den Call-Centern und Filialen sowie ein klar gegliederter Internet-Auftritt, der für die Kunden attraktiv, innovativ und informativ ist. Hierzu gehört vor allem auch die immer wichtigere emotionale Seite, dem Kunden glaubwürdig zu kommunizieren, dass er hochwillkommen ist, die Bank sich voll auf ihn ausrichtet und ihm Zugang zu Performance in einem breit verstandenen Sinn verschafft. Ein Beispiel ist, dass die Deutsche Bank 24 ihren Kunden Zugang zum Besten verschafft, das die Deutsche Bank als Investmentbank bieten kann. Insofern hat sich die Deutsche Bank 24 auf die Fahnen geschrieben, einen Beitrag zur Demokratisierung der Vermögensanlage privater Kunden zu leisten.

In allen Bereichen, bei allen Produkten und Leistungsbündeln, will die Bank ihren Kunden im Vergleich zu anderen Anbietern, die im jeweiligen Segment tätig sind, das jeweils Beste anbieten. Dazu hat sich die Deutsche Bank 24 mit vier Geschäftsfeldern positioniert: Banking 24 (beste Basis-Bankdienstleistungen für Privatkunden), Personal Investment (beste Unterstützung in Aufbau und Optimierung der Vermögen von privaten Anlegern), Online-Investment (bester Direktzugang zu First-Class-Kapitalmarkt-Produkten) sowie Business Banking (beste Betreuung der Geschäftskunden aus einer Hand).

3.3 Multikanalbank

In allen Geschäftsfeldern steht die Deutsche Bank 24 ihren Kunden als moderne Multikanalbank rund um die Uhr über alle verfügbaren Zugangswege offen. Weit über 1 000 Filialen dienen als Basis für Service und Beratung. Über 200 Finanz-Center bieten individuelle Problemlösungen und Beratung. Der Mobile Vertrieb berät Kunden auf Wunsch auch zu Hause in vertrauter Atmosphäre. Hinzu kommen 1 800 Selbstbedienungsterminals in den Filialen und 6 000 Geldautomaten der Cash-Group. Im Telefon-Banking stehen die Mitarbeiter bundesweit an drei Call-Center-Standorten 24 Stunden pro Tag und sieben Tage pro Woche zur Verfügung. Das Online-Banking garantiert eine hohe Servicequalität für alle grundlegenden finanziellen Kundenbedürfnisse. Für eigenständige Kapitalanleger hält die Bank außerdem hochqualifizierte Online-Investment-Services bereit – mit Zugang zu allen wichtigen Handelsplätzen der Welt, internationalen Kapitalmarktprodukten sowie mit personalisierten Informationen und Abwicklungstools für den selbst bestimmten Anleger.

Der Mix an modernen und innovativen Kommunikationswegen gehört zu den Kernkompetenzen der Bank, die über ein intelligentes Multikanal-Management kontinuierlich verbessert werden (Walter 2001, S. 11 ff.). Zugleich baut die Bank innerhalb ihres Multikanal-Angebotes die Online-Kanäle besonders intensiv aus. In zehn Jahren werden voraussichtlich 90 Prozent der deutschen Haushalte Zugang zum Internet haben, sei es über den PC, das interaktive Fernsehen oder über Mobiltelefone. Der elektronische Handel wird zu den Selbstverständlichkeiten des Alltags zählen. Im Modell der Deutschen Bank 24 gehört deshalb der dynamisch wachsende Online-Bereich zu den wesentlichen Werttreibern innerhalb der Wertschöpfungskette. Dieses Kerngeschäft, das die Vision der Deutschen Bank 24 trägt, gilt es zu verstärken durch internes Wachstum sowie durch Kooperationen oder Übernahmen von Geschäftsteilen von Wettbewerbern, für die dieser Bereich nicht mehr zum Kern des Portfolios gehört (vgl. Abbildung 2).

Der hohe Stellenwert, den die Bank E-Commerce und Internet beimisst, bedeutet jedoch nicht, dass die übrigen Vertriebskanäle vernachlässigt werden. Auch Bankfilialen werden in der Internet-Welt von morgen eine Rolle spielen. Aber sie müssen sich wandeln. Statt zeitaufwendiger Routine- und Back-Office-Arbeiten muss ein immer stärkeres Gewicht auf Wertschöpfung durch qualifizierte Beratung gelegt werden. Die Filialen müssen in der Lage sein, kompetent und umfangreich zu beraten und ihren Kunden über alle Lebensphasen hinweg bedarfsgerechte Produkt- und Problemlösungen anzubieten.

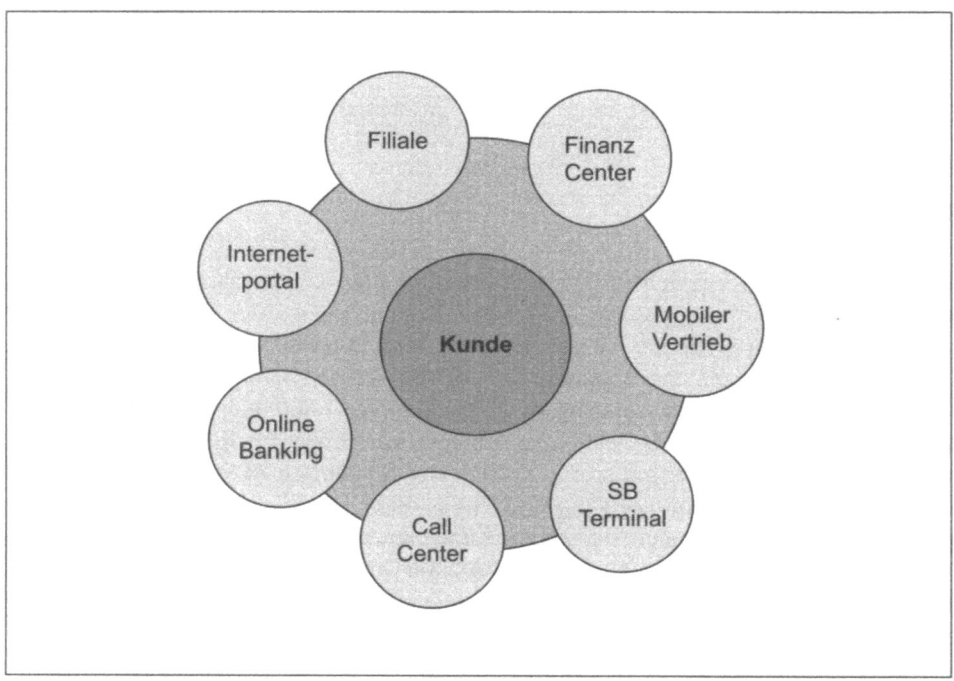

Abbildung 2: Deutsche Bank 24: sieben Wege zur Bank

4. Kundenzentrierung und maßgeschneiderte Produkte

Die Neupositionierung des Retail und Personal Banking in der Deutschen Bank 24 stellt nichts anderes dar als die Verselbständigung eines bislang integrierten Teilbereiches der Wertschöpfungskette einer Universalbank. Damit wurden gruppenintern auch die Bereiche Produktion und Distribution im Privatkundengeschäft klar gegliedert. Für die Deutsche Bank 24 als selbständige Einheit ergeben sich in der Folge hohe Freiheitsgrade und unzählige Möglichkeiten, ihr Aktivitätenportfolio neu und optimal zu gestalten. Als „Distributor" und Kundenunternehmen kann sie sich diejenigen Wertschöpfungselemente aus der Kette heraussuchen, die es ihr erlauben, den Kunden ein optimales Produkt- und Leistungsbündel zu bieten. Teile, die die Bank weniger gut beherrscht oder die innerhalb des Konzerns gemeinsam genutzt werden können, kauft die Bank bei der Mutter beziehungsweise bei externen Partner ein.

Auf Transaktions-, Produkt- und Vertriebsebene gibt es beispielsweise im Konzernverbund vielfältige Möglichkeiten der wechselseitigen Zusammenarbeit:

- **Transaktionsebene:** Ein anderes Konzernunternehmen, die European Transaction Bank (etb), übernimmt im Rahmen von Dienstleistungsverträgen institutsübergreifend für die Deutsche Bank 24 die Bearbeitung von standardisierten Prozessen wie den Zahlungsverkehr und die Wertpapierabwicklung.

- **Produktebene:** Die Bank entwickelt Produkte und Services gemeinsam mit anderen Geschäftsbereichen im Konzern. Das Aktienzertifikat Quings Global Blue Chips 24, das 2000 gemeinsam mit dem Investment Banking konzipiert wurde, ist hierfür ein Beispiel. Der Konzern und seine Tochterunternehmen nutzen zudem das Multikanal-Angebot der Deutschen Bank 24, die wiederum ihren Kunden die attraktiven Produkte der Gesamtbank anbieten kann. Solche Produkte können Fonds von der DWS, Versicherungen vom Deutschen Herold, Investment-Banking-Produkte von der Corporate and Investment Gruppe der Bank, Hypotheken von der Eurohypo oder Bausparverträge von der DB Bauspar sein.

- **Vertriebsebene:** Die Deutsche Bank 24 optimiert ihre Distributionskraft und die Multikanal-Vertriebsplattform, indem sie zum Beispiel Mitte 2000 den Vertrieb privater Immobilienfinanzierungen von der Eurohypo übernommen hat. Sie eröffnet zugleich den privaten Kunden und rund 1 500 Finanzpartnern der Eurohypo den Zugang zu ihrem Angebot. Umgekehrt fokussiert sich die Eurohypo auf gewerbliche Immobilienfinanzierungen im In- und Ausland.

Diese Beispiele zeigen, dass die enge Verbindung zum Mutterkonzern und seinen Teilen der Deutschen Bank 24 enorme Vorteile bietet. Dies schließt aber nicht aus, dass die Bank auch Fremdprodukte in ihr Programm aufnimmt, wenn dadurch die Angebotspalette für die Kunden ergänzt und optimiert werden kann. So basiert das Produkt Master Management 24 auf einem innovativen Anlagekonzept, das auf den 1 000 Investmentfonds mit der besten Performance zurückgreift – unabhängig vom Produzenten. Weitere Fremdprodukte werden folgen, wobei die Art und Zusammensetzung immer vom Kundennutzen bestimmt sein wird.

Die Entscheidung über „make or buy" von Produkten und Services setzt ein umfangreiches Wissen über den Kunden und damit ein zeitgemäßes Customer-Relationship-Management (CRM) voraus. Hier werden alle wichtigen Informationen über die Kunden gesammelt und ausgewertet. Berater in der Filiale oder Mitarbeiter der Call-Center können sich mit Hilfe dieses Instruments bei Bedarf auf Knopfdruck ein ganzheitliches Bild der Kundenverbindung machen und gegebenenfalls passende zusätzliche Angebote unterbreiten. Damit wird eine nachhaltige Kundenbindung unterstützt. Dies ist um so wichtiger, je seltener der Kunde durch die zunehmende Virtualisierung der Kunden/Bankbeziehung persönlich Kontakt zur Bank hat. CRM wird das Instrument sein, das es der Bank und ihren Beratern ermöglicht, viel proaktiver und gezielter als in der Vergangenheit auf den Kunden zuzugehen.

5. Kooperationen durch Aufspaltung der Wertschöpfungskette

Das Geschäftsmodell der Deutschen Bank 24 bietet auch außerhalb des Mutterkonzerns vielfältige strategische Freiheitsgrade. Mit dem Marktstart hat die Bank ihre Wertschöpfungskette an entscheidenden Kundenzugangsstellen nach außen geöffnet mit dem Ziel, über Kooperationen mit Partnern außerhalb des Verbundes ihre Produkt- und Servicepalette weiter zu schärfen. Im Sinne ihrer Fokussierung, zur führenden Online-Bank zu werden, hat sie sich dabei besonders auf branchenübergreifende Kooperationen konzentriert. Sie sind in der digitalen Welt der Schlüssel zu profitablem Wachstum und beschleunigen zugleich die digitale Transformation der Banken. So wurden im Geschäftsjahr 2000 eine Reihe von Partnerschaften unter anderem mit Yahoo, AOL und dem virtuellen Auktionshaus eBAY vereinbart. Damit treibt die Bank ihre E-Transformation konsequent voran und erschließt sich die virtuellen Marktplätze der Zukunft. Gemeinsam mit Yahoo, dem weltweit führenden Internet-Portal, hat sie zum Beispiel im Januar 2000 ihre erste virtuelle Bankfiliale eröffnet. Heute ist die Bank mit mehr als 1,2 Millionen Online-Kunden bereits die größte Online-Bank in Deutschland und unter den größten in Europa.

Das Konzept der Deutschen Bank 24 eröffnet aber nicht nur den Zugang zu branchenüberschreitenden Partnerschaften. Vor dem Hintergrund der einzigartigen europäischen Präsenz der Deutschen Bank ist es auch bestens geeignet, die notwendige Europäisierung im Privatkundengeschäft weiter voranzutreiben. Die Deutsche Bank hat deshalb das erfolgreiche Deutsche Bank 24-Konzept europäisiert. Sie wird im Laufe von 2001 ihre Retail- und Personal-Banking-Aktivitäten in Deutschland, Italien, Spanien, Portugal, Belgien und Polen unter dem Dach der Deutschen Bank 24 zusammenführen. Die neue pan-europäische Bank wird mit rund 21 000 Mitarbeitern über 11 Millionen Kunden betreuen und über mehr als 2000 Filialen verfügen. Darüber hinaus schafft die Bank ihren ersten pan-europäischen Online Broker, der mit der eigenen Marke maxblue an den Start geht.

Mit der Neupositionierung des Retail- und Personal-Banking will der Konzern seinem Ziel, eine führende Privatkundenbank zu werden, einen deutlichen Schritt näher kommen. Zu diesem Zweck strebt er auch Kooperationen mit anderen Finanzdienstleistern an – sowohl auf nationaler als auch auf europäischer Ebene. Auch hierzu bietet das integrierte Modell der Deutschen Bank 24 alle strategischen Freiheitsgrade.

6. Wandel menschlich gestalten

Eines steht fest: Im Privatkundengeschäft der Zukunft werden nur diejenigen Anbieter erfolgreich sein, die konsequent die Fragen nach der optimalen Wertschöpfungstiefe und den langfristigen Kernkompetenzen beantwortet haben. Wie die Wertschöpfungstiefe bei nachhaltiger Fokussierung auf Stärken und Kundenanforderungen verbessert werden kann, wurde am Beispiel der Deutschen Bank 24 gezeigt. Wahlfreiheit bei den Zugangswegen, Fokus auf eine klar zugeschnittene Zielgruppe, eine Top-Produktpalette, die Wert auf Performance legt und alle Finanzansprüche der Zielgruppe abdeckt, sowie eine konkurrenzlose europäische Präsenz sind wesentliche Gestaltungselemente der Neupositionierung zur Bank der Zukunft.

Die Deutsche Bank 24 steht damit für ein Geschäftsmodell, das in vollem Umfang auf ihre Stärken, den direkten Kontakt zum Kunden, ausgerichtet ist und in dem alle Aktivitäten außerhalb dieser Kernkompetenz zugekauft werden. Damit verfügt die Bank über ein Angebots- und Leistungsportfolio, das in einer vom Internet geprägten Welt von branchenfremden Wettbewerbern nur schwer erbracht werden kann. Natürlich ist dieses Geschäftsmodell nur so erfolgreich, wie die Mitarbeiter bereit sind, den Wandel und die Transformation zu tragen. Umfangreiche Ausbildungs- und Weiterbildungsinitiativen und eine enge Begleitung der Mitarbeiter im Prozess des Wandels sind hier erfolgsentscheidend. Banken haben die Verantwortung, die Verschmelzung der Old und New Economy in der integrierten Filial- und Direktbank menschlich zu gestalten. Die Idee ist einfach: Wie Old und New Economy zunehmend konvergieren, wachsen auch die Menschen in den Banken ganz persönlich mit dem Unternehmen in neue Dimensionen hinein.

Literaturhinweise

BRÜCKNER, H.-P., Der allumfassende Finanzdienstleister muß zu Grabe getragen werden in: Frankfurter Allgemeine Zeitung, 8. Januar 2001, S. 32.
CORCORAN, S., MURPHY, D., E-Banking. A Global Strategic and Statistical Analysis of Online Banking, Lafferty Publications, October 2000.
KLEIN, E., Megatrends im Retail Banking, in: Bank Magazin, 2, 1999, S. 10–13.
MECKLINGER, R., Wertschöpfungsketten für die Informationsgesellschaft, in: Braczye, Hans-Joachim (Hrsg.), Jahrbuch Telekommunikation und Gesellschaft – Schwerpunkt: Die Ware Information: Auf dem Weg zu einer Informationsökonomie, Heidelberg 1997, S. 30–41.
MILES, R. E. und SNOW, C. C., Organizations: New Concepts for New Forms, in: California Management Review, 28, 1986, S. 62–73.
PORTER, M. E., Competitive Advantage, New York 1985.
PRAHALAD, C. und HAMEL, G., The Core Competence of the Corporation, in: Harvard Business Review, 68, 1990, S. 79–91.
STAUDT, E., KRIEGESMANN, B., THIELEMANN, F. und SCHAFFNER, M., Neuformierung von Wertschöpfungsketten. Das Beispiel Druckindustrie, Mannheim 1998.

Discount-Brokerage – Darstellung am Beispiel der Direkt Anlage Bank

Roland Folz

1. Funktion der Discount-Broker

Discount-Brokerage, der kostengünstige Handel von Wertpapieren über Telefon, Fax oder Internet, unterscheidet sich vom Wertpapierhandel der klassischen Filialbanken im wesentlichen durch zwei Elemente: Erstens unterhalten Discount-Broker kein Filialnetz. Sie haben sich auf das beratungsfreie Geschäft mit standardisierten Finanzprodukten wie Aktien, Fonds oder Optionsscheinen spezialisiert. Zweitens sind bei Discount-Brokern im Gegensatz zu Filialbanken alle Transaktionsprozesse weitgehend voll automatisiert. Ihnen entstehen deshalb im Handel wesentlich geringere Fix- und variable Kosten als einer klassischen Filialbank. Die Folge: Discount-Broker können ihre Leistungen zu günstigeren Konditionen anbieten.

2. Entwicklung des Discount-Brokerage in Deutschland

Discount-Brokerage ist in Deutschland ein relativ neues Geschäftsfeld. Erst seit 1994 handeln Anleger hier zu Lande Wertpapiere zu günstigen Konditionen direkt per Telefon, Fax oder Internet. Zuvor tätigten sie ihre Wertpapiergeschäfte meist über den Anlageberater ihrer Filialbank. Im Mai 1994 ging die Direkt Anlage Bank – damals noch hundertprozentige Tochter der heutigen Bayerischen HypoVereinsbank AG, München – als erster Discount-Broker an den Markt. Es folgten andere Anbieter, wie die ConSors AG, Nürnberg, die Commerzbank-Tochter Comdirect AG, Quickborn, das Brokerage 24, Bonn, der Deutschen Bank 24 und die Entrium AG, Nürnberg. Noch heute dominieren diese fünf Unternehmen einen rasant wachsenden Markt, in den immer mehr in- und ausländische Discount-Broker eintreten.

Die technischen Grundlagen von Ordererteilung und Geschäftsabwicklung entwickeln sich ständig weiter. Noch Mitte der 90er Jahre benutzten Anleger fast ausschließlich Telefon oder Faxgerät, wenn sie ihren Discount-Broker erreichen wollten. Doch mit der zunehmenden Popularität des Internets, fand auch die Abwicklung der Geschäfte über das neue Medium weite Verbreitung; 1996 bot die Direkt Anlage Bank als erster Discount-Broker Brokerage via Internet an. Heute ist das Internet der primäre Vertriebskanal der Direktbanken. So ist der Anteil der Transaktionen, die bei der Direkt Anlage Bank über dieses Medium abgewickelt werden, kontinuierlich gestiegen. Im vierten Quartal 1999 wurden 64 Prozent der Orders online erteilt; im zweiten Quartal 2000 waren es bereits 77 Prozent. Anfang 2000 nahmen bereits über drei Viertel der späteren Kunden ihren ersten Kontakt zur Direkt Anlage Bank über das Internet auf. Angesichts solcher Zahlen scheinen sich Expertenschätzungen zu bestätigen, die von einer jährlichen Verdoppelung des Online-Brokerage innerhalb der nächsten vier bis fünf Jahre ausgehen.

Im Laufe der Zeit ist auch das Angebot an Leistungen und Services spezifischer geworden: Echtzeit-Handel, der Online-Zugang zu ausländischen Märkten und ein breites Angebot an Fonds sind bereits Standard. In gleichem Maße hat die Qualität der Finanzinformationen zugenommen, die auf den Homepages angeboten werden.

Für ein Land, dem kürzlich noch mangelnde Aktienkultur nachgesagt wurde, hat Deutschland das Discount- und Online-Brokerage sehr schnell angenommen. Die fünf größten Online-Broker haben ihre Kundenzahlen seit 1995 im Jahresschnitt verdoppeln können. Nach einem außergewöhnlich guten ersten Quartal des Geschäftsjahres 2000 gibt es derzeit bereits mehr als eine Million Discount-Brokerage-Konten in Deutschland.

3. Die Direkt Anlage Bank – eine Kurzcharakteristik

3.1 Erster Discount-Broker

Als die Direkt Anlage Bank 1994 als erster Discount-Broker an den Markt kam, war sie zugleich die erste Direktbanktochter einer deutschen Großbank, der heutigen BayerischenHypoVereinsbank AG. Seit dem Börsengang des Discount-Brokers im November 1999 ist die HypoVereinsbank noch zu 70,1 Prozent an der Direkt Anlage Bank beteiligt.

3.2 Innovative Geschäftspolitik

Intern unterscheidet die Direkt Anlage Bank zwischen zwei Kundengruppen: den Business-to-Business-Kunden (Fondsvermittler, Vermögensverwalter, Banken) und den Business-to-Customer-Kunden (Privatanleger). Die Geschäftspolitik des Discount-Brokers zielt darauf, diese Kunden bei ihrer eigenständigen Anlageentscheidung zu unterstützen. „Die Bank sind Sie" – so lautet der Slogan, mit dem die Direkt Anlage Bank in der Öffentlichkeit auftritt. Im Gegensatz zu einer Filialbank berät die Direkt Anlage Bank ihre Privatkunden nicht. Vielmehr stellt sie umfassende und aktuelle Informationstools zur Entscheidungsunterstützung zur Verfügung. Dabei berücksichtigt sie die unterschiedlichen

Bedürfnisse der jeweiligen Anlegertypen – im Privatkundengeschäft wird unterschieden zwischen den Segmenten Anlegen, Sparen und Handeln –, um ihnen eine möglichst individuelle und situationsgerechte Unterstützung zu bieten.

3.3 Informationen, Produkte, Services

Um den Anforderungen aller Zielgruppen – sowohl Profis als auch Privatanlegern – gerecht zu werden, setzt die Direkt Anlage Bank mit verschiedenen Research-Tools unterschiedliche Schwerpunkte. Beispielhaft ist der so genannte DAB InvestmentRatgeber, der es den Kunden erlaubt, ihr Portfolio nach persönlich nachvollziehbaren subjektiven wie objektiven Kriterien zu strukturieren. Darüber hinaus gibt es einen so genannten DAB OptionsscheinInvestor, der Kunden Informationen über die Anlage in Optionsscheinen vermittelt und eher auf den professionellen Anleger ausgerichtet ist. Mit dem DAB Zukunftsplaner können Kunden zum Beispiel ihre Vorsorgelücke bei der Rente berechnen und auf dieser Basis einen Sparplan oder Auszahlplan einrichten. Das für DAB Kunden kostenlose Angebot von Realtime-Kursen nutzen Anleger intensiv.

Orientiert an den Kundenbedürfnissen entwickelt die Direkt Anlage Bank ständig neue, innovative Produkte, zum Beispiel die fondsbasierte Rentenversicherung DAB HappyAge oder Dachfonds. Intensiv genutzt wird auch das außerbörsliche Handelssystem der Direkt Anlage Bank, der DAB Sekunden-Handel. Auf dieser Plattform können Kunden über die Handelszeiten der Börsen hinaus direkt mit den Aktienmaklern oder Optionsscheinhändlern traden – in der Woche von 9.00 bis 23.00 Uhr und samstags in der Zeit von 10.00 bis 16.00 Uhr. Der DAB Sekunden-Handel hat eines der wesentlichen Probleme vieler Kunden gelöst: die Unsicherheit bei der Wertstellung von Transaktionen. Denn die Kurse werden den Kunden bereits vor der Orderausführung garantiert.

Neben Informationen und innovativen Produkten bietet die Direkt Anlage Bank unterschiedliche Serviceleistungen an – zum Beispiel eine technische Hotline, einen E-MailResponse-Service, individualisierte Börsennews-Abonnements oder die Möglichkeit zur Personalisierung der Homepage. Auf diese Weise stellt sie die individuelle Betreuung der Kunden – neben der Abwicklung des Massengeschäfts – sicher.

Die Konditionen sind transparent und verursachergerecht. Der Großteil der Leistungen des Discount-Brokers ist kostenlos – die Informationen ebenso wie die Entscheidungshilfen oder die Depotführung. Die Produkte und Transaktionen gibt es mit deutlichen Discountabschlägen, zum Beispiel können Orderlimits umsonst gesetzt werden.

4. Warum wird Discount-Brokerage auch zukünftig erfolgreich sein?

Nach enormem Wachstum in den vergangenen Geschäftsjahren führen allein die fünf größten Discount-Broker in Deutschland schon insgesamt über eine Million Depots; 1999 wurde knapp die Hälfte aller Depots, die Discount-Broker in ganz Europa verwalteten, in Deutschland geführt. Die Gründe für diesen Erfolg liegen einerseits in der Geschäftspolitik der Anbieter, andererseits in Gegebenheiten wie zum Beispiel der weiteren Verbreitung des Internet, dem Umbruch in der traditionellen Bankenlandschaft oder der zunehmend positiven Einstellung der Bevölkerung gegenüber dem Online-Banking.

4.1 Günstiges Preisgefüge

Deutsche Discount-Broker haben die Kosten des Wertpapierhandels für Privatanleger entscheidend reduziert. Der traditionelle Orderweg über den Wertpapierberater der Filialbank war teurer und in der Regel langwieriger. So kostete ein Wertpapierhandelsgeschäft mit einem Volumen von 10000 Euro über eine Filialbank früher um die 100 Euro. Bei der Direkt Anlage Bank können 10000 Euro dagegen zum Preis von gerade einmal 30,40 Euro gehandelt werden, die Kunden sparen also gut 70 Prozent der Kosten. Der zunehmende Wettbewerb unter den Discount-Brokern wird auch zukünftig für ein niedriges Preisniveau sorgen.

4.2 Convenience

Beim Discount-Brokerage kann ein Kunde Wertpapiere bequem von zu Hause aus kaufen und verkaufen. Die Vertriebswege der Broker machen ihn unabhängig von den Räumlichkeiten der Filialbanken. Zudem muss er sich nicht an deren enge Öffnungszeiten halten.

4.3 Informationsbereitstellung

Seit es Discount-Broker gibt, sind Privatanlegern Finanzinformationen zugänglich, die sonst nur professionellen Investoren zur Verfügung standen. Außerdem können Anleger über die Online-Plattform ihrer Broker miteinander kommunizieren und Tipps und Informationen austauschen.

So hat etwa die Direkt Anlage Bank eine interaktive Plattform für eine Interessengemeinschaft von Wertpapieranlegern entwickelt. Die Mitglieder dieser Community, die rasant gewachsen ist und im ersten Halbjahr 2000 mehr als 234 000 Mitglieder umfasst, können sich zum Beispiel in Chatforen austauschen und so ihr Wissen unter anderem durch den Kontakt zu anderen Mitgliedern anreichern.

Um als Bank ohne Filialen für Kunden trotzdem greifbar zu sein, hat die Direkt Anlage Bank in den vergangenen Monaten DAB Anlage-Center in verschiedenen deutschen Städten eröffnet. Diese Center sind nicht etwa Filialen, sondern Räumlichkeiten, in denen potenzielle Kunden das Angebot der Direkt Anlage Bank kennen lernen, sich mit den Mitarbeitern und anderen Kunden austauschen oder einfach traden können. Dort wird den Kunden gezeigt, dass Discount-Brokerage kinderleicht ist. Die DAB Anlage-Center sollen als neue Art des Banking dazu beitragen, das dauerhafte Vertrauen der Kunden zu gewinnen. Diese Strategie, die unter dem Motto „Online meets Offline" läuft, wird der Discount-Broker auch in Zukunft verfolgen.

4.4 Weitere Verbreitung des Internet

Die Zahl der Internet-Nutzer steigt weltweit kontinuierlich an. In Deutschland nutzen das Medium derzeit über elf Millionen Menschen. Experten von Jupiter Communications schätzen, dass die Zahl der Nutzer in den kommenden drei Jahren um jeweils 38 Prozent steigen wird. Dann würde im Jahr 2002 jeder dritte Deutsche das Internet nutzen – und damit auch für Discount-Broker erreichbar sein. Dann wird das Internet das Medium schlechthin für Direktanlageformen sein; schon heute spielen Telefon und Fax im Discount-Brokerage nur noch eine untergeordnete Rolle.

4.5 Weitere Verbreitung von Aktien und Fonds als Anlageform

Discount-Broker in Deutschland haben in der Vergangenheit vom höheren Niveau der Aktienkultur und von der Neuemissions-Euphorie an den Märkten profitiert. Die Marktbedingungen waren bis zum vergangenen Frühjahr hervorragend. Der DAX ist von Oktober 1999 bis April 2000 um 40 Prozent gestiegen; die Werte am Neuen Markt – auf dem der Fokus vieler Investoren liegt – haben sich nahezu verdoppelt.

Dennoch legen deutsche Investoren absolut gesehen nach wie vor seltener in Aktien an als zum Beispiel britische: Haben hier zu Lande etwa acht Prozent der Anleger Aktienwerte im Depot, sind es in Großbritannien bereits 20 Prozent. Diese Unterschiede dürften sich jedoch langfristig angleichen. Die Gründe:

- Im Zuge der Diskussion um die Altersvorsorge entdecken viele Anleger Wertpapiere – insbesondere Aktien und Fonds – als lukrative, sichere und steuerlich vergünstigte Alternative zu staatlichen Vorsorgemaßnahmen.

- Die Zinsen sind immer noch sehr niedrig, sodass sich traditionelle Anlageformen kaum rentieren.

4.6 Kundenspektrum wird breiter

Das Kundenspektrum der Discount-Broker wird breiter werden. Zunehmend finden Wertpapiere unter Personengruppen Verbreitung, die dieser Anlageform bislang eher abgeneigt waren. Dazu gehören zum Beispiel Anleger, die nicht so häufig traden und höchstwahrscheinlich eher in Fonds und Aktien, seltener in Optionsscheinen investieren. Sie sind weniger an sekundengenauen Transaktionen interessiert als an langfristigen Anlagemöglichkeiten.

Die Direkt Anlage Bank hat sich bereits auf die Kundengruppe der Sparer und Anleger – die keine oder wenig Erfahrung im Wertpapiergeschäft mitbringen müssen – eingestellt und ist damit erfolgreich. Das belegt die Entwicklung der Depotvolumina: Innerhalb eines Jahres, von Ende Juni 1999 bis Ende Juni 2000, ist das Depotvolumen von 4,1 Milliarden Euro auf 10,1 Milliarden Euro gewachsen, eine Zunahme um knapp 150 Prozent. Von den 10,1 Milliarden Euro legten die Kunden 4,3 Milliarden Euro in Fonds an.

5. Welche Discount-Broker werden zukünftig erfolgreich sein?

Nur diejenigen Discount-Broker werden sich in Zukunft gegen die Konkurrenz ihrer Branche und die der Filialbanken durchsetzen, die bestimmte Schlüsselqualifikationen mitbringen und sie sich langfristig erhalten. Denn: Kunden eines Discount-Brokers können per Mausklick die Bank wechseln. Sind sie mit dem einen Broker nicht zufrieden, eröffnen sie innerhalb kürzester Zeit und mit äußerst geringem Aufwand ein Depot bei einem anderen. Discount-Broker, die sich im Konkurrenzkampf durchsetzen wollen, müssen daher vor allem schnell, sicher und kostengünstig sein.

5.1 Ausreichende Kapazitäten

Erreichbarkeit immer und von jedem Ort aus ist eines der wichtigsten Versprechen, das ein Discount-Broker seinen Kunden gibt. Die Zahl der Kunden und verwalteten Depots, die Zahl der Wertpapiertransaktionen und die Kundenanfragen im Call-Center haben kontinuierlich zugenommen, sodass ein massiver Ausbau der technischen und sonstigen Kapazitäten nötig war, insbesondere im Front-Office. Alle Broker haben daher stark in den Ausbau ihrer Call-Center investiert und ihren Personalstamm erweitert.

Die Direkt Anlage Bank hat bereits im März 2000 ihr Programm „Fit für 500 000 Kunden" vorzeitig abgeschlossen – und ist damit kurzzeitigen Engpässen effizient begegnet. In diesem Rahmen hat sie ihre Telefonkapazitäten auf 400 Leitungen verdoppelt. Seit Ostern des Jahres 2000 können 6000 Kunden via Internet oder Telefon im selben Moment auf die Handelsdatenbank zugreifen. Gegenüber Dezember 1999 ist das eine Kapazitätsausweitung um 400 Prozent. Von Januar bis Ende Juni 2000 hat die Direkt Anlage Bank ihren Mitarbeiterstamm um 40 Prozent aufgestockt und das automatische telefonbasierte Interactive Voice Recognition-System (IVR) eingeführt. Außerdem hat sie die Prozesse derart optimiert, dass die Orderaufnahme immer höchste Priorität hat. Damit hat sie sich der Marktsituation angepasst.

5.2 Strategische Partnerschaften

Um Kunden nicht nur akquirieren, sondern auch langfristig halten zu können (bei abnehmender Bankenloyalität ein Problem aller Institute), ist es von Vorteil, wenn Discount-Broker ihren Kunden eine sinnvolle und sich ergänzende Palette an Produkten über den Wertpapierhandel hinaus anbieten. Oftmals bedarf es dazu der Kooperation mit anderen Anbietern.

Die Direkt Anlage Bank kooperiert in verschiedenen Bereichen mit anderen Partnern. So hat sie beispielsweise eine Kooperation mit dem Internet-Baufinanzierungs-Portal Interhyp AG, München, vereinbart. Discount-Brokerage-Kunden können auf den Webseiten der DAB die Konditionen für Immobilienfinanzierungen vergleichen und online Baugeld beim jeweils besten Anbieter beantragen. Wer eine Baufinanzierung plant oder bereits Baugeld zahlt, kann mit Hilfe der von Interhyp entwickelten Funktionalitäten rasch und bequem seine Finanzierungskonditionen optimieren. Baudarlehen können zum Beispiel demnächst auch mit Fondssparplänen getilgt werden. Ebenfalls möglich: die Aufnahme sogenannter Forward-Darlehen. Dabei können die Konditionen für Baugeld bis zu drei Jahre vor Beginn einer neuen Zinsbindungsperiode festgelegt werden – Niedrigzinsphasen werden bestmöglich genutzt.

Um sich im Fondsbereich zu profilieren, kooperiert die Direkt Anlage Bank mit verschiedenen Fondsgesellschaften und Wertpapierhandelshäusern. Dadurch ist es der Bank gelungen, ihren Kunden das breiteste Fondsangebot unter allen deutschen Discount-Brokern zu offerieren.

6. Zukünftige Geschäftsstrategie der Direkt Anlage Bank

Nachdem am deutschen Markt bereits hohe Wachstumsraten realisiert worden sind, wollen viele Discount-Broker derzeit ihre Marktstellung in Deutschland festigen und ausbauen. Einige streben an die ausländischen – vorzugsweise europäischen – Märkte. So ist Consors beispielsweise bereits einige Engagements im europäischen Ausland eingegangen und hat andere Anbieter aufgekauft.

Die Direkt Anlage Bank wird einen anderen Weg gehen: Um hohe Ausgaben für Akquisitionen zu vermeiden und eine einzige technologische Plattform in ganz Europa nutzen zu können, will sie ihr eigenes Geschäftsmodell und ihre eigene Technologie für die europäische Expansion nutzen. Dazu gehören, so weit dies möglich ist, ein einheitliches Orderrouting und eine zentralisierte Abwicklung. Ein Call-Center, Internet-Plattformen und Anlage-Center sollen dezentral betrieben werden. Beim Marketing wird sich der Discount-Broker an den jeweiligen Marktsituationen orientieren. Die Direkt Anlage Bank will so in der Lage sein, europaweit Discount-Brokerage-Dienstleistungen zu einem Preis anzubieten, der auf Grund der einheitlichen technischen Plattform nahe den Grenzkosten sein wird. Für den Kunden soll es gleich sein, ob er als Schweizer ein Depot in Deutschland führt oder als Deutscher sein Depot in der Schweiz. Die Direkt Anlage Bank hat bereits in der Schweiz eine Banklizenz beantragt und will noch im Jahr 2000 in einem weiteren europäischen Land expandieren. Ende des Jahres 2001 will sie in allen größeren europäischen Ländern vertreten sein.

7. Implikationen für traditionelle Filialbanken

Die technologische Entwicklung der vergangenen Jahre hat die Bankgeschäfte bereits stark verändert. Doch die zunehmende Verbreitung des Internet und der damit steigende Anteil der Wertpapiergeschäfte, die über Discount-Broker abgewickelt werden, verursachen tiefe Einschnitte in den entsprechenden Geschäftsbereichen der Banken. Dies ist der Grund, warum viele traditionelle Filialbanken versuchen, noch Anschluss an die rasante Online-Entwicklung zu bekommen. Das bezieht sich nicht nur auf den Brokerage-Bereich, sondern auf das Online-Banking im Allgemeinen. Fast täglich kündigen die Institute neue, millionenschwere Online-Investitionen an, um mit der Entwicklung im Internet-Banking Schritt halten und entsprechende Gewinne erzielen zu können.

Dabei ist zu beobachten, dass die Marktzutrittsbarrieren sinken. Und das, obwohl immense Investitionen notwendig sind, um Internet-Banking oder Discount-Brokerage in einer Qualität anzubieten, die den Bedürfnissen der Kunden gerecht wird. Banken, die bisher noch nicht in die Internet-Technologie investiert haben, versuchen noch am Internet-Banking-Boom und den daraus resultierenden Gewinnen teilzuhaben und den Einstieg zu schaffen. Sie werden einen Investitionsaufwand haben, der die Kosteneinsparungen der neuen Technologie um Jahre übertrifft.

Parallel zu dieser Entwicklung sinkt die Kundenloyalität. Die Hausbank klassischer Prägung gibt es nicht mehr – ebenso wenig wie den Bankberater alten Stils. Diese Entwicklung wird verstärkt durch Banken, die fusionieren und ihre Filialnetze zusammenstreichen. Die Kunden – und das sind im Wertpapierbereich nicht nur die Top-Trader, die jeden Tag eine Vielzahl von Transaktionen abwickeln, sondern auch die Sparer und Anleger – sind wesentlich preissensibler und informierter als früher. Von dieser Entwicklung profitieren die Direktbanken mit ihren vergleichsweise niedrigen Gebühren und Kosten für die Wertpapierabwicklung.

Schon heute wird in den kostenintensiven Bankfilialen mehr oder weniger nur noch das beratungsintensive Geschäft, wie zum Beispiel Baufinanzierungen, abgewickelt. Weniger komplexe Leistungen der Banken wie der Zahlungsverkehr werden standardisiert außerhalb der Filiale ausgeführt. Gerade diese weniger komplexen Dienstleistungen der Banken können gut über das Online-Banking oder Online-Brokerage abgewickelt werden. In Zukunft werden hier auch komplexere Leistungen Eingang finden. So ist die Abwicklung einer Baufinanzierung über das Internet zwar komplex, doch durchaus praktikabel, wenn das Angebot dem Medium angepasst ist. Durch Kooperation mit der Interhyp AG will die Direkt Anlage Bank sich genau diesen Bereich erschließen.

Das Internet sorgt für umfassende Transparenz. Kunden können sich die Konditionen verschiedener Anbieter zusammensuchen und sie vergleichen. Diese Markttransparenz wird dazu führen, dass Banken es ihren Kunden bequemer machen und auch die Produkte der Konkurrenz anbieten oder sie zumindest im Internet darstellen. In Zusammenarbeit mit ihrer Tochtergesellschaft Community Concepts AG, München, schafft die Direkt Anlage Bank ein Allfinanz-Portal, in dem die Kunden genau dies bekommen: neutrale Informationen über die Angebote verschiedener Unternehmen. Zusätzlich können Kunden Konten und Anlagen, die sie bei verschiedenen Anbietern unterhalten, über dieses Portal verwalten.

Durch diese Entwicklung werden Banken zur Spezialisierung gezwungen. Sie müssen sich auf ihre Kernkompetenzen konzentrieren und sich in den Bereichen verstärken, in denen sie vielleicht bereits einen Vorsprung gegenüber ihrer Konkurrenz haben. Um ihre Leistungspalette zu ergänzen, kooperieren sie mit anderen Anbietern. Vorteil für die Kunden: Sie bekommen eine große Produktauswahl aus einer Hand.

Die entscheidende Voraussetzung für den Erfolg einer jeden Bank, die sich im Online-Bereich engagiert, ist: Sie braucht eine effiziente Technologie, um schnell, kostengünstig und sicher arbeiten zu können. Die Direkt Anlage Bank hat die entsprechenden Investitionen bereits getätigt und fühlt sich auf den Wettbewerb gut vorbereitet.

Strategische Perspektiven einer Hypothekenbank

Thomas Veit

1. Einleitung

Hypothekenbanken sind gemäß § 1 des Hypothekenbankgesetzes privatrechtliche Kreditinstitute, deren Geschäftsbetrieb darauf ausgerichtet ist,

- inländische Grundstücke zu beleihen und auf Grund der erworbenen Hypotheken Hypothekenpfandbriefe auszugeben,
- Darlehen an inländische Körperschaften und Anstalten des öffentlichen Rechts zu gewähren und auf Grund der erworbenen Forderungen Kommunalschuldverschreibungen (Öffentliche Pfandbriefe) auszugeben.

Betrachtet man die geschäftspolitische Ausrichtung der deutschen Hypothekenbanken, so ist das für nahezu alle (Ausnahme DePfa Deutsche Pfandbriefbank AG, die wegen unterschiedlicher strategischen Zielsetzungen aus dem Verband deutscher Hypothekenbanken e. V. ausgeschieden ist.) gemeinsame Kennzeichen das Eintreten für das Spezialbankprinzip, bei dem nur die Institute, die dem Hypothekenbankgesetz unterliegen, das Recht zur Emission von Pfandbriefen besitzen. Die Notwendigkeit zur Aufrechterhaltung dieser Marktbeschränkung wird von den Hypothekenbanken damit begründet, dass die Sicherheit des Pfandbriefs nicht nur durch die Bildung einer getrennten Deckungsmasse, sondern auch durch die risikomindernde Beschränkung der Geschäftspolitik erhöht wird.

Allerdings schränkt die gesetzlich fixierte Einengung der Geschäftstätigkeit aber auch die Reaktionsmöglichkeiten der Hypothekenbanken auf die gravierenden Veränderungen der Märkte und der Rahmenbedingungen ein und reduziert die Wettbewerbsfähigkeit mit Universalbanken und anderen Unternehmen der Finanzdienstleistungsbranche. Die als Reaktion darauf vom Branchenverband angestrebte Öffnung des Hypothekenbankgesetzes für zusätzliche Geschäftsmöglichkeiten ist deshalb eine Gratwanderung zwischen Aufrechterhaltung des Spezialbankprinzips und der Konkurrenzfähigkeit in einem sich stark wandelnden Markt.

Innerhalb der bestehenden rechtlichen Grenzen ist in den letzten Jahren eine zunehmende Spezialisierung der Institute zu beobachten. Während die klassische Hypothekenbank das gesamte Spektrum der zulässigen Geschäfte abdeckt, gibt es inzwischen Institute, die sich ganz überwiegend auf den Kommunalkredit und die Erzielung von Erträgen durch die Übernahme von Zinsänderungsrisiken konzentrieren. Andere wiederum verfolgen im Hypothekengeschäft einen Rückzug aus dem Privatkundengeschäft und bei einigen Instituten ist das Auslandsgeschäft auf dem Weg, das Inlandsgeschäft in seiner Bedeutung zu überholen.

Untersucht man die verschiedenen Ansätze auf die dahinterliegenden Strategien, so findet man in unterschiedlichen Ausprägungen Elemente, die den Erfolg von Unternehmensstrategien in einer globalen Wirtschaft prägen (vgl. Messier 2000).

Dies sind vor allem Kundenfokus, Innovation, Mehrung des Shareholdervalue, Schaffung vernetzter Strukturen, Erhöhung der Reaktionsschnelligkeit, multikulturelle Offenheit sowie Motivation und Stärkung des sozialen Zusammenhalts der Mitarbeiter. Eine Schlüsselrolle kommt dabei sicherlich dem Shareholdervalue zu, der durch die Verschärfungen der Eigenkapitalanforderungen auch für die Hypothekenbankbranche zur dominierenden Zielsetzung geworden ist.

2. Markt- und Rahmenbedingungen des Hypothekenbankgeschäfts

2.1 Allgemeine Rahmenbedingungen

Noch vor wenigen Jahren schien die Welt der Hypothekenbanken ein Hort der Stabilität zu bleiben, während ringsherum bereits dramatische Veränderungen begonnen hatten. Die Geschäftsbanken hatten die Härte des Wettbewerbs – gekennzeichnet durch die zunehmende Konkurrenz von Nichtbanken, den Aufstieg des Investmentbanking durch den zunehmenden Trend zur Verbriefung von Forderungen sowie die Last eines breiten Vertriebsnetzes bei beginnender Automatisierung des Kundenverkehrs und dem damit einhergehenden starken Druck auf die Margen – sehr viel früher zu spüren bekommen. Diese Entwicklung ereilte die Hypothekenbanken dann Ende der 90er Jahre jedoch in gleicher Weise.

Die zunehmende Bedeutung des Shareholdervalue verbunden mit steigenden Anforderungen an die Kapitalverzinsung ist für die kapitalintensiven Hypothekenbanken in dieser Situation eine besondere Herausforderung. Da gleichzeitig der Margendruck im Inland durch die stark zunehmende Transparenz der Konditionen wächst – besonders deutlich im Privatkundengeschäft durch den ständigen Konditionenvergleich in Zeitungen und Zeitschriften und noch stärker im Internet – besteht ein hoher Druck, die Kosten durch Rationalisierung und Verschlankung der Prozesse zu senken. Dieser Forderung läuft jedoch entgegen, dass die sich verschlechternde Risikosituation, verursacht durch hoch auslaufende Finanzierungen in der gesamten Branche und einen lang anhaltenden Einbruch der Immobilienmärkte sowie der zunehmende Einfluss des externen Ratings auf die Refinanzierung immer höhere Anforderungen an die Qualität der verfügbaren Daten stellen. Dies hat nicht nur immense Investitionen in der Datenverarbeitung zur Folge, sondern erfordert auch einen hohen Eingabeaufwand und erschwert die gewünschte Verschlankung der Prozesse erheblich.

Diese Entwicklung wird darüber hinaus ganz wesentlich verstärkt durch die sich immer schneller vollziehenden Veränderungen der Wirtschaftsstrukturen und die unter anderem daraus resultierende Verkürzung der Lebenszyklen von Immobilien, die völlig neue Instrumente der Risikopolitik und des Risikomanagements erforderlich machen. Während beispielsweise früher die Kreditakten nach Vollauszahlung des Darlehens nur im Falle der Prolongation oder einer Leistungsstörung in die Hand genommen werden mussten, ist heute – zumindest bei den gewerblichen Beleihungen – ein regelmäßiges Monitoring unverzichtbar.

Eine weitere Herausforderung stellt das Internet-Banking beziehungsweise das E-Business dar. Da es im Gegensatz zur Warenwirtschaft kaum Logistikprobleme gibt, ist die Bankdienstleistung für das Angebot über das Internet geradezu ideal geeignet. Insbesondere im standardisierten Baufinanzierungsgeschäft für Privatkunden zeichnet sich ab, dass künftig nicht nur die Informationen, sondern auch die Transaktionen auf diesem Wege abgewickelt werden. Dies wird sich um so mehr beschleunigen, je öfter die Kunden zu Gunsten besserer Konditionen auf eine individuelle Beratung verzichten.

Die Reaktion der Hypothekenbanken auf diese Entwicklungen – bei den einzelnen Instituten mit unterschiedlichen Schwerpunkten – ist gekennzeichnet durch

- die Intensivierung des Auslandsgeschäfts – ermöglicht durch die gesetzliche Ausdehnung der Geschäftsmöglichkeiten auf den Raum der Europäischen Union und begünstigt durch die Einführung des Euro –,
- die Schaffung neuer, weniger transparenter Produkte durch Kombination des klassischen Hypothekenbankdarlehens mit Instrumenten des Zins- und Währungsmanagements,
- das Eingehen höherer Risiken im Bereich der Fristentransformation zum Ausgleich der schwächeren Ertragslage aus dem Aktivgeschäft,
- die Entwicklung eigener Angebote im Internet-Banking,
- Fusionen zur Verbesserung der Marktposition und zur Realisierung von Kostensynergien,
- Kooperationen im Bereich der nicht kundenbezogenen Aktivitäten, zur Reduzierung der Kosten,
- Überlegungen und Versuche zum Outsourcing einzelner Teile – soweit bisher aufsichtsrechtlich akzeptiert,
- die Aufspaltung und Spezialisierung auf einzelne Segmente der Wertschöpfungskette beziehungsweise einzelne Kundensegmente.

Auf die verschiedenen Ansätze soll im Weiteren detaillierter eingegangen werden. Generell bleibt aber für alle Ansätze und die gesamte Branche kennzeichnend, dass die Schnelligkeit der Veränderung auch künftig eher zu- als abnehmen wird. Die Bereitschaft und

Fähigkeit sich diesen Veränderungen anzupassen oder noch besser, diese vorausschauend aktiv mit zu gestalten, werden künftig auch bei den Hypothekenbanken zu den entscheidenden Erfolgsfaktoren gehören.

2.2 Privatkundengeschäft

Das Privatkundengeschäft der Hypothekenbanken war stets durch einen hohen Anteil (und damit auch durch eine hohe Abhängigkeit) von Dritt-Vermittlungsgeschäft (in der Regel 70 bis 80 Prozent) gekennzeichnet. Vermittler bevorzugen die Hypothekenbanken gegenüber Geschäftsbanken insbesondere deswegen, da hier eine geringere Gefahr besteht, dass die Bank den Kunden auch für den Kauf anderer Produkte zu gewinnen versucht, die der Vermittler selbst absetzen will. Dieses Zugeständnis an die Vermittler hat aber zur Folge, dass die Hypothekenbanken im Gegensatz zu den Geschäftsbanken keinen Ausgleich für die niedrigen Margen des Kreditgeschäfts aus einem über Cross-Selling erzielten sonstigen Umsatz (insbesondere Lebensversicherungen, Kreditkarten und Wertpapieranlagen) erreichen. Da die zunehmende Konditionentransparenz und der hohe Wettbewerbsdruck es auch den Kreditvermittlern zunehmend erschweren, die für die traditionelle Organisation notwendigen Margen durchzuholen, haben sich bereits einige Hypothekenbanken entschlossen, das Privatkundengeschäft einzustellen. Andere stellen zumindest die bisherige Vertriebsorganisation in Frage, bei der regionale Geschäftsstellen eine Anlaufstelle für die Übergabe von Unterlagen und Rückfragen darstellen und eine schnelle, kundennahe Kreditentscheidung vor Ort (mit besonderen Kenntnissen der örtlichen Gegebenheiten) ermöglichen. Diese Vertriebsform für das Privatkundengeschäft ist besonders kostenintensiv, da neben den Provisionen für die Vermittler auch noch die Kosten für die Geschäftsstellen dem Akquisitionsaufwand zugerechnet werden müssen.

In den in der Regel kleinen Einheiten liegen die Kosten zumeist auch deutlich höher als bei einer stärker zentralisierten Bearbeitung. Dieser Aspekt, wie auch der Versuch eine neutrale Instanz in den Kreditentscheidungsprozess einzubauen, hat teilweise dazu geführt, dass die Bearbeitung nur bis zur Kreditentscheidung in den Geschäftsstellen liegt und sowohl die Auszahlung wie auch die Indeckungnahme der Darlehen auf eine zentrale Einheit verlagert wurden. Wie Untersuchungen gezeigt haben, verursacht diese Lösung jedoch mehrere Probleme. Im Hinblick auf die Kostensituation ist hier darauf zu verweisen, dass sich ein zweiter Sachbearbeiter (in der zentralen Stelle) neu in den Fall einarbeiten muss. Unter dem Gesichtspunkt der Kundenfreundlichkeit und Schnelligkeit ist nachteilig, dass Rückfragen in der Auszahlungsphase entweder über mehrere Stationen laufen oder der zuständige Gesprächspartner mitten im Prozess wechselt und dieser neue Mitarbeiter zudem in der Regel dem Kunden wie auch dem Vermittler unbekannt ist.

Als Vorteile der traditionellen Organisation des Vertriebs werden hingegen die regionale Nähe der Geschäftsstelle zum Vermittler, die daraus mögliche intensivere Betreuung der Vermittler und die bessere Kenntnis des relevanten Immobilienmarktes mit schnellerer und besserer Wertschätzung der zu finanzierenden Objekte gesehen.

Während sich die Optimierungsversuche lange Zeit auf Veränderungen der Zahl, Größe und Lage der Geschäftsstellen sowie die Frage der Schnittstelle zwischen Geschäftsstelle und zentraler Bearbeitungseinheit beschränkten, zwingen die Entwicklung der Margen- und der Kostensituation und die zunehmende Akzeptanz von Internet-Banking und E-Business immer mehr zu radikaleren Denkansätzen bei der Gestaltung der Vertriebsstruktur.

Obwohl derzeit der Anteil des Direktgeschäfts über das Internet noch gering ist, kann man davon ausgehen, dass bei den jüngeren Kunden dieser Weg zunehmend Akzeptanz finden wird und sich auch bei uns ähnliche Entwicklungen vollziehen werden wie in den USA, wo von 1999 bis 2003 mit einer Verzehnfachung des E-Commerce-Umsatzes auf 1,4 Billionen gerechnet wird (vgl. Forrester Research 2000). Es gibt auch nur wenige Argumente dagegen, dass eine mit dem PC vertraute Generation diesen Weg noch viel intensiver nutzen und dieser Vertriebsweg in einigen Jahren vermutlich dominierend sein wird.

Daneben bietet die neue Technologie aber auch eine sehr kostengünstige Möglichkeit zur direkten Anbindung von Vermittlern an zentrale Einheiten. Voraussetzung ist eine weitgehende Standardisierung des Angebots und die Bereitschaft der Vermittler die Daten selbst einzugeben, statt diese in herkömmlicher Weise auf Papier zu liefern. Die direkte Anbindung an eine zentrale Bearbeitungsstelle bietet zumindest im Hinblick auf die Schnelligkeit der Bearbeitung den gleichen oder gar besseren Service als die bisherige Organisation. Die erforderlichen regionalen Kenntnisse müssen in diesem Fall entweder über ein gut ausgebautes eigenes Sachverständigenwesen oder regional tätige externe Dienstleister für die Kreditentscheidung zugeliefert werden.

Ferner ist zu entscheiden, ob die Vermittlerbetreuung rein zentral organisiert werden soll, oder ob regional tätige Gebietsleiter diese Aufgabe übernehmen. In beiden Fällen könnte auf Geschäftsstellen in ihrer bisherigen Form verzichtet werden, womit sich eine deutliche Senkung der Akquisitionskosten erreichen ließe.

Diese Veränderungen bieten darüber hinaus weitere Möglichkeiten zur Aufspaltung und Verselbständigung einzelner Teile der Wertschöpfungskette, auf die später noch eingegangen wird.

2.3 Firmenkundengeschäft

Das Geschäft mit der gewerblichen Immobilienkundschaft wurde in der Vergangenheit teilweise direkt akquiriert, zum größeren Teil wurde es jedoch über verbundene Geschäftsbanken zugeführt, die die Kundenverbindung hinsichtlich Abwicklung des Zahlungsverkehrs, Bereitstellung von Betriebsmittelkrediten und Anlagegeschäft hatten. Da das Hypothekenbankgesetz nur wenigen Instituten (gemischten Hypothekenbanken) das gleichzeitige Betreiben von Geschäfts- und Hypothekenbanktätigkeiten erlaubt, waren Anfang der 70er Jahre die Besitzverhältnisse an den deutschen Hypothekenbanken überwiegend so verändert worden, dass klare Konzernzuständigkeiten entstanden, die eine enge Kooperation zwischen Geschäfts- und Hypothekenbank ermöglichten. Hierbei war die Aufgabenteilung traditionell so gestaltet, dass die Hypothekenbank die erstrangige Finanzierung (in der Regel bis 60 Prozent des Beleihungswertes) und die Geschäftsbank die nachrangige Finanzierung übernahm. Diese Schnittstelle zwischen beiden Bereichen erwies sich jedoch für die reinen Hypothekenbanken weiterhin als Nachteil gegenüber den wenigen gemischten Instituten.

Dies lag vor allem daran, dass immer mehr Kunden dieses Segments ihrer Immobilieninvestitionen nicht mehr nur mit der klassischen ersten Hypothek finanzierten, sondern hoch auslaufende, bei guter Bonität zum Teil auch über den Verkehrswert hinausgehende Beleihungen (nach §§ 11,12 Hypothekenbankgesetz für reine Hypothekenbanken nicht zulässig) nachfragten. Darüber hinaus wurden auch Kombinationen des Hypothekendarlehens mit den neuen Instrumenten des Zins- und Währungsmanagements (Swaps, Optionen, Forwards) immer bedeutsamer.

Aber auch im Hinblick auf eine adäquate Risikoanalyse der Gesamtverbindung und die darauf aufbauende Beratung der Kunden erwies sich das Geschäft teilweise als problematisch. Die Geschäftsbankseite hatte zu wenig Spezialkenntnisse des Immobilienmarktes und die Hypothekenbankseite verfolgte die Kundenbonität und deren Entwicklung traditionell nicht so eng, wie dies unter den veränderten Bedingungen notwendig wurde.

Neben den bereits erwähnten Entwicklungen zu hohen Ausläufen und der Kombination der Kredite mit Elementen des Zins- und Währungsmanagements werden auch im Inland immer häufiger, die im Ausland schon länger gebräuchlichen, „non recourse" Finanzierungen gefordert. Hierbei ist die Bank allein auf die qualifizierte Beurteilung des Projekts angewiesen und kann sich nicht zusätzlich auf die Bonität des Kreditnehmers stützen. Dies gilt vor allem für international agierende Kunden, die bei Investitionen in der Bundesrepublik ähnliche Erwartungen haben wie in ausländischen Immobilienmärkten. Besondere Spezialkenntnisse sind außerdem bei der Finanzierung der so genannten Management-Immobilien (Management-Immobilien sind Immobilien, wie Kliniken, Senioreneinrichtungen, Freizeitanlagen, Multiplexkinos und Hotels, bei denen das jeweilige Betriebskonzept und weniger die Immobilie selbst von entscheidender Bedeutung sind) erforderlich, da dort in der Regel die Drittverwendungsfähigkeit stark eingeschränkt ist und der Wert der Immobilie davon abhängig ist, dass ein marktgerechtes Konzept angeboten wird. Die Forderung nach immer größerer Schnelligkeit in der Kreditentscheidung ist darüber hinaus nur mit hoch spezialisierten und mit besten Marktkenntnissen ausgestatteten Mitarbeitern zu erreichen.

Die geschilderten Entwicklungen hatten für die deutschen Hypothekenbanken naturgemäß auch beim Risikomanagement und der laufenden Überwachung der Engagements nicht unerhebliche Auswirkungen. Schon vor der Diskussion über eine risikoabhängige Kapitalunterlegung im Zuge der Neugestaltung der BIZ-Regeln zeigte sich zumindest bei den gewerblichen Krediten eine zunehmende Notwendigkeit für die Einführung eines Ratings. Da externe Ratings der Kreditnehmer nur in wenigen Fällen verfügbar sind und außerdem bei Immobilienkrediten, bei „non recourse" Krediten sogar ausschließlich, das Objektrating von erheblicher Bedeutung ist, musste sowohl für die Kreditentscheidung als auch für die laufende Überwachung während der Laufzeit des Kredites ein hausinternes Ratingsystem entwickelt werden. Die Rasterung aller neuen Kredite und des gesamten Bestandes ist auch die Voraussetzung für die Anwendung neuerer Portfolio-Management-Ansätze, die über die Einzelkreditanalyse hinaus zur Risikominderung im Kreditgeschäft beitragen sollen.

Die adäquate Einschätzung der Objektrisiken erfordert daneben auch ein gut ausgebildetes Sachverständigenwesen. Die Vergangenheit hat mehrfach gezeigt, dass die Kreditvergabe auf Basis externer Sachverständigengutachten allein erhebliche Risiken beinhaltet. Sofern man zur Reduzierung der Fixkosten oder aufgrund der räumlichen Entfernungen nicht ausschließlich eigene Sachverständige einsetzen will, ist es erforderlich, dass das eigene Sachverständigenwesen sowohl deren Auswahl und die Art der Beauftragung als auch die Plausibilität der angefertigten Gutachten überwacht. In diesem Bereich bietet es sich aber auch an, über eine Ausgründung und Verselbständigung dieses Bereichs die interne Nutzung den Marktgesetzen zu unterwerfen und zugleich auch die Ertragsmöglichkeiten zu nutzen, die gut ausgebildete Sachverständige am Markt haben, ohne dass die Kontrolle über diesen Bereich aufgegeben werden muss.

Einen traditionellen Zweig des gewerblichen Hypothekenbankgeschäfts stellt das Konsortial- und Syndizierungsgeschäft dar. Neben der zur Minderung der Einzelrisiken üblichen gegenseitigen Beteiligung an Großkrediten sind im Bereich des Großkundengeschäfts zunehmend Finanzierungsvarianten in der Diskussion, die eher dem Investment-Banking zuzurechnen sind und die den Rahmen des deutschen Hypothekenbankgesetzes sprengen. Beispiele hierfür sind Eigenkapitalfinanzierungen, Finanzierung von Gesellschaftsübernahmen, Begleitung von Börsengängen, Mezzaninefinanzierungen mit Gewinnbeteiligung usw. Auch hier ist für die reinen Hypothekenbanken die engere Zusammenarbeit mit einer Geschäftsbank Voraussetzung, die in der Regel auch für die Durchführung von Transaktionen des Investment-Banking die professionelleren Voraussetzungen bietet.

2.4 Auslandsgeschäft

Infolge der Beschränkungen des Hypothekenbankgesetzes waren die deutschen Hypothekenbanken bis vor wenigen Jahren ausschließlich auf den deutschen Markt ausgerichtet. Die Öffnung für die Kreditgewährung in Ländern der EU (in zwei Stufen in den Jahren 1988 und 1990) und die Einführung des Euro (1999) sowie die interessanten Geschäftsmöglichkeiten im Ausland haben diese Ausrichtung innerhalb kurzer Zeit dramatisch verändert. Während im Inland nur mäßiges Wachstum bei nach wie vor knappen Margen die Regel ist, sind im Ausland zur Zeit noch weit höhere Wachstumsraten und zufriedenstellende Margen erreichbar. Das Interesse der deutschen Hypothekenbanken gilt allerdings nicht dem ausländischen Privatkundengeschäft, da dort unverändert die unterschiedliche Verbrauchergesetzgebung ein nicht zu unterschätzendes Eintrittshindernis darstellt. Da in diesem Bereich ferner den hohen Investitionen zur Markterschließung langfristig ungewisse Aussichten im Hinblick auf die Entwicklung des Internet-Banking gegenüber stehen, beschränkt sich das Auslandsgeschäft der deutschen Hypothekenbanken derzeit auf den gewerblichen Kredit beziehungsweise das Firmenkundengeschäft und hier wiederum insbesondere auf Großkunden beziehungsweise auf Objekte an zentralen Standorten. Vom Leistungsspektrum her ist jedoch die gesamte Palette, möglichst inklusive des Real Estate Investment-Banking erforderlich, um vor allem der Nachfrage der internationalen Immobilieninvestoren gerecht zu werden.

Um ausreichende Marktkenntnisse für die Beurteilung von Projekten zu haben und die Akquisition im Markt zu fördern ist eine regionale Präsenz in den jeweiligen Märkten unverzichtbar. Sofern beim Start zunächst die Form einer Repräsentanz (loan production office) gewählt wurde, ist bei positiver Entwicklung insbesondere aus steuerlichen Gründen der Übergang zur Errichtung einer Niederlassung grundsätzlich empfehlenswert. Diese muss dann jedoch allen Anforderungen bezüglich Rechnungslegung, Meldewesen und Steuergesetzgebung entsprechen und stellt deshalb auch höhere Anforderungen an die Datenverarbeitung und die Organisation. Die Anforderungen wachsen darüber hinaus aber auch bezüglich der Qualität des Personals in der Zentrale, das sich sowohl bei den Sprachkenntnissen als auch bei den zum Teil ganz unterschiedlichen Gegebenheiten in der Organisation und der Mentalität ausländischer Kollegen ganz neuen Herausforderungen gegenüber sieht.

Besonderes Augenmerk ist im Auslandsgeschäft, neben dem Akquisitionsgeschick und den Kreditbearbeitungskenntnissen, der notwendigen Sachverständigenexpertise und der guten Kenntnis der unterschiedlichen Rechtssysteme zu schenken. Da die eigene Rechtsabteilung den entsprechenden Anforderungen europa- oder gar weltweit nicht gewachsen sein kann, zumindest nicht mit vertretbaren Kosten, besteht die Aufgabe der eigenen Rechtsabteilung in der Regel darin, geeignete Kanzleien im Ausland auszuwählen und die Standards vorzugeben, die auch im Ausland zu beachten sind. Analog gilt es für das Sachverständigenwesen lokal geeignete Partner zu identifizieren, sofern die notwendige Expertise im eigenen Hause nicht im erforderlichen Umfang zur Verfügung steht.

2.5 Kommunalgeschäft und Refinanzierung

Das traditionelle Kommunalgeschäft ist im Inland wie auch in den EU-Staaten meist nur zu Konditionen möglich, die in der Nähe (zumeist unterhalb) des Einstandssatzes am Kapitalmarkt liegen. Der Ertrag der Hypothekenbanken muss in diesem Geschäft in der Regel über die Art der Refinanzierung unter Eingehen von Risiken aus der Fristentransformation erzielt werden. Bei normalem Verlauf der Zinsstrukturkurve ist das Kommunalkreditgeschäft eine wesentliche Stütze der Ertragskraft. Es weist keine oder nur geringe Ausfallrisiken auf, erfordert auch keine oder nur geringe Eigenkapitalunterlegung und kann mit einer sehr günstigen Kosten-/Ertragsrelation abgewickelt werden. Das Eingehen von Fristentransformationsrisiken birgt in Zeiten steigender Zinsen jedoch auch nicht zu unterschätzende Gefahren für die Institute. Dem Management der Marktrisiken und der Überwachung dieses Bereichs kommt daher ganz besondere Bedeutung zu.

Da die Messung der eingegangenen Risiken über die jeweilige Value-at-Risk-Kennziffer zwischen den Instituten sehr unterschiedlich erfolgt, wird in diesem Bereich ein Institutsvergleich allerdings sehr erschwert.

Auf der Refinanzierungsseite ist es den Hypothekenbanken zweifelsohne in den letzten Jahren gelungen, den Pfandbrief zu einem von allen institutionellen Anlegern geschätzten Anlageprodukt zu entwickeln. Hierzu haben neben den vielfältigen, globalen Marketingaktivitäten insbesondere auch die Maßnahmen beigetragen, die dieser Anlage eine hohe Liquidität sichern. Waren vor wenigen Jahren noch Pfandbriefemissionen über 100 Millionen Deutsche Mark selten, so stellen heute Jumboemissionen deutlich über dem Mindestvolumen von einer Milliarde Euro die Regel dar. In der Spitze liegen die Emissionsbeträge derzeit zwischen zwei und fünf Milliarden Euro. Daneben ist die Verpflichtung von Market-Makern zur Stellung von Geld- und Briefkursen und die teilweise Repro-Fähigkeit für die hohe Liquidität des Produkts verantwortlich. Im elektronischen Handel ist neben anderen Bedingungen die Mindestgröße der Jumbopfandbriefe zunächst auf drei Milliarden Euro festgelegt. Für die internationalen Investoren wird die Anlageentscheidung ferner dadurch erleichtert, dass bereits über 90 Prozent der Jumbos von mindestens einer externen Rating-Agentur mit der Bestnote, dem Triple-A bewertet sind. An dieser Entwicklung des Passivgeschäfts wird erkennbar, dass den diversen Fusionen der letzten Jahre unter anderem auch Marktgegebenheiten zu Grunde liegen, die die Größe eines Instituts zu einer Voraussetzung für Konkurrenzfähigkeit machen.

2.6 Auswirkungen der Veränderungen auf die Organisation der Hypothekenbank

Die geschilderten Veränderungen und die Schnelligkeit der Veränderungsprozesse schaffen im Bereich der Datenverarbeitung ganz besondere Herausforderungen.

2.6.1 Datenverarbeitung im Brennpunkt der Veränderungen

Bereits seit längerer Zeit war zu erkennen, dass mit den auf einfache und schnelle Verarbeitung ausgelegten Altsystemen der Hypothekenbanken die Anforderungen der Gegenwart und Zukunft nicht erfüllt werden können. Wesentliche Informationen zu den Engagements waren oft nur den Akten zu entnehmen, die bei Bedarf aus der außerordentlich umfangreichen Registratur bestellt werden mussten. Damit war weder den Bedürfnissen der Kunden nach einer schnellen Beantwortung von Rückfragen noch den internen Notwendigkeiten einer umfangreichen Auswertung von Daten für Controlling, Performancemessung, Risikomanagement und Meldewesen zu genügen.

Fast alle Hypothekenbanken haben deshalb in den 90er Jahren begonnen ihre DV-Systeme grundlegend zu erneuern und sich insbesondere unter Kosten- und Performancegesichtspunkten überwiegend für Lösungen entschieden, die auf Standardsoftware, zum Beispiel der SAP aufbauen. Da diese für die Bedürfnisse der Hypothekenbanken viele Anpassungen erforderten und auch weiter erfordern werden und die Standardsoftware wie auch die Eigenentwicklungen zum Teil keine standardisierten Schnittstellen aufweisen, führte dies zu einem dramatischen Anwachsen der Kosten. Dies stellt für die Hypothekenbanken, als typische Low-Cost-Producer, ein besonderes Problem dar. Neben den geschilderten Entwicklungen im Emissionsgeschäft war diese Situation ein weiterer wichtiger Grund für die in der zweiten Hälfte der 90er Jahre beginnenden Fusionen.

Daneben begegnete man dem absehbaren Kostendruck aus diesem Bereich durch Kooperationen und Gemeinschaftsentwicklungen sowie Outsourcing, auf welches noch näher einzugehen ist. Aus heutiger Sicht ist davon auszugehen, dass die Kosten der Datenverarbeitung auch künftig einen Anteil von mindestens 16 bis 20 Prozent der Verwaltungskosten ausmachen und es besonderer Anstrengungen bedarf, um diesen Kostenanteil nicht deutlich zu überschreiten. Zwischenzeitlich werden große Anstrengungen zur Standardisierung von Schnittstellen unternommen, um den Anpassungsaufwand bei Releasewechseln zu reduzieren. Daneben erfordern aber die wachsenden und sich ständig ändernden Anforderungen weiterhin hohen Entwicklungsaufwand.

Da eine wichtige Kernkompetenz im Bankgeschäft neben der Beurteilung und Übernahme von Risiken die Verarbeitung von Informationen ist, stellt dieser Bereich für Banken stets eine besondere Herausforderung dar, hat aber auch erhebliche Rückwirkungen auf den Erfolg der Geschäftsbereiche. Dies gilt nicht nur bezüglich der für die Geschäftsabwicklung entstehenden Kosten. Die Datenverarbeitung ist zum Teil direkt entscheidend dafür, ob Produkte überhaupt und/oder zum richtigen Zeitpunkt am Markt angeboten werden können. Zum Beispiel hängt die Durchführung einer MBS-Emission (MBS oder Mortgage Backed Securities sind durch Hypothekenforderungen gedeckte Wertpapiere) insbesondere davon ab, dass die für die Ratingagenturen und die Berichterstattung an die Investoren notwendigen Daten für die ausgewählten Darlehen im Datenpool verfügbar und selektierbar sind. Ein weiteres Beispiel sind die Generierung und Bewertung der Cash-Flows von komplexen Optionen oder sonstiger neuer derivativer Instrumente, die Voraussetzung für den Abschluss von Geschäften sind. Die Informationstechnologie ist damit zu einem strategischen Erfolgsfaktor geworden.

2.6.2 Organisatorische Veränderungen

Die traditionell streng funktional aufgebaute Organisation der Hypothekenbank ermöglichte in der Vergangenheit die Zusammenfassung gleicher Funktionen in den in der Regel zentral geführten Abteilungen über die verschiedenen Geschäftszweige hinweg. Mit einer stärkeren Differenzierung der Kundenbedürfnisse wird diese Organisation nicht nur vom Markt in Frage gestellt, sondern erweist sich auch aus interner Sicht als problematisch. Denn eine Erfolgsmessung für die verschiedenen Geschäftsbereiche ist in der traditionellen Organisation im wesentlichen Kostenpositionen nur über indirekte Kostenzurechnung, die immer umstritten bleiben wird, möglich. Eine Performancemessung für die einzelnen Geschäftsfelder ist zudem nicht nur für die Steuerung der Bank unverzichtbar, sondern ist zumindest für einen Konzernabschluss eine Anforderung, die das externe Rechnungswesen zu erfüllen hat.

In vielen Fällen wurde daher die traditionelle Organisation bereits durch eine bis hin zur Vorstandsebene strikt divisionale Organisation abgelöst, die auch im Rechnungswesen voll abgebildet wird. Für die mit geringen Personalzahlen arbeitenden Hypothekenbanken bringt dies in einigen Bereichen Kostenerhöhungen mit sich, die jedoch im Hinblick auf die Vorteile dieser Organisation sowohl bezüglich der Kundenorientierung als auch der effizienteren Steuerung der Ressourcen in Kauf genommen werden müssen. Ferner müssen Datenverarbeitung und Ablauforganisation (Work-Flow) immer wieder auf die aktuellen Gegebenheiten abgestimmt werden. Im ersten Anlauf zur Gestaltung neuer Datenverarbeitungssysteme besteht häufig die Tendenz, die bisherigen Abläufe unverändert abzubilden, was in den sehr traditionell geprägten Hypothekenbanken häufig zu beobachten war. Die Idealvorstellung, ein Reengineering vor dem Design neuer Systeme durchzuführen, war bei dem starken Zeitdruck unter dem die Systementwicklung regelmäßig stand, schwer umzusetzen und ist bei der immer höheren Änderungsgeschwindigkeit vermutlich auch künftig nur in wenigen Fällen realisierbar.

2.6.3 Personalmanagement

Die Veränderung von der funktionalen hin zur divisionalen Organisation mit voller Ergebnisverantwortung bei der Division verändert auch die Aufgaben des Personalbereiches entscheidend. Die Verantwortung für Personalauswahl und Personalführung liegt in erster Linie bei den Divisionen, die vom Stabsbereich Personal die generellen personalpolitischen Leitlinien und den notwendigen Service im operativen Bereich erhalten.

Eine große Herausforderung für den Personalbereich stellt sich insbesondere bei der Aus- und Weiterbildung. Der typische Mitarbeiter der Hypothekenbank war in der Vergangenheit rein auf das Inland ausgerichtet. Weitere Sprachkenntnisse zum Beispiel waren überhaupt nicht erforderlich. Die rein funktionale Organisation und die lange Zeit geringen Veränderungen führten in der Regel zu hoch spezialisierten, aber weniger flexiblen Mitarbeitern. Kenntnisse der Datenverarbeitung waren nur in einem kleinen Spezialbereich notwendig.

Dies alles hat sich innerhalb weniger Jahre mit den Veränderungen der Branche dramatisch gewandelt. Die dringend notwendigen Rationalisierungsbemühungen führen auf der einen Seite zur Freisetzung vieler langjähriger Mitarbeiter in ihren bisherigen Tätigkeiten; auf der anderen Seite sind die notwendigen breit ausgebildeten Fachkräfte am Markt nicht zu beschaffen. Neben der eigentlichen Fachweiterbildung wurde deshalb insbesondere die Weiterbildung in den Bereichen Datenverarbeitung und Sprachen immer wichtiger. Daneben liegt in der Ausbildung des akademischen Nachwuchses, der in den Hypothekenbanken im Vergleich zu den Geschäftsbanken lange Jahre eindeutig unterrepräsentiert war, eine Chance die notwendigen Veränderungen deutlich zu beschleunigen.

3. Strategische Perspektiven

3.1 Konzentration auf Kernkompetenzen

Das Ausmaß und die Geschwindigkeit, mit der sich heute die Rahmenbedingungen auch für die Hypothekenbankbranche verändern, führen dazu, dass nur durch die Fokussierung auf die Kernkompetenzen einer Hypothekenbank und deren forcierte Weiterentwicklung Wettbewerbsvorteile sowohl innerhalb der Branche als auch gegenüber neuen branchenfremden Wettbewerbern erreichbar sind. Unter Kernkompetenz ist dabei die durch einen Lernprozess entwickelte Fähigkeit zu verstehen, bestimmte erfolgskritische Schritte in der Wertschöpfungskette besser als andere zu erfüllen (vgl. Eschenbach/Kunesch 1996). Eine Kernkompetenz ist also nicht nur eine einzelne Fähigkeit, sondern ein Fähigkeitsbündel, das vor allem zwei Anforderungen erfüllen muss: Es muss einerseits einen überdurchschnittlichen Beitrag zum wahrgenommenen Kundennutzen liefern und andererseits sollte eine Imitation durch die Konkurrenz zumindest kurzfristig nicht möglich sein.

Die **Kernkompetenzen einer Hypothekenbank** liegen

- in der auf guten Marktkenntnissen und vielfältigen Marktkontakten aufbauenden hohen Beratungsqualität für Immobilieninvestitionen und Finanzierungsmöglichkeiten,

- in der Fähigkeit, Kreditentscheidungen schnell zu treffen und dabei sowohl einzelne Kreditrisiken richtig einzuschätzen als auch die Risiken des Kreditportfolios gut zu steuern,

- in der Fähigkeit, Zinsrisiken aktiv zu managen und durch risikoadäquate Fristentransformation Erträge zu generieren. Dies ist die Voraussetzung für ein erfolgreiches Betreiben des Staatskreditgeschäftes, einer traditionellen Domäne der Hypothekenbanken,

- in der Weiterentwicklung des außerordentlich erfolgreichen Produkts „Pfandbrief" als Refinanzierungs- (aus Sicht der Hypothekenbanken) und Anlageinstrument (aus Sicht der institutionellen Anleger). Hier besteht nicht nur durch das Pfandbriefprivileg ein Wettbewerbsvorteil, sondern es ist den Hypothekenbanken im Laufe der Jahrzehnte gelungen, eine starke Marke zu etablieren. Entscheidend ist hierbei vor allem die hohe Innovationskraft der Branche, die es über die Steigerung der Emissionsvolumina, die Globalisierung des Produkts und der Absatzkanäle, das Market Making und den Aufbau eines Repomarktes geschafft hat, die traditionelle Sicherheit des Produkts mit einer hohen Liquidität zu verbinden.

In den oben genannten Bereichen ermöglichen Spezialisierung und Innovation einerseits und der Aufbau hohen Vertrauens und starker Marken andererseits einen deutlichen Vorsprung gegenüber neuen branchenfremden Anbietern. Innerhalb der Branche ist in diesen Bereichen mit Innovation und hoher Qualität des Personals (Know-how) ebenfalls eine Differenzierung zu erreichen, die sowohl eine Erhöhung des Kundennutzens bringt als auch nur langfristig von Wettbewerbern kopierbar ist.

Oft wird auch die Fähigkeit der Hypothekenbanken, langfristige Finanzierungsprodukte im standardisierten Privatkundengeschäft kostengünstig anzubieten als Kernkompetenz der Hypothekenbanken (Low-cost-producer) reklamiert. Dies war in der Vergangenheit durchaus richtig, muss heute jedoch einer kritischen Prüfung unterzogen werden.

- Lange Zeit war die Kostensituation der Hypothekenbanken durch relativ günstige Akquisitionskosten und geringe Risikokosten im Privatkundengeschäft gekennzeichnet. Der mit zunehmendem Wettbewerb um den privaten Kunden einsetzende Ausbau des Geschäftsstellennetzes, die deutlich erhöhten Werbeaufwendungen und eine mit deutlich höheren Provisionszahlungen verbundene Verlagerung von Konzern- zu Drittvermittlungen führte zu spürbar höheren Akquisitionskosten. Der Anstieg des Beleihungsauslaufs und wesentlich volatilere Immobilienmärkte verursachten zusätzlich auch einen Anstieg der Kreditrisikokosten.

- Während bei den Hypothekenbanken bis in die jüngste Vergangenheit die Datenverarbeitungskosten eine eher untergeordnete Rolle gegenüber den Personalkosten gespielt haben, hat sich diese Situation grundlegend gewandelt. Die Entwicklung der Programme und die laufende Anpassung an gesetzliche Änderungen und Anforderungen externer und interner Informationsempfänger ist zu einem erheblichen Kostenblock geworden. Da gerade in diesem Bereich eine hohe Degression der Stückkosten mit der Größe des Instituts beziehungsweise dem Volumen des akquirierten Geschäfts einhergeht, sind die Hypothekenbanken im Wettbewerb mit nationalen Großbanken oder international tätigen Spezialisten der Immobilienfinanzierung um die Kostenführerschaft in einer schwierigen Situation. Es mag jedoch durchaus gelingen, durch das Erreichen einer kritischen Größe, die starke Standardisierung des Kreditprozesses und eine Veränderung der Wertschöpfungskette, die sowohl Outsourcing als auch Insourcing von Aufgaben beinhalten kann, eine Kostenführerschaft im Privatkundenkreditgeschäft zu erlangen.

3.2 Zielgruppenfokussierung

Obwohl die Hypothekenbankbranche durch die rechtliche Einschränkung ihrer Geschäftsmöglichkeiten schon sehr stark fokussiert ist, wird es angesichts der schwierigeren Wettbewerbssituation und der zunehmenden Bedeutung des Shareholdervalue immer wichtiger, nicht mehr wie die klassische Hypothekenbank mit einer vollständigen Produktpalette alle möglichen Kundengruppen anzusprechen, sondern das Geschäft auf bestimmte Produkte und Zielgruppen zu konzentrieren. Die Spezialisierung erlaubt eine bessere Zielgruppenorientierung bei der Gestaltung der Produkte sowie eine effizientere und kostengünstigere Gestaltung des Vertriebs und des Kreditprozesses. Damit können auch die heute oft gegensätzlichen Anforderungen an die Datenverarbeitung vermieden werden, die in den letzten Jahren zu einem wesentlichen Kostentreiber geworden sind. Es ist auch nicht auszuschließen, dass die Hypothekenbanken mittelfristig für bestimmte Zielgruppen, wie zum Beispiel die Privatkunden nur einzelne Stufen der Wertschöpfungskette anbieten und andere den Geschäftsbanken oder auch neuen Wettbewerbern überlassen.

Beispielsweise ist davon auszugehen, dass sich bei den Hypothekenbanken, die sich auf das Firmenkundengeschäft konzentrieren, die Tendenz zum upgrading der Produktpalette fortsetzen wird. Durch Kombination des klassischen Hypothekendarlehens mit Instrumenten des Zins- und Währungsmanagements und ein breites Beratungs- und Serviceangebot rund um die Immobilie sollte es gelingen, den Wettbewerb weg von einem für die Branche ruinösen reinen Konditionenwettbewerb hin zu einem Wettbewerb der Kompetenz zu verlagern.

3.3 Optimierung der Wertschöpfungskette

Angesichts des hohen Margendrucks und der zunehmenden Wettbewerbsintensität ist eine stärkere Zielgruppenfokussierung und eine Optimierung der Produktpalette zwar notwendig, aber keinesfalls ausreichend, um die Wettbewerbsfähigkeit der Hypothekenbanken langfristig zu erhalten. Hierfür ist es vielmehr erforderlich, die einzelnen Stufen der Wertschöpfungskette auf ihre Konkurrenzfähigkeit mit anderen Anbietern zu untersuchen und Aktivitäten, bei denen in anderen Unternehmen entweder eine höhere Wertschöpfung erreicht werden kann, oder die von diesen kostengünstiger erbracht werden können, diesen zu überlassen beziehungsweise im Bereich eigener Stärken auch ein Insourcing zu betreiben. Die vom BAKred gesetzten Grenzen für In- und Outsourcing bedürfen auch nach der jüngsten Liberalisierung einer Überprüfung, da sie weiterhin zum Teil unnötige Hürden für mögliche und notwendige Verbesserungen der Wertschöpfungskette darstellen und im Ergebnis damit die Sicherheit des Pfandbriefs eher beeinträchtigen als fördern.

Nach § 25a Abs. 2 des Gesetzes über das Kreditwesen (KWG) darf die Auslagerung von Bereichen, die für die Durchführung der Bankgeschäfte oder Finanzgeschäfte wesentlich sind, auf ein anderes Unternehmen weder die Ordnungsmäßigkeit dieser Geschäfte oder Dienstleistungen noch die Steuerungs- oder Kontrollmöglichkeiten der Geschäftsleitung, noch die Prüfungsrechte und Kontrollmöglichkeiten des Bundesaufsichtsamtes für das Kreditwesen beeinträchtigen. Die Absicht und der Vollzug einer Auslagerung muss dem Bundesaufsichtsamt und der Deutschen Bundesbank unverzüglich angezeigt werden.

1998 hatte das Bundesaufsichtsamt in einem Vorentwurf zur Umsetzung des § 25a Abs. 2 KWG noch drei Kategorien von Aufgaben unterschieden (vgl. Verband Deutscher Hypothekenbanken 1998):

1. den **Kernbereich der Bankgeschäfte beziehungsweise Finanzdienstleistungen**, der grundsätzlich nicht auslagerungsfähig ist. Hierzu gehören die Bereiche, in denen Entscheidungen getroffen werden, die ausschließlich dem lizenzierten Unternehmen zustehen, wie etwa die Kreditvergabeentscheidung oder das Treffen von Stundungsvereinbarungen, Tätigkeiten also, bei denen die Institute Entscheidungen treffen, aus denen geschäftsspezifische Risiken resultieren können;

2. den **wesentlichen Bereich der Bankgeschäfte beziehungsweise Finanzdienstleistungen**. Hierunter sind die übrigen, nicht dem Kernbereich zuzurechnenden, jedoch zur vollständigen Durchführung von Bankgeschäften oder Finanzdienstleistungen erforderlichen Teilakte, wie zum Beispiel Back-Office-Tätigkeiten, zu verstehen sowie wesentliche Hilfsfunktionen wie zum Beispiel die Datenverarbeitung oder die Buchhaltung. Diese können unter Beachtung der oben genannten Voraussetzungen des § 25a Abs. 2 KWG ausgelagert werden;

3. die **unwesentlichen Hilfsfunktionen**, wie zum Beispiel Gebäudeverwaltung, Sicherungsdienst, Cateringservice, Personalverwaltung, Lohnabrechnung oder Reinigungsdienst. Diese Funktionen sind nicht einschlägig nach § 25a Abs. 2 KWG und damit im Falle einer Auslagerung nicht melde- und genehmigungspflichtig.

Im Vorentwurf zur Umsetzung des § 25 a Abs. 2 KWG vom 14. Juni 2000 ist das Verbot der Auslagerung von Kernbereichen des erlaubnispflichtigen Geschäfts entfallen. Damit hat das Amt auf die Kritik reagiert, dass § 25a Abs. 2 KWG keine Rechtsgrundlage für ein Auslagerungsverbot darstellt. Insgesamt ist der überarbeitete Entwurf schlanker formuliert und bietet daher mehr Auslegungsspielräume. Problematisch ist, dass das Amt auf ein gesondertes Rundschreiben zur Auslagerung von Unternehmensbereichen von Spezialkreditinstituten verzichtet hat und damit die spezielle Situation einer Hypothekenbank nur unzureichend berücksichtigt. Nach den Unterpunkten 17 und 18 des Entwurfs sind zur Wahrung des Spezialbankprinzips „Auslagerungsmaßnahmen unzulässig, wenn und soweit der betreffende Bereich unter dem Gesichtspunkt des Spezialitätsgrundsatzes wesensmäßig unabdingbare Voraussetzung für die Qualifikation als Spezialkreditinstitut ist" (vgl. Verband Deutscher Hypothekenbanken 2000). Diese Formulierung lässt die Abgrenzung zwischen auslagerungsfähigen und nicht auslagerungsfähigen Geschäften weiter offen.

Unwesentliche Hilfsfunktionen sind in der Hypothekenbankbranche in den letzten Jahren aus Kostengründen bereits umfangreich ausgelagert worden, sodass hier zukünftig kaum noch Optimierungsmöglichkeiten bestehen. Anders sieht es im Bereich der wesentlichen Aufgaben und der Kernbereiche aus, hier ergeben sich sicherlich noch vielfältige Optimierungsmöglichkeiten.

Zum Beispiel zeigt eine Analyse des Privatkundenvertriebs unter Wertschöpfungsgesichtspunkten, dass die mit den Hypothekendarlehen verbundene langfristige Kundenbindung von einer reinen Hypothekenbank mit den derzeitigen gesetzlichen Beschränkungen nicht optimal genutzt werden kann. Die Geschäftsbanken sehen in der Baufinanzierung wegen der damit einhergehenden langfristigen Kundenbindung hingegen auch dann ein außerordentlich wichtiges Produkt, wenn dieses selbst keinen eigenständigen Ertragsbeitrag bringt, weil damit der Absatz anderer Produkte, wie persönliche Kredite, Lebensversicherungen und Investmentanteile besonders gefördert wird. Es stellt sich damit durchaus die Frage, ob in diesem Bereich eine enge Kooperation zwischen Hypothekenbank und Geschäftsbank eine sinnvolle Veränderung der Wertschöpfungskette darstellen könnte, bei der die Geschäftsbank mit ihrem ausgedehnten Geschäftsstellennetz den Vertrieb übernimmt und die Kundenverbindung behält, die Hypothekenbank hingegen nur die Verarbeitung und/oder Refinanzierung übernimmt. Zum höheren Ertragspotenzial aus Cross-Selling bei der Geschäftsbank kommt die Kostenersparnis bei der

Hypothekenbank aus dem Verzicht auf ein eigenes Geschäftsstellennetz, sodass sich in einer Teilung des Synergieeffekts für beide Seiten eine Verbesserung der Wertschöpfung aus der Zusammenarbeit ergeben sollte. Ähnliche Modelle im Vertrieb sind durchaus auch in der Zusammenarbeit mit einer Versicherung denkbar.

Im Bereich der Verarbeitung und Refinanzierung ist hingegen sowohl bei Geschäftsbanken als auch bei Versicherungen Interesse dafür vorhanden, Teile der eigenen Wertschöpfungskette auf effizientere Anbieter zu verlagern. Eine Hypothekenbank, die diesen Teil der Wertschöpfungskette ausbauen will, muss wie oben beschrieben, die Kostenführerschaft in der Branche erreichen, die auf jeden Fall das Erreichen einer kritischen Größe, insbesondere im Hinblick auf die Aufwendungen für die Datenverarbeitung erfordert. Hierzu ist das Insourcing der Verarbeitung von anderen Unternehmen entweder durch Übernahme des Geschäfts in eigener Rechnung wie auch die Kreditverwaltung für fremde Rechnung denkbar. Um im Bereich der Sachkosten, insbesondere bei der Datenverarbeitung die Möglichkeiten zur Effizienzsteigerung zu nutzen, ist sowohl ein Insourcing von Aufgaben für Dritte als auch das Outsourcing an spezialisierte Anbieter denkbar. In einzelnen Fällen bereits realisierte Formen sind zum Beispiel die Übernahme der Softwareentwicklung und Pflege für mehrere Hypothekenbanken durch eine spezialisierte Tochtergesellschaft eines oder mehrerer Institute und die Vergabe des Rechenzentrumsbetriebs an darauf spezialisierte branchenfremde Dienstleister.

Weitere Teile der Wertschöpfungskette, die Ansatzpunkte für ein In- oder Outsourcing erkennen lassen, sind insbesondere Bereiche wie Sachverständigenwesen, Revision und Rechtsabteilung. Soweit eine volle Verlagerung an externe Anbieter in diesen Bereichen wegen der Gefahr zentrales Know-how zu verlieren wie auch aus aufsichtsrechtlichen Problemen nicht in Betracht gezogen wird, kommt auch in diesen Bereichen die Gründung von „neutralen" Gemeinschaftsunternehmen in Frage.

Die dramatischen Veränderungen des Marktes und Wettbewerbs werden eine Überprüfung der Wertschöpfungskette auf allen Stufen und eine Nutzung aller Möglichkeiten zur Effizienzsteigerung in den kommenden Jahren erzwingen. Unternehmen, die in diesem Bereich innovativ vorangehen, haben die Chance, einen deutlichen Vorsprung im Wettbewerb zu erreichen.

Literaturhinweise

ESCHENBACH, K. und KUNESCH, J. Strategische Konzepte, 3. Auflage, Stuttgart 1996, S. 128 f.
Forrester Research, Wirtschaftswoche Nr. 7, 10.2.2000, S. 84.
MESSIER, J.-M., Unternehmensstrategien in der globalen Wirtschaft, in: Klaus Mangold, Dienstleistungen im Zeitalter globaler Märkte, Frankfurt/Main 2000, S. 109 ff.
Verband Deutscher Hypothekenbanken, Rundschreiben Nr.106/98 vom 15. Juli 1998.
Verband Deutscher Hypothekenbanken, Rundschreiben Nr.83/00 vom 21. Juni 2000.

Mittelstandsfinanzierung vor neuen Herausforderungen

Friedhelm Plogmann

Die Unternehmensfinanzierung – und hier insbesondere die Kreditvergabe an die mittelständische Wirtschaft – zählt seit jeher zu den wichtigsten Aufgaben des Bankensektors. Dass es dabei auch in Zukunft bleibt, steht außer Frage. Ebenso außer Frage steht aber auch, dass sich in diesem Geschäftsfeld mit dem Einsatz neuer Medien und einer weiteren Verschärfung des Konkurrenzdrucks ein gravierender Wandel vollzieht und auf die Kreditwirtschaft eine große Herausforderung zukommt. Wie so oft liegen Chancen und Risiken dicht beieinander, und es gilt, sich frühzeitig und umfassend auf das neue Umfeld einzustellen.

1. Herausragende Bedeutung des Mittelstands

Die Bedeutung des Mittelstands für Wachstum und Beschäftigung und damit auch für den Bankensektor kann gar nicht genug hervorgehoben werden. Während sich das öffentliche Interesse der Medien hauptsächlich auf größere Unternehmen richtet, sind es in Wirklichkeit die vielen kleinen und mittleren Betriebe, die unsere Wirtschaft prägen und den größten Anteil zur Wertschöpfung beisteuern. Wo genau und nach welchen Kriterien die Grenze zwischen mittelständischen Betrieben und Großunternehmen zu ziehen ist, muss freilich je nach Fragestellung anders entschieden werden. Für das Bankgeschäft mag die fehlende Möglichkeit einer direkten Mittelaufnahme am Kapitalmarkt ein brauchbares Abgrenzungskriterium sein. Generell üblich und wohl auch leichter fassbar ist eine statistische Definition: Danach werden in der Regel Betriebe mit weniger als 500 Beschäftigten und einem Jahresumsatz unter 100 Millionen Deutsche Mark zu den kleinen und mittleren Unternehmen gerechnet. Die Zahl von Unternehmen dieser Größenordnung beläuft sich in Deutschland auf über drei Millionen, ihr Anteil an der Gesamtzahl der Unternehmen liegt damit bei über 99 Prozent.

Statistische Definition des Mittelstands:

1. Unternehmen mit weniger als 500 Beschäftigten beziehungsweise
2. Unternehmen mit weniger als 100 Millionen Deutsche Mark Umsatz beziehungsweise weniger als 25 Millionen Umsatz bei Handelsvermittlung, Einzelhandel, Verkehr und Nachrichtenübermittlung, Banken, Versicherungen und Dienstleistungen

Unternehmensbestand 1999	3 300 000
davon	99,6 %
Handwerk 1995	563 000
Freie Berufe 1999	668 000
Beschäftigte/Auszubildende im Mittelstand	
Beschäftigte 1999 (in Millionen)	23,0
Auszubildende 1997 (in Millionen)	1,2
Selbstständige 1998 (ohne Landwirtschaft)	
Anzahl der Selbstständigen (in 1.000)	3.272
Selbstständigenquote	9,4 %
Anteil des Mittelstands an	
Beschäftigung 1999	70,0 %
Bruttowertschöpfung der Unternehmen 1998	57,0 %
Bruttoinvestitionen	46,0 %

Quelle: Institut für Mittelstandsforschung Bonn

Tabelle 1: Gesamtwirtschaftliche Bedeutung des Mittelstands in Deutschland

Schon diese Daten zeigen, dass es sich bei den mittelständischen Unternehmen überwiegend um sehr kleine Betriebe handelt. Umso bemerkenswerter ist ihr Beitrag zum Wirtschaftsleben. So entfallen auf mittelständische Unternehmen etwa die Hälfte aller mehrwertsteuerpflichtigen Umsätze und – mit annähernd 20 Millionen Beschäftigten – zwei Drittel aller Arbeitsnehmer in der Bundesrepublik. Ihre Bedeutung für den Arbeitsmarkt ist noch weit größer, wenn man bedenkt, dass sie etwa 80 Prozent aller Ausbildungsplätze zur Verfügung stellen und neue Arbeitsplätze in den letzten Jahren fast ausschließlich in mittelständischen Unternehmen entstanden sind. Gerade der dynamisch wachsende Dienstleistungssektor ist überwiegend mittelständisch ausgerichtet.

Im Zuge des gesamtwirtschaftlichen Strukturwandels von der Industrie hin zur Dienstleistungs- und Informationsgesellschaft dürfte die Bedeutung mittelständischer Unternehmen in Zukunft noch weiter zunehmen. Schließlich fällt diesen Unternehmen bei der Umsetzung neuer Technologien in erfolgreiche Produkte und bei der Kommerzialisierung neuer wissenschaftlich-technischer Erkenntnisse eine Vorreiterrolle zu. Die Erfahrungen der Vereinigten Staaten zeigen, dass der schnelle Beschäftigungszuwachs der letzten Jahre eben nicht von den Großunternehmen getragen war. Während in der Industrie ständig rationalisiert und Stellen abgebaut wurden, expandierte der Dienstleistungssektor in einem zuvor nicht gekannten Maße. Dass über nahezu ein Jahrzehnt ein extrem hohes und zudem weitgehend inflationsfreies Wirtschaftswachstum erzielt werden konnte, ist nicht zuletzt der Flexibilität und Innovationskraft der den Dienstleistungssektor dominierenden kleineren Einheiten zuzuschreiben.

Der Vorteil der Flexibilität gewinnt heute umso mehr an Bedeutung, als mit dem freien Zugang zum Internet und damit letztlich zum weltweiten Wissen der Informationsvorsprung, den Großunternehmen dank ihres höheren Personalbestands bisher hatten, mehr und mehr schwindet. Gefragt ist nicht mehr so sehr das herkömmliche Know-how, sondern eine schnelle und unbürokratische Umsetzung von Informationen und Ideen in konkurrenzfähige Produkte.

Genau hier liegen die entscheidenden Wettbewerbsvorteile kleinerer und mittlerer Unternehmen. Je geringer die Personalstärke ist, umso überschaubarer sind naturgemäß die Arbeitsabläufe und umso kürzer sind die Entscheidungswege. Bei kleineren Einheiten ist der Alltag zwangsläufig weniger von Routine geprägt als vielmehr von Vielfalt und Kreativität. Neue Chancen werden schneller erkannt, neue Geschäftsfelder schneller erschlossen. Verantwortlich ist schließlich nicht eine mehr oder weniger weit entfernte Führungsebene, sondern jeder einzelne Mitarbeiter. Motivation und Engagement sind gerade bei steigendem Wettbewerbsdruck die entscheidenden Voraussetzungen für den Erfolg.

	Unternehmen mit Umsätzen von ... Millionen Deutsche Mark					
	Insgesamt	weniger als 5	5 bis 10	10 bis 25	25 bis 100	100 und mehr
Eigenmittel	23,1	1,8	7,4	10,9	16,2	25,5
Bankkredite	11,4	40,2	34,2	31,3	24,5	7,4
kurzfristig	6,1	17,9	16,8	16,9	13,7	3,9
langfristig	5,3	22,3	17,4	14,4	10,8	3,5
Rückstellungen	27,7	6,9	8,6	10,3	13,5	31,6

Quelle: Deutsche Bundesbank

*Tabelle 2: Kennziffern zur Kapitalstruktur mittelständischer Unternehmen –
Anteil an der Bilanzsumme in Prozent*

Den Vorteilen einer relativ überschaubaren Unternehmensgröße, die hier bei weitem nicht erschöpfend dargestellt werden können, stehen natürlich auch Schwächen gegenüber. Aus der Sicht der Kreditwirtschaft ist hier an aller erster Stelle die häufig zu geringe Eigenkapitalausstattung zu beklagen. Während die Eigenkapitalquote bei großen Unternehmen in der Bundesrepublik im Durchschnitt rund 26 Prozent der Bilanzsumme erreicht, liegt sie bei mittelständischen Betrieben zwischen zwei und 16 Prozent. Das hat gravierende Folgen. So können Chancen, die der Markt bietet, nicht in vollem Umfang genutzt werden, oder aber es werden unverhältnismäßig hohe Risiken eingegangen. Dass dies die Kreditvergabe nicht gerade erleichtert, liegt auf der Hand. Gerade schnell wachsende Betriebe stoßen bei ihrer Finanzierung oft an Grenzen, die sie vor unlösbar erscheinende Probleme stellen. Hinzu kommen gelegentlich Schwächen, die eher im menschlichen Bereich zu suchen sind, und Fragen, die etwa die Unternehmensnachfolge betreffen, aber auch Mängel im internen Rechnungswesen und Ähnliches. Sie mögen im Einzelfall gravierend sein, sie über zu bewerten verbietet sich jedoch schon vor dem Hintergrund der Spannungen, verkrusteten Strukturen, Inflexibilitäten und sonstigen Missstände, die in großen Unternehmen bei genauer Betrachtung fast durchweg zu finden sind.

2. Hausbankprinzip kennzeichnet Mittelstandsfinanzierung

Schwieriger im Vergleich zu Großunternehmen ist für mittelständische Firmen die Kapitalbeschaffung. Der Weg der direkten Mittelaufnahme am Kapitalmarkt ist ihnen in der Regel verschlossen, und so fällt dem traditionellen Bankkredit eine Schlüsselrolle bei der Finanzierung kleinerer und mittlerer Unternehmen zu. Die Deutsche Bundesbank hat unlängst eine Untersuchung über die Beziehungen zwischen Bankkrediten und Kapitalmarkt in Deutschland vorgelegt und dabei insbesondere die Schranken hervorgehoben, die einer Anleihefinanzierung schon allein durch eine zu geringe Unternehmensgröße gesetzt sind. Sie zieht die Grenze gegenüber Großunternehmen bei einem Jahresumsatz von 500 Millionen DM und weist darauf hin, dass eine Finanzierung durch Anleihen auf Grund der hohen Fixkosten einer Emission, wie

- Übernahme- und Vermittlungsprovisionen des Emissionskonsortiums,
- Börseneinführungsprovision und Veröffentlichungskosten,

für kleine und mittlere Betriebe ausscheidet. Bremsend wirkt daneben aber auch die Informations- und Offenlegungspflicht. Während Aktiengesellschaften den hohen Publizitätsanforderungen zwangsläufig genügen, ist dies bei Unternehmen anderer Rechtsformen nur selten der Fall. Dabei entfallen von den in diese Untersuchung einbezogenen 2,8 Millionen Betrieben lediglich 2 700 auf Aktiengesellschaften, während mit 2,0 Millionen den bei weitem größten Teil die Einzelunternehmer mit einem Jahresumsatz von weniger als fünf Millionen Deutsche Mark stellen.

Diese Betriebe sind praktisch ausschließlich auf Bankkredite angewiesen. An die Stelle der Mittelbeschaffung über die Kapitalmärkte mit all ihren Publizitätsanforderungen tritt bei ihnen die so genannte Hausbankbeziehung, die eine langfristige und mehr auf Vertrauen und das Fingerspitzengefühl des Kreditinstituts gegründete Zusammenarbeit beinhaltet. Empirischen Untersuchungen zufolge verfügen rund 40 Prozent der kleineren und mittleren Firmen über lediglich eine Bankverbindung, durchschnittlich konzentrieren sich 75 Prozent der Verschuldung auf die Hausbank.

Die Bundesbank bezeichnet die Hausbankbeziehungen zu Recht als ein typisches Merkmal des deutschen Finanzsystems und weist auf die Vorteile einer flexiblen Vertragsanpassung etwa bei zeitweiligen Liquiditätsengpässen und einem eventuell erforderlichen Zahlungsaufschub hin. Für die Banken selbst läuft die langjährige Zusammenarbeit auf einen Informationsvorsprung und damit letztlich auf eine bedeutende Reduzierung der Kreditrisiken hinaus.

Umsatzklasse	Aktiengesellschaften	GmbHs	Personengesellschaften	Einzelunternehmen	Sonstige	Insgesamt
Gesamtumsatz in Millionen Deutsche Mark						
unter 5 Mio. DM	1 567	410 778	221 648	747 095	26 456	1 404 165
5 Mio. bis unter 10 Mio.	1 378	195 034	117 179	85 123	15 225	413 940
10 Mio. bis unter 50 Mio. DM	10 749	458 371	425 840	103 127	55 663	1 053 749
50 Mio. bis unter 100 Mio. DM	12 842	188 774	221 648	17 378	34 866	475 508
100 Mio. bis unter 500 Mio. DM	82 391	414 792	474 970		80 969	1 053 119
500 Mio. bis unter 1Mrd. DM	78 789	158 812	188 545	28 440	28 234	482 820
1 Mrd. DM und mehr	1 302 251	462 245	363 391		104 000	2 231 887
Insgesamt	1 489 967	2 288 805	2 009 843	981 162	345 413	7 115 190
Anzahl der Unternehmen						
unter 5 Mio. DM	1 301	362 049	293 566	1 973 609	42 550	2 673 075
5 Mio. bis unter 10 Mio.	190	27 998	16 602	12 532	2 151	59 473
10 Mio. bis unter 50 Mio. DM	450	23 007	19 983	5 873	2 537	51 850
50 Mio. bis unter 100 Mio. DM	180	2 724	3 205	257	496	6 862
100 Mio. bis unter 500 Mio. DM	325	2 056	2 405		394	5 180
500 Mio. bis unter 1 Mrd. DM	108	237	283	85	40	753
1 Mrd. DM und mehr	169	198	157		42	566
Insgesamt	2 723	418 269	336 201	1 992 356	48 210	2 797 759

Quelle: Statistisches Bundesamt

Tabelle 3: Größe und Rechtsform deutscher Unternehmen Stand Ende 1997

Wie groß die Bedeutung von Bankkrediten für den Mittelstand ist, zeigt auch die Auswertung von Bilanzen nach der Unternehmensgröße. Danach nimmt die relative Bedeutung des Bankkredits erwartungsgemäß erst mit wachsendem Umsatzvolumen ab. So liegt der Anteil von Bankkrediten an der Bilanzsumme bei Betrieben mit einem Jahresumsatz von weniger als 25 Millionen Deutsche Mark zwischen 33 und 40 Prozent, während er bei einem Umsatz von 100 Millionen Deutsche Mark und mehr nicht einmal zehn Prozent erreicht. Diese Unterschiede haben sich in den letzten Jahren nicht verringert, sondern im Gegenteil sogar noch verstärkt.

3. Teilrückzug aus der Mittelstandsfinanzierung

Der mit dem zunehmenden Konkurrenzdruck im Bankensektor verbundene Trend zur Konzentration und Rationalisierung trifft den Mittelstand in besonderem Maße und stellt aus der Sicht der Unternehmen die Kehrseite der Informationsgesellschaft dar. Je kleiner ein Unternehmen ist, umso stärker schlägt in der Regel der bankseitige Beratungsaufwand zu Buche und drückt auf die Rentabilität, während jedoch der Finanzierungsbedarf gerade hier besonders hoch ist.

Neben dem traditionellen Bankkredit – beziehungsweise als Ergänzung dazu – spielen deshalb bei der Mittelstandsfinanzierung in der Bundesrepublik auch die verschiedenen staatlichen Förderprogramme eine wichtige Rolle. Die Bedeutung kleinerer und mittlerer Unternehmen für die Volkswirtschaft ist den Politikern durchaus bewusst, und so sind sowohl auf kommunaler als auch auf Länder- und Bundesebene und schließlich auch in Form von Programmen der Europäischen Union zahlreiche Fördermöglichkeiten geschaffen worden, die ganz speziell auf den Mittelstand gerichtet sind. Als Engpass erweist sich dabei in der Praxis nicht, wie man eigentlich erwarten sollte, die Bereitstellung ausreichender Mittel, sondern vielmehr der Abfluss der Gelder. Die Vielzahl der Programme und Geldgeber, bürokratischer Aufwand bei der Beantragung von Fördermitteln und eine gewisse Scheu vor staatlichen Hilfen stellen erstaunlicherweise auch im Informationszeitalter noch immer eine Barriere dar. Hier wiederum sind es die Hausbanken, die bei der Beratung in erster Linie gefragt sind und schon allein im eigenen Interesse den Unternehmen zur Seite stehen. Allerdings darf auch nicht verschwiegen werden, dass der Beratungsaufwand recht hoch ist und die unumgänglichen Rationalisierungsbemühungen im Finanzsektor einer intensiveren Betreuung Grenzen setzen.

Nach Angaben der Kreditanstalt für Wiederaufbau (KfW), der bei weitem wichtigsten deutschen Förderbank, weisen 80 Prozent der geförderten Unternehmen einen Jahresumsatz von weniger als zehn Millionen Deutsche Mark auf. Unter Bedarfsaspekten mögen die Mittel damit sicherlich richtig verteilt sein. Die Zahlen der KfW spiegeln aber auch wider, dass sich ganze Institutsgruppen aus dem arbeitsaufwändigen Geschäft der Durchleitung von Fördergeldern zurückzuziehen beginnen und das vergleichsweise ertragsschwache und risikobehaftete Kreditgeschäft mit kleineren Betrieben am liebsten ganz abbauen möchten. So haben in den KfW-Programmen für den Mittelstand die Großbanken seit 1991 nicht nur ihren Anteil an den Durchleitungskrediten von 32 auf 15 Prozent mehr als halbiert, sondern auch das Zusagevolumen insgesamt reduziert. Stark gestiegen ist dagegen der Durchschnittsbetrag pro Zusage. Der Rückzug aus der Mittelstandsfinanzierung war also wohl selektiv und von einer Konzentration auf die größeren Betriebe und rentableren Kredite begleitet. Dieser Trend steht im Einklang mit Erfahrungen aus den USA, wo in verschiedenen Untersuchungen nachgewiesen wurde, dass die Bereitschaft gesunken ist, Kredite an kleinere und mittlere Unternehmen zu vergeben.

Zwar weisen die Privatbanken die Vorwürfe vehement zurück und versuchen nachzuweisen, dass von einem Rückzug aus der Kreditvergabe an den Mittelstand nicht die Rede sein kann, doch folgt immer gleich die Einschränkung, dass natürlich nur die Unternehmen mit einem bestimmten Mindestumsatz gemeint sind. Die „ganz Kleinen" will man – wie die Statistiken belegen – eben doch nicht.

Dieser Selektion größerer Kunden steht eine ganz andere Orientierung im Sparkassensektor und bei den Genossenschaftsbanken gegenüber. Auf sie entfallen heute rund 80 Prozent aller Zusagen in der Mittelstandsförderung. Gemessen am Zusagevolumen hat sich ihr Anteil seit 1991 mehr als verdoppelt. Allein beim Sparkassensektor ist das Zusagevolumen in dieser Zeit um annähernd 150 Prozent gestiegen.

Diese Entwicklung stellt gerade die Kleineren unter den Mittelstandsbetrieben vor ernsthafte Finanzierungsprobleme. Die Umfrage der Creditreform Wirtschafts- und Konjunkturforschung zur Lage des Mittelstandes im Frühjahr 2000 hat ergeben, dass über 30 Prozent der Befragten von Problemen bei den Finanzierungsverhandlungen mit Geschäftsbanken berichten. Für die Banken ist die Funktion als Finanzierer des Mittelstands mit erheblichen Kosten und Risiken verbunden. Die Zahl der Unternehmensinsolvenzen liegt in Deutschland jährlich bei etwa 27 000, von denen der bei weitem überwiegende Teil mittelständische Betriebe sind. Dabei ist das Kreditgeschäft recht arbeitsintensiv und erfordert eine kontinuierliche Beobachtung der Bonitätsentwicklung, um die Ausfallrisiken zumindest einzugrenzen. Der Aufwand ist weitgehend unabhängig von der Höhe des Kredits und lässt sich bei kleinen Unternehmen oft nur vor dem Hintergrund rechtfertigen, dass der Betrieb gute Wachstumschancen hat und die Beziehung im Laufe der Zeit sozusagen ebenfalls in die Rentabilität hineinwächst.

Einen Beitrag zur Wirtschaftlichkeit leistet letzten Endes die recht günstige Refinanzierung der Kreditinstitute über Bankschuldverschreibungen am Kapitalmarkt. Diese Art der Verbriefung von Forderungen ist ebenfalls eine Spezialität des deutschen Finanzierungssystems und ermöglicht die Vereinbarung längerfristig fester und damit für die Kreditnehmer kalkulierbarer Konditionen. Die Langfristigkeit der Kreditbeziehungen in Deutschland steht in krassem Gegensatz zu der Kurzatmigkeit der Märkte in vielen anderen Ländern und hat wesentlich zu den Erfolgen der deutschen Wirtschaft beigetragen. Sie setzt allerdings auch einen relativ stabilen Geldwert voraus und dürfte mit der Schaffung der Währungsunion und dem neuen Stabilitätsbewusstsein weltweit an Bedeutung gewinnen.

4. Bonitätsbeurteilung und Mittelstandsfinanzierung

Gestaltet sich die Beschaffung von Finanzierungsmitteln für mittelständische Unternehmen schon unter den gegebenen Bedingungen schwieriger als für Großunternehmen, so zeichnet sich vor dem Hintergrund veränderter bankrechtlicher Regelungen eine weitere Verschlechterung ab. Die geplanten Eigenkapitalvorschriften des Baseler Ausschusses für die Bankenaufsicht (BIZ) sehen im Vergleich zu den derzeitigen aufsichtsrechtlichen Bestimmungen bei der Risikoerfassung im Kreditbereich eine stärkere Berücksichtigung der individuellen Lage einzelner Kreditnehmer und eine Abstufung der Eigenkapitalunterlegung nach der Bewertung des Ausfallrisikos vor. Hierzu werden die Bonitätsbeurteilungen durch entsprechende Ratingeinstufungen abgebildet. Das Rating sollte ursprünglich externen Stellen überlassen bleiben, doch zeichnet sich aus Praktikabilitätsgründen ab, dass auch bankinterne Einstufungsverfahren zugelassen werden. Hierdurch wird der Kritik Rechnung getragen, dass der kapitalmarktorientierte Ansatz einer Bonitätsbeurteilung durch externe Ratings auf die Verhältnisse des US-amerikanischen Marktes und die Bedürfnisse von Großunternehmen ausgerichtet ist, deren Zugang zum Kapitalmarkt durch ein Rating erleichtert wird.

Während ein individuelles externes Rating für die Größeren unter den Mittelstandsunternehmen wohl kein unüberwindbares Problem sein mag, ist es für die Mehrzahl der Mittelstandsfirmen äußerst aufwändig und führt fast zwangsläufig zu einer Verteuerung der Finanzierung, denn die Kosten für das Rating fallen unabhängig vom Finanzmittelbedarf an. So kosten in Abhängigkeit von der Unternehmensgröße Erstratings der etablierten US-amerikanischen Rating-Agenturen (Moody's und Standard & Poor's) zwischen 25 000 und 60 000 US-Dollar, für die jährlichen Folgeratings fallen laufende Kosten an. Nach deren Angaben dürften sich die Kosten für ein Erstrating zwischen 5 000 und 70 000 DM bewegen. Inwieweit ein Rating zu einer erhofften Verbilligung der Finanzierung beiträgt, kann nur im Einzelfall beurteilt werden. Generell ist jedoch festzuhalten, dass zunächst die Rating-Kosten kompensiert werden müssen. Darüber hinaus werden die Finanzierungskosten von der Ratingeinstufung beeinflusst, da die Rating-abhängige Eigenkapitalbindung unmittelbar in die Konditionenkalkulation der Kreditinstitute eingeht.

Über eine Rationalisierung der Bonitätsprüfung nachzudenken, ist deshalb das Gebot der Stunde. Die wachsende Globalisierung und die immer stärkere Konkurrenz im Bankgeschäft haben zu einem so starken Margendruck geführt, dass es alle Möglichkeiten auszuschöpfen gilt, den Aufwand zu begrenzen. Einen durchaus brauchbaren Ansatz dazu bieten die neuen Informations- und Kommunikationstechnologien. Die Diskussion über ihren Einsatz ist mitten im Fluss und lässt verschiedene Wege gangbar erscheinen, allerdings sollten die Möglichkeiten einer Automatisierung der Bonitätsprüfung auch nicht überschätzt werden.

Von einer bestimmten, hier nicht näher zu spezifizierenden Unternehmensgröße an erscheint etwa ein Internet-gestütztes Rating-System in Anlehnung an neuere Entwicklungen in den USA durchaus denkbar und praktikabel. Die standardisierte Abfrage und Weiterleitung wichtiger Unternehmensdaten über das Internet erleichtert eine schnelle und nicht allzu arbeitsaufwändige Kreditentscheidung. Dem Vorteil einer höheren Aktualität der Informationen stehen aber auch Nachteile wie etwa die geringere Überprüfbarkeit und der fehlende persönliche Kontakt gegenüber. Eine weitgehende Automatisierung der Kreditvergabe, etwa in Anlehnung an die Methoden der industriellen Massenfertigung, oder gar eine Kreditentscheidung ohne den Einsatz von Personal, wie gelegentlich zu lesen ist, erscheint jedoch utopisch und wäre schon allein unter Risikoaspekten nicht zu vertreten. Sicher mag man über Sammlungen und Auswertungen von Unternehmensdaten nach modernen mathematischen Methoden neue und brauchbare Anhaltspunkte über Ausfallrisiken gewinnen, oder sich beispielsweise durch den Einsatz neuronaler Netze die Bonitätseinstufung erleichtern. Aber kann es sich ein Kreditinstitut leisten, sich allein darauf zu verlassen und auf eine eigene Einschätzung beziehungsweise Plausibilisierung – und sei sie auch nur eine ergänzende – vollständig zu verzichten? Mathematische Methoden und Ansätze wirken oft sehr beeindruckend und werden schon deswegen gern überschätzt. Selbst wenn sie die Erfahrungen der Vergangenheit gut einfangen und ex post hervorragende Ergebnisse zeigen, bestehen gleichwohl Risiken darüber, inwieweit sie für die Zukunft brauchbare Anhaltspunkte liefern. Herkömmliche und neue Methoden optimal zu verbinden, ist deshalb die Aufgabe, die sich stellt, nicht aber ein abrupter Übergang von der einen zur anderen Vorgehensweise.

Als Musterbeispiel für die Rationalisierung der Kreditprüfung wird – wie die ursprünglichen Vorstellungen des Baseler Ausschusses für die Bankenaufsicht belegen – oft die Praxis in den USA hingestellt. In den USA wird die Bonitätsprüfung und Kreditüberwachung in der Regel externen Rating-Agenturen überlassen, die ihrerseits ihre Informationen und Erfahrungen an die Finanzmärkte weiterreichen. Die weitgehende Rationalisierung der Kreditprüfung, so wird argumentiert, garantiere eine ausreichende und preisgünstige Finanzierung des Mittelstands. Was dabei nur allzu leicht vergessen wird, ist der ganz andere institutionelle Rahmen, in dem sich die amerikanischen Banken bewegen. Da Finanzierung des Mittelstands auch in den USA nicht gerade zu den lukrativsten und beliebtesten Geschäften des Bankensektors zählt, hat der Gesetzgeber etwas „nachgeholfen": Um eine ausreichende kreditwirtschaftliche Versorgung aller Bevölkerungsgruppen und Regionen zu gewährleisten, wurden in Form des Community Reinvestment Act umfangreiche Regulierungsmaßnahmen verabschiedet. So sind die Banken unter anderem verpflichtet, in einer so genannten Sozialverträglichkeitsbilanz unter anderem eine ausreichende Kreditvergabe an kleine und mittlere Unternehmen und an Existenzgründer nachzuweisen. Die in Deutschland immer mehr in Mode gekommene Praxis einzelner Bankengruppen, sich sozusagen die Rosinen aus dem Kuchen herauszupicken, ist den US-Banken vom Gesetzgeber verwehrt.

Wie schon dargelegt, stehen in Deutschland insbesondere die öffentlich-rechtlichen Kreditinstitute und die Genossenschaftsbanken für die Kreditversorgung des Mittelstands. Deren Hausbankfunktion erklärt zum Großteil das Fehlen einer vergleichbaren Ratingkultur. Dass sich daran etwas ändern wird, steht außer Frage. Über das Wie und über den Umfang aber muss diskutiert werden. Für die Vielzahl der kleinen Familienbetriebe etwa muss ein externes Rating schon aus Praktikabilitätsgründen außen vor bleiben. Eine einheitliche Lösung für alle mittelständischen Unternehmen wird es kaum geben, und so gilt es, je nach Einzelfall zu differenzieren und alle Möglichkeiten der Kapitalbeschaffung auszuloten.

5. Potenzial für Venture-Capital noch nicht ausgeschöpft

Zur wichtigsten Alternative und Ergänzung zum klassischen Kredit hat sich in den letzten Jahren der Markt für Venture-Capital entwickelt. Die Bereitstellung von Wagniskapital als Eigenkapital für junge und innovative Unternehmen stellt einen ganz entscheidenden Beitrag zur Sicherung des Standortes Deutschland dar. Existenzgründer mit zukunftsweisenden Ideen und wettbewerbsfähigen Produkten haben in der Regel noch nicht einmal beleihungsfähige Aktiva vorzuweisen. Sie an Kapitalmangel scheitern zu lassen, liefe für die deutsche Wirtschaft letztlich darauf hinaus, in der technologischen Entwicklung und im internationalen Wettbewerb den Anschluss zu verpassen. Nicht zufällig geht die Einführung neuer Informations- und Kommunikationstechnologien mit einer markanten Beschleunigung des Innovationstempos einher. Sie verlangt auch von den Finanzmärkten die Bereitschaft zur ständigen Innovation.

Wieder einmal erweisen sich die Vereinigten Staaten als Vorreiter für neue Ideen. Der Markt für Venture-Capital ist aus gutem Grunde gerade in den USA am weitesten entwickelt, setzt doch die Bereitstellung von Wagniskapital für Unternehmensneugründungen ein hohes Maß an Risikobereitschaft voraus. So sind es denn in der Regel vermögende Privatleute, so genannte Business Angels, die das notwendige Startkapital zur Verfügung stellen und darüber hinaus häufig auch mit eigenen Unternehmenserfahrungen aushelfen. Sie sind realistisch genug, sich zunächst mit geringen Renditeerwartungen zufrieden zu geben. Ziel ist schließlich nicht die kurzfristige Gewinnerzielung, sondern die Erlangung der Marktreife des jungen Unternehmens und die anschließende Platzierung der Anteile an der Börse. Erst dann hat der ursprüngliche Investor die Chance, seine Beteiligung an dem inzwischen gewachsenen Unternehmen mit umso höherem Gewinn zu veräußern und tatsächlich eine entsprechende Risikoprämie zu erzielen.

Venture Capital ist inzwischen auch in der Bundesrepublik zu einem Begriff geworden. Neben dem direkten Engagement privater Investoren spielen – ähnlich wie in den USA – gewerbliche Beteiligungsgesellschaften eine große Rolle. Während es sich dabei jenseits des Atlantiks hauptsächlich um Pensionsfonds handelt, werden die Mittel in Deutschland in erster Linie von Kreditinstituten bereit gestellt, und hier insbesondere von den regional verankerten Banken und Sparkassen. Sie haben sich in den letzten Jahren in ganz beachtlichem Maße an der Gründung und Finanzierung von Kapitalbeteiligungs- und Wirtschaftsförderungsgesellschaften jeglicher Art beteiligt.

Für die spätere Einführung eines Unternehmens an der Börse, das „Initial Public Offering" (IPO), wurde in der Bundesrepublik nach dem Vorbild der amerikanischen Computerbörse NASDAQ (National Association of Security Dealers Automated Quotation) 1997 der Neue Markt als Börsensegment für junge und wachstumsstarke Unternehmen eingeführt. Der Neue Markt hat sich inzwischen hervorragend bewährt. Wesentlich zu seinem Erfolg beigetragen hat das Finanzmarktförderungsgesetz von 1988, demzufolge die steuerlich zu beachtenden Fristen für den Verkauf von Anteilen an Kapitalgesellschaften durch eine gewerbliche Beteiligungsgesellschaft auf ein Jahr verkürzt wurden.

Gemessen an US-Verhältnissen ist der deutsche Markt für Venture-Capital noch relativ unterentwickelt. Einem Volumen von 48 Milliarden Dollar, das nach Angaben der National Venture Capital Association in den USA 1999 in Venture-Capital-Unternehmen investiert wurde, stehen in der Bundesrepublik gerade einmal sechs Milliarden DM gegenüber. Gleichwohl sollte über die unterschiedlichen Größenordnungen nicht vergessen werden, dass sich der deutsche Markt in einer sehr starken Wachstumsphase befindet und das Potenzial noch lange nicht ausgeschöpft ist. Erstaunlicherweise ist, ähnlich wie schon bei der staatlichen Förderung von kleinen und mittleren Unternehmen, nicht die Kapitalbereitstellung der Engpass, sondern die Inanspruchnahme der Mittel durch die Unternehmen. Offensichtlich sind die Vorbehalte gegenüber dieser Form der Mittelbeschaffung noch immer sehr groß. Auch die Mittelbeschaffung auf dem Weg eines IPO's scheint auf wenig Resonanz zu stoßen. Gut drei Viertel der in der Untersuchung von Creditreform befragten mittelständischen Firmen lehnen den Börsengang kategorisch ab. Lediglich bei 4,8 Prozent bestehen konkrete Pläne und bei 0,6 Prozent steht der Termin schon fest.

Wieder einmal zeigt sich, dass das einfache Überstülpen einer anderen Unternehmens- und Finanzierungskultur nicht die Lösung sein kann, sondern eher ein allmählicher Übergang und eine verträgliche Kombination, bei der die Vorteile beider Systeme miteinander verknüpft werden. Allerdings darf auch nicht übersehen werden, dass die Zeit drängt und der erforderliche Wandel der Strukturen und Kulturen einer aktiven Mitgestaltung seitens der Kreditwirtschaft bedarf.

6. Öffentlich-rechtliche Kreditinstitute in der Verantwortung

Verantwortlich für einen tragfähigen und die Interessen und Vorbehalte der Betroffenen berücksichtigenden Wandel in der Mittelstandsfinanzierung sind angesichts der gesamtwirtschaftliche Bedeutung dieser Unternehmen genau genommen alle Gruppen von Kreditinstituten. Wer jedoch auf den hohen Personalaufwand und den wachsenden Margendruck mit einer Kreditverknappung und Kundenselektion antwortet, darf sich nicht wundern, wenn er das Vertrauen der Kunden verliert und ihm die Fähigkeit zur aktiven Mitgestaltung abgesprochen wird. Als Alternativen bleiben dann nur noch eine aufsichtsrechtliche Regulierung der Kreditvergabe nach amerikanischem Vorbild – oder aber die Anerkennung und Würdigung der Leistungen derjenigen Institute, die sich eben nicht aus der Mittelstandsfinanzierung zurückgezogen haben. Dazu zählen, wie bereits gezeigt, in erster Linie die regional orientierten und hier insbesondere die öffentlich-rechtlichen Institute des Sparkassensektors sowie die Genossenschaftsbanken. Dass gerade die Sparkassen und Landesbanken in letzter Zeit in die Schusslinie der europäischen Wettbewerbshüter geraten sind und gelegentlich sogar ihr öffentlich-rechtlicher Status in Frage gestellt wird, sollte zu denken geben. Natürlich ist es das Gebot der Zeit, alle Bereiche unseres Wirtschaftslebens zu durchforsten und für den globalen Wettbewerb fit zu machen, doch dürfen darüber nicht die Rückwirkungen auf andere Sektoren vergessen werden.

Entstaatlichung allein um der Entstaatlichung willen macht noch keinen Sinn, vor allen Dingen dann, wenn man den Staat quasi durch die Hintertür in Form einer Regulierung und Reglementierung des Kreditwesens wie in den USA wieder einführen müsste.

Staatliche Reglementierung, darüber sind sich wohl alle einig, wäre ein Schritt zurück. Dagegen bietet das bestehende System der dezentral organisierten, regional orientierten Banken und Sparkassen eine Reihe von ganz entscheidenden Vorteilen, die dem Standort Deutschland zugute kommen. Regionale Orientierung bedeutet zugleich Abhängigkeit von der Region und damit Verantwortung und Engagement für die Region. Das Regionalprinzip begrenzt die Geschäftstätigkeit der Sparkassen und hier insbesondere die Kreditvergabe auf das Gebiet ihrer Gewährträger, und so liegt es im ureigensten Interesse dieser Institute, die Wirtschaftsentwicklung ihrer Region zu fördern und zu unterstützen. Hierzu zählt nicht zuletzt die erfolgreiche Betreuung der mittelständischen Kunden vor Ort. Auch und gerade im Zeitalter des Internet, in dem die Welt unter Informations- und Kommunikationsaspekten zum globalen Dorf geschrumpft ist, wie es so schön heißt, ist der persönliche Kontakt gefragter denn je. Dabei sind die überschaubaren Unternehmensgrößen der Sparkassen selbst, die ja ebenfalls zu den mittelständischen Unternehmen zu rechnen sind, ein wichtiger Pluspunkt. Maßgeblich für die Geschäftspolitik sind nicht irgendwelche abstrakten Anweisungen einer fernen Zentrale, sondern ganz konkret der tatsächliche Bedarf vor Ort. Und den kennen die Sparkassen auf Grund ihrer regionalen Verankerung sehr genau. Sie haben damit einen Informationsvorsprung, wie ihn keine noch so gewissenhaft arbeitende Rating-Agentur je erlangen könnte. Ein Rückzug aus der Fläche, wie ihn andere Institute aus Kostengründen betreiben, steht für die Sparkassen gar nicht erst zur Diskussion. Ganz im Gegenteil zählen für sie die flächendeckende Versorgung der mittelständischen Wirtschaft mit Bankdienstleistungen zu den wichtigsten Aufgaben. Dies heißt im Übrigen nicht, dass nicht auch die Sparkassen ihr Filialnetz ständig unter Wirtschaftslichkeitsaspekten zu überprüfen hätten. Aber eben immer unter dem Vorbehalt, dass die Grundversorgung mit Bankdienstleistungen auch weiterhin gewährleistet bleiben muss.

7. Zusammenfassung

1. An den Finanzmärkten vollzieht sich ein grundlegender Wandel, der insbesondere den Zugang der mittelständischen Wirtschaft zu Finanzierungsmitteln erschwert. Festzustellen ist, dass sich die Geschäftsbanken aus Kostengründen mehr und mehr aus der arbeitsaufwändigen Mittelstandsfinanzierung zurückziehen und sich auf die größeren Betriebe und rentableren Kredite konzentrieren.

2. Charakteristisch für die Entwicklung an den Finanzmärkten ist die zunehmende Kapitalmarktorientierung. Verstärkt nutzen auch Unternehmen die Möglichkeit, durch Wertpapieremissionen Finanzierungsmittel zu beschaffen. Wegen der hohen Marktzutrittsbarrieren wird die mittelständische Wirtschaft vom Trend zur Verbriefung abgekoppelt.

3. Die zu erwartenden Vorschriften zur Unterlegung der Kredite mit Eigenkapital verstärken den Trend weg von der Kreditfinanzierung und hin zur direkten Mittelaufnahme über Anleihen am Kapitalmarkt. Gleichwohl bleibt die Mehrzahl der mittelständischen Unternehmen auf den traditionellen Bankkredit angewiesen. Ergänzend gewinnt die Inanspruchnahme öffentlicher Förderprogramme ebenso an Bedeutung wie die Stärkung der Eigenmittelbasis durch Venture-Capital und letztlich den Gang zur Börse.

4. Unabhängig von der Art der Finanzierung steigen die Anforderungen an das Management der mittelständischen Unternehmen, zumal erhöhte Publizitätsanforderungen für die Bonitätseinstufung unumgänglich sind und der Einsatz neuer Technologien sowie die Nutzung des Internet eine schnelle und schonungslose Offenlegung von Schwächen bewirken.

5. Mit der stärkeren Marktdifferenzierung und Kundenselektion der Privatbanken wächst das Gewicht der dezentral organisierten Kreditinstitute als Finanzpartner des Mittelstandes. Als in der Region verankerte Institute tragen die Sparkassen eine besondere Verantwortung. Sie haben ohnehin ein großes Eigeninteresse daran, die regionale Wirtschaft zu stärken und für eine ausreichende und kostengünstige Finanzierung des Mittelstands zu sorgen. Im Verbund mit den Landesbanken werden sie auch in Zukunft eine flächendeckende Versorgung mit der umfassenden Dienstleistungspalette einer Universalbank garantieren und den mittelständischen Firmen die Möglichkeiten des Corporate-Finance und des Investment-Banking bieten.

Literaturhinweise

BROCKMANN, H., Unternehmensfinanzierung (I) -Ratings jetzt auch für den Mittelstand, DIHT-Sonderdienst „Rating", Berlin 2000, S. 1–5.

BUNDESVERBAND DEUTSCHER BANKEN, Private Banken – Partner des Mittelstands, Berlin 2000.

CREDITREFORM WIRTSCHAFTS- UND KONJUNKTURFORSCHUNG, Wirtschaftslage Mittelstand, Neuss 2000.

DEUTSCHE BUNDESBANK, Die Beziehungen zwischen Bankkrediten und Anleihemarkt in Deutschland, Monatsberichte Januar 2000, S. 33–48.

HARHOFF, D. und KÖRTING, T., Lending Relationships in Germany- Empirical Evidence from Survey Data, Journal of Banking & Finance, Vol. 22, 1998, S. 1 317–54.

KOTZ, H.-H., Aspekte einer ökonomischen Agenda für das Jahr 2000, Hannover 2000.

KRÄMER-EIS, H., Ratings, Basel II und die Finanzierung von KMU, KfW-Beiträge zur Mittelstands- und Strukturpolitik, 16, März 2000, S. 21–30.

KÜPPERS, M., Banken in der geldpolitischen Transmission – Eine Untersuchung der Kreditvergabe deutscher Geschäftsbanken, Tübingen 2000.

MASELLI, A., Unternehmensfinanzierung, Kapitalmarktunterschiede und Regulierungspraxis – Eine vergleichende Analyse für Deutschland und die USA, Deutscher Sparkassen- und Giroverband, Berlin 2000.

ZEITSCHRIFT FÜR DAS GESAMTE KREDITWESEN, Schwerpunkt: Die Banken und der Mittelstand, 53. Jg, Heft 10, Mai 2000, S. 510–549.

Risikominimierung einer Outsourcingentscheidung

Klaus P. Caspritz

Dieser Beitrag befasst sich mit den Risiken, die Banken beim Outsourcing ihrer Wertpapier-Services (Abwicklung, Verwahrung und Verwaltung von Wertpapieren) an einen Wertpapier-Dienstleister eingehen und deren Absicherung beziehungsweise Beherrschung. Die Lombardkasse AG entwickelte zusammen mit der Banking-Community ein marktreifes Konzept zur Absicherung der Risiken, die durch das Aufspalten einer traditionellen Wertschöpfungskette entstehen.

1. Wettbewerb zwingt zur Konzentration auf Kernkompetenzen

Die Finanzdienstleistungsbranche befindet sich in einem tiefgreifenden Wandlungsprozess, der von Konzentrationsprozessen, Fusionen, Globalisierung und strategischen Allianzen gekennzeichnet ist. Neue Kundenbedürfnisse, die rasante Entwicklung neuer Medien und Technologien führen zu neuen Produkten und neuen Anbietern. Eine Reaktion darauf besteht in der Reduktion der Fertigungstiefe. Ehemals geschlossene Produktions- und Dienstleistungsprozesse werden zerlegt und führen zu Teilangeboten innerhalb einer Wertschöpfungskette. So entstehen Märkte mit neuen Spezialinstituten (zum Beispiel Discount- und Online-Broker), in die auch branchenfremde Unternehmen, zum Beispiel aus dem Telekommunikations- und Softwarebereich, drängen und zu Konkurrenten um einzelne Glieder der Wertschöpfungskette werden.

Der Wettbewerbsdruck steigt und zwingt alle Anbieter zu Kosteneinsparungen. Nur wem es gelingt, die eigenen Stückkosten schneller zu senken, als die Preise durch die anderen beziehungsweise neue Marktteilnehmer gedrückt werden, wird langfristig erfolgreich auf dem Markt bestehen können. Diesem Ziel steht aber der enorme Aufwand entgegen, der auf Grund der Vorhaltung von Know-how und den hohen IT-Investitionen entsteht. Als Folge dieses Kreislaufes wird es zu weitreichenden Konzentrationsprozessen kommen, die die Anbieterseite auf wenige Global-Player beschränken werden. Diese wiederum werden durch aggressive Wachstumsstrategien den Druck auf die Finanzdienstleister erhöhen.

Diese Entwicklung zwingt die Banken, ihre traditionellen Wertschöpfungsketten neu zu bewerten, ihre Kernkompetenzen zu identifizieren und sich auf diese zu fokussieren. Den bis heute vorherrschenden Weg, an allen Gliedern der Wertschöpfungskette festzuhalten, werden auf Dauer immer weniger Institute gehen können.

Nahezu alle Finanzinstitute sehen sich somit vor die strategische Make-or-buy-Entscheidung gestellt.

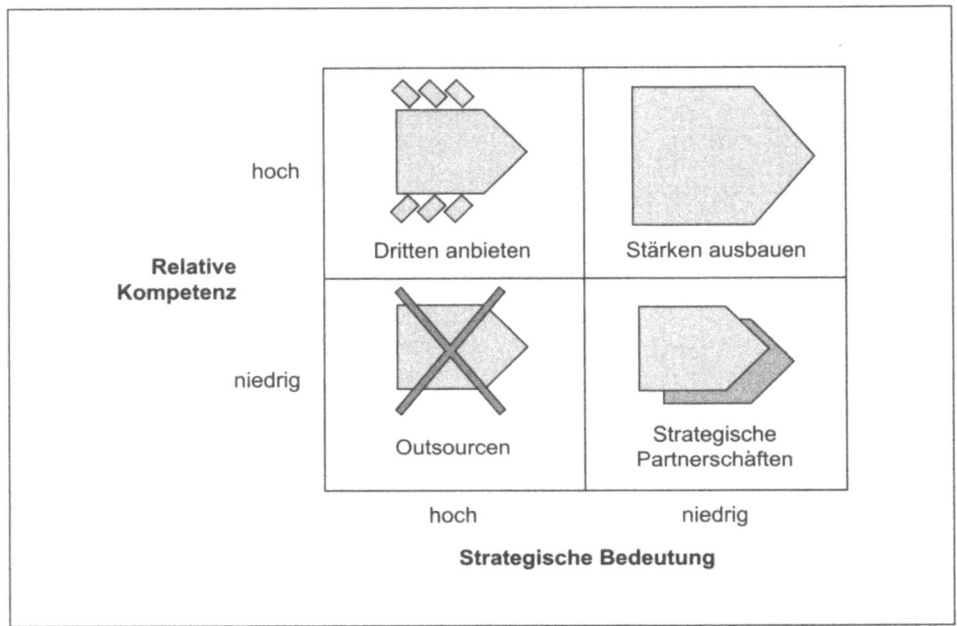

Abbildung 1: Analyse der Wertschöpfungskette

Wurde die Entscheidung im Bankenbereich in der Vergangenheit noch weitestgehend zugunsten von „Make" getroffen und vorrangig nur bankuntypische Bereiche ausgelagert, so erlangt heute die Verlagerung von Wertschöpfungsaktivitäten auf Zulieferer (Outsourcing) eine zunehmende Bedeutung.

2. Ein Markt für Wertpapierservices entsteht

Im Bereich der Wertpapierservices lässt sich ein solcher Entwicklungsprozess am Markt in seinen Anfängen beobachten. Die Organisation und Tätigkeiten der Abwicklung, Verwaltung und Verwahrung von Wertpapieren sind heute in den meisten Instituten weitestgehend identisch. Es handelt sich dabei jedoch um eine komplexe Materie, die ständig neuen Anforderungen aufsichtsrechtlicher Prägung oder durch das Börsenumfeld unterliegt und Expertenwissen erfordert. Dies führt dazu, dass die erforderlichen Ressourcen knapp und die Stückkosten im Back-Office hoch sind und weiter steigen.

Bei Optimierungsmaßnahmen der eigenen Abläufe und Systeme stellt sich immer wieder die Frage, inwieweit das eigene Volumen ausreicht, um die erforderlichen Investitionen zu rechtfertigen. Die Banken können hier eine Lösung durch Spezialisierung finden.

Sie liegt in der Trennung zwischen Vertrieb und Produktion, sodass es zu Vertriebs- und Produktionsbanken kommt. Beide Seiten spezialisieren sich dabei auf unterschiedliche Glieder der Wertschöpfungskette des Bankengeschäfts. Die Vertriebsbanken mit ihren Filialnetzen und gewachsenen Kundenbeziehungen konzentrieren sich auf den engen Kontakt zum Kunden, die Beratungskompetenz und den Vertrieb von Finanzdienstleistungen, die Produktionsbanken siedeln ihre Kompetenz innerhalb der Wertschöpfungskette im Back-Office-Bereich an.

3. Risiken beim Outsourcing von Wertpapierservices

Im Vordergrund der Outsourcing-Betrachtungen stehen zumeist Kostenersparnisse. Dabei bedeutet Outsourcing gerade im Bereich der Abwicklung von Wertpapier-Services aber auch gewissermaßen ein „point of no return". Nach dem Outsourcing wird es beim outsourcenden Institut keine Systemfunktionalitäten und keine Mitarbeiter mehr geben, die über das notwendige Know-how verfügen, um die Abwicklung von Wertpapiergeschäften kurzfristig wieder selber durchzuführen. Angesichts der Tragweite der Outsourcingentscheidung sind Spielregeln, die das Risiko einer solchen Entscheidung senken, von erheblicher Bedeutung.

Der Outsourcer muss sich darauf verlassen können, dass:

- der externe Dienstleister ihm den gewünschten Service auf Dauer bietet,
- durch Outsourcing entstehende Risiken beherrschbar bleiben und
- am Markt Alternativen vorhanden sind, um die Abhängigkeit von einem Dienstleister zu reduzieren.

Für die Entscheidung des Outsourcers wichtig sind insbesondere:

- verbindliche Mindestleistungs- und Qualitätsstandards,
- Weiterentwicklung der Produkte, Anpassung an neue Anforderungen,
- unterbrechungsfreie und dauerhaft garantierte Produktion,
- geringe Abhängigkeiten durch gleichwertige Alternative,
- Dienstleistungen in einer zugesicherten Qualität,
- Schutz der Kundendaten.

4. Ein Zertifikat zur Schaffung einer Marktordnung und Marktförderung

Gemeinsam mit Vertretern der Banking-Community wurden die Anforderungen erarbeitet, mit denen sich der Prozess des Outsourcings von Wertpapierservices im Sinne einer stabilen Marktordnung verlässlich und rechtlich sicher einleiten und kontrollieren lässt. Sie schließen auch die Aspekte der Vergleichbarkeit und der Weiterentwicklung mit ein. Sie sind in einem trilateralen Vertragswerk manifestiert.

Die Erfüllung aller Anforderungen der Zertifikatsbedingungen für LOKay® führen zu einem Gütesiegel, dem Zertifikat der Lombardkasse AG.

Dienstleister, die im Markt für Wertpapier-Services ihre Kernkompetenzen sehen, haben die Möglichkeit, ein solches Zertifikat zu beantragen und so der Nachfrageseite – den Outsourcern – zu dokumentieren, dass die entsprechenden Anforderungen erfüllt und eingehalten werden. Die Lombardkasse – als neutrale Instanz – prüft beim Insourcer die Erfüllung dieser Zertifikatsbedingungen und erteilt bei positivem Ergebnis das „LOKay®-Zertifikat".

Die Zertifikatsbedingungen beinhalten unter anderem:

- eine Darstellung über die vom Dienstleister mindestens zu erbringenden Leistungen und der qualitativen Anforderungen an diese,
- eine Übersicht der Funktionen der Beteiligten und der Schnittstellen zwischen Bank und Dienstleister sowie
- detaillierte Aussagen und Musterverträge zur rechtlichen Ausgestaltung.

Durch die Sicherstellung der Einhaltung der beschriebenen Zertifikatsbedingungen werden die Risiken für die Outsourcer beherrschbar. Die Auswahl des geeigneten Dienstleistungspartners wird vereinfacht.

Anhand von sechs, für die Entscheidung des Outsourcers wesentlichen Kriterien wird gezeigt, wie das Zertifikat LOKay® für eine verbindliche Marktordnung und für Sicherheit sorgt.

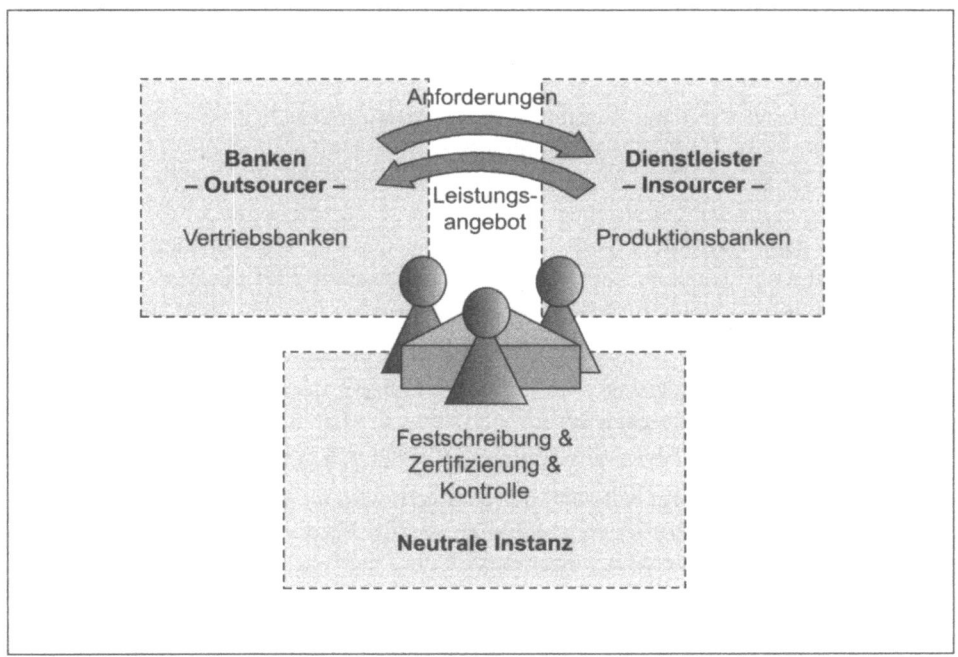

Abbildung 2: Spielregeln für das Outsourcing von Wertpapier-Services

4.1 Verbindliche Mindestleistungs- und Qualitätsstandards: Vergleichbarkeit der angeboten Leistung

Um die Risiken auf Seiten der outsourcenden Bank möglichst gering zu halten, muss die Bank die Anforderungen ihrer Kunden und ihrer eigenen Organisation sorgfältig analysieren und mit dem Leistungsangebot der verschiedenen Dienstleister abgleichen. Ebenfalls sind die Auswirkungen einer Verlagerung auf die verbleibenden internen Prozesse und die Systemlandschaft zu untersuchen. Bei Verlagerung auf einen Dienstleister können vorhandene eigene Systeme für den Wertpapier-Service dann größtenteils abgeschaltet, beziehungsweise auf wenige Funktionen reduziert werden. Aus den ehemals internen Abläufen werden dann externe Schnittstellen, die eine enge Abstimmung der beteiligten Häuser erfordern.

Das Lombardkassen-Zertifikat berücksichtigt diese Zusammenhänge in seiner Standardisierungsanforderung.

Die Auswahl des richtigen Partner gestaltet sich in der Praxis schwierig, da sich für die Entscheider der Markt durch eine hohe Intransparenz auszeichnet.

Die ISO-Zertifikate verschiedener Dienstleister lassen keine Rückschlüsse auf deren Leistungsumfang zu, weil sie nicht auf einheitlichen Anforderungen basieren. Sie zielen im Schwerpunkt auf die Sicherung bestimmter Arbeitsabläufe und Anforderungen an

EDV-Umgebungen ab. Bei einer Zertifizierung nach ISO 9000 nimmt der Zertifizierte wesentlichen Einfluss auf die Anforderungen, die an seine Dienstleistungen und Systeme gestellt werden.

LOKay® wählt einen anderen Ansatz, um einen einheitlichen Qualitätsstandard zu erreichen. Mit Vertretern der Banking Community wurden Umfang und die Qualität der Ablaufprozesse im Wertpapier-Service als Mindestanforderungen definiert und in den Zertifikatsbedingungen festgeschrieben. Diese Mindestanforderungen an die Prozesse erleichtern es dem Outsourcer und dem Dienstleister, den individuellen Umfang der Dienstleistungen festzulegen, die der Dienstleister zukünftig für die Bank erbringt. Die saubere Definition der Schnittstelle zwischen Outsourcer und Insourcer, alle Einzelprozesse und eine exakte Festlegung der Cuts wurden dokumentiert.

Neben den Mindestanforderungen an die Abwicklungsprozesse wurden auch Anforderungen an die Leistungsfähigkeit der EDV-Systeme des Dienstleisters definiert. Mit diesen Komponenten wird die Grundlage für eine Vergleichbarkeit der Dienstleister gelegt.

Durch die Festlegung dieser Mindestanforderungen wird die Basis für die Verträge zwischen Outsourcer und Dienstleister geschaffen. Mit der Detaillierung der Anforderungen im vorhinein werden spätere Unstimmigkeiten über die Leistungen vermieden.

4.2 Unterbrechungsfreie Produktion

Mit der Inanspruchnahme von Dienstleistungen von Dritten gibt der Outsourcer einen Teil seiner heutigen Ressourcen und seiner Fachkompetenz auf. Damit aus diesem bewussten Verzicht kein Risiko entsteht, hat die Lombardkasse wesentliche Elemente zum Schutz der Outsourcer im Zertifikat implementiert.

Die Betriebssicherheit des Dienstleisters soll auch in wirtschaftlich schwierigen Situationen so lange gesichert sein, bis der Outsourcer eine Alternative gefunden hat oder der Erhalt des Insourcers gesichert wurde. Hierzu fordert LOKay® die Vorlage einer entsprechenden Garantie oder eine gleichwertige Erklärung eines Dritten. Aus dieser Garantie heraus soll der Dienstleister in wirtschaftlich schwierigen Situationen mit den für seinen Betrieb erforderlichen finanziellen Mitteln ausgestattet werden.

Um auch höchsten Ansprüchen an dieses Sicherungsinstrument gerecht zu werden, kann diese Garantie nur von „erstklassigen Adressen" abgegeben werden.

Zur Sicherung der Regulierung von Schadensfällen im Rahmen der Abwicklung von Wertpapier-Services muss der Dienstleister bei der Lombardkasse AG eine weitere Garantie oder gleichwertige Erklärung hinterlegen, deren Höhe sich am Wert des übertragenen Geschäftsvolumen des Outsourcers orientiert.

Da der Dienstleister im Rahmen des Clearing der Wertpapiergeschäfte auch die Geldverrechnung für die ihm angeschlossenen Outsourcer übernimmt, muss er Vorkehrungen treffen, um die fristgerechte und ausreichende Anschaffung von Liquidität durch die Outsourcer zu sichern. Der Dienstleister muss unter LOKay® dazu über ein geeignetes Verfahren verfügen und den Outsourcern zur Kenntnis bringen.

Dieses Verfahren schafft die erforderliche Risikoabsicherung für den Dienstleister und die Sicherung der Abwicklung der Geschäfte aller angeschlossenen Banken.

Auch wirtschaftliche Schwierigkeiten eines wesentlichen Anteilseigners des Dienstleisters dürfen sich nicht auf diesen auswirken, beziehungsweise auf ihn durchschlagen. Der Anteilseigner muss deshalb dem Zertifizierer, der Lombardkasse AG, eine Kaufoption auf seine Aktien am Dienstleister einräumen. Die Ausübung der Option wird, um die Interessen der an den Dienstleister angeschlossenen Outsourcern zu wahren, durch die Lombardkasse AG grundsätzlich nur in enger Abstimmung mit diesen Outsourcern geschehen.

4.3 Verminderte Abhängigkeiten durch gleichwertige Alternativen

Die Prozesse für die Abwicklung, Verwaltung und Verwahrung von Wertpapieren sind heute weitestgehend identisch, nicht dagegen der Umfang aller Dienstleistungen. Gemeinsam mit den Vertretern der Banking Community wurden daher diejenigen Dienstleistungen ausgewählt, die von jedem einzelnen der zertifizierten Dienstleister mindestens anzubieten sind.

LOKay® sieht vor, dass Dienstleister ihre Systeme den Outsourcern zur Verfügung stellen. Aus der Konzentration vieler Outsourcer auf einige wenige Dienstleister resultiert bereits eine Standardisierung. Dies hat zur Folge, dass

- einerseits die Standardisierung der Schnittstellen zwischen Dienstleister und Outsourcer Zug um Zug weiter vorangetrieben wird und
- andererseits die Leistungen der Systeme der Dienstleister vereinheitlicht werden.

So wird der Wechsel eines Outsourcers zu einem anderen zertifizierten Dienstleister mit zunehmend weniger Aufwand möglich. Durch diese Maßnahmen werden „switching costs" reduziert. Das verringert die Risiken einer überhöhten Preisbildung und erhöht den Wettbewerb zwischen den Dienstleistern.

4.4 Weiterentwicklung der Leistungen, Anpassungen an neue Anforderungen

Das Marktumfeld der Banken ändert sich permanent und damit auch die Anforderungen an ihre Dienstleistungen. So ist es nötig, alle Erfahrungen und Wünsche der beteiligten Häuser auch bei der permanenten Verbesserung der Dienstleistungen zu nutzen und vor allem neue Standards zu entwickeln. Banken organisieren ihre Interessen in Arbeitskreisen oder „Usergroups". Diese erprobten Einrichtungen werden auch in den Zertifikatsbedingungen auf Dienstleisterebene (Qualitätssicherungsgremium) genutzt.

Das Konzept der Lombardkasse AG sieht zur stetigen Weiterentwicklung und zur Verbesserung der Zertifikatsbedingungen ein zentrales Gremium vor, das sich dienstleisterübergreifend aus Vertretern der beteiligten Häuser – Dienstleister, Outsourcer und Lombardkasse – zusammensetzt und einen Standardisierungsprozess einleitet und vorantreibt.

4.5 Dienstleistungen in einer zugesicherten Qualität

Es erhalten nur Dienstleister das Zertifikat, die die in den jeweils aktuellen Zertifikats-bedingungen formulierten Mindeststandards für Wertpapier-Services erfüllen. Durch LO-Kay® erhält der Dienstleister ein erkennbares, zu kommunizierendes Zeichen, das ihn und seine Leistung von anderen, nicht zertifizierten Anbietern abhebt. Er besitzt hiermit das Qualitätssiegel für den Wertpapier-Service, den Nachweis, dass seine angebotenen Leistungen den gemeinsam für das Zertifikat erarbeiteten Anforderungen entsprechen.

LOKay® sieht jährliche Kontrollen bei dem Dienstleister vor. Es wird überprüft, ob der Dienstleister die Zertifikatsbedingungen insgesamt einhält und auch, ob Veränderungen, wie sie von der Lombardkasse und dem Standardisierungsgremium beschlossen wurden, vollständig und korrekt umgesetzt wurden. Über die Kontrolle wird von der Lombardkasse AG ein Bericht erstellt, der dem Dienstleister sowie seinen angeschlossenen Outsourcern zur Verfügung gestellt wird.

In begründeten Fällen steht der Lombardkasse AG das Recht zu, beim Dienstleister außerordentliche Kontrollen durchzuführen und bei Verstoß gegen die Anforderungen auch das Zertifikat zu entziehen.

4.6 Schutz hochsensibler Kundendaten

Das wichtigste Gut einer jeden Bank besteht in den Kundenbeziehungen. Sie müssen einem besonderen Schutz unterliegen und dürfen durch Outsourcing nicht beeinträchtigt oder gefährdet werden. Somit wird eine Bank, die Teilbereiche ihrer Prozesse auslagern möchte, darauf achten, nur so weit zu gehen, wie es der Schutz ihrer Kundendaten erlaubt.

Durch das Outsourcing wird ein Großteil der Arbeitsabläufe zum Dienstleister verlagert. Die Bank nutzt damit große Teile des Systems des Dienstleisters und speichert dort wesentliche Daten. Zu diesen Daten gehören auch die hochsensiblen Kundendaten, die sich bisher nur im direkten Einflussbereich der Bank befanden. Der Schutz der Kundendaten konnte neben den allgemeinen Regelungen des Datenschutzes und Bankgeheimnisses bisher nur zusätzlich vertraglich vereinbart werden. Um diese Daten ergänzend auch technisch wirksam zu schützen, hat die Lombardkasse AG ein neues kryptologisches Verfahren entwickelt, das einzelne (beliebige) kundenidentifizierende Felder verschlüsseln kann. Die Bank kann ihre Daten wie bisher am Bildschirm aufrufen oder drucken. Der Dienstleister kann lediglich eine nicht identifizierbare Zeichenfolge sehen und muss seine Verarbeitung ausschließlich mit der Konto- beziehungsweise Depotnummer durchführen. Insoweit sind mit Anwendungen des Kryptoverfahrens Schutz der Kundendaten, Datenschutz und Bankgeheimnis zugleich gewährleistet.

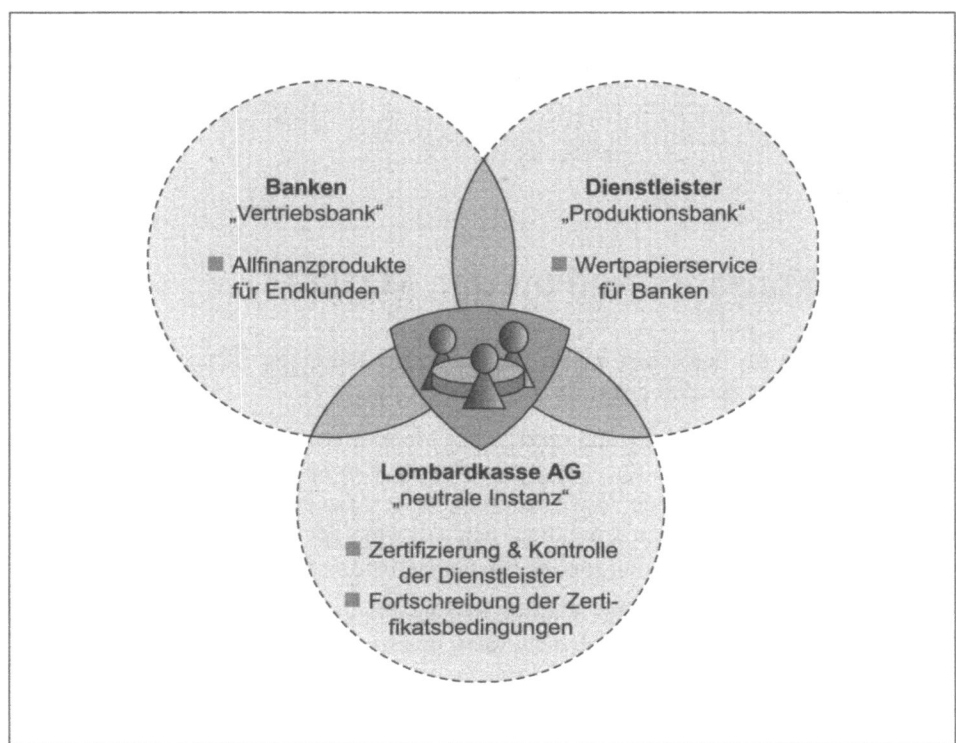

Abbildung 3: Die Beteiligten und ihre Kernkompetenzen

Ein weiterer Aspekt des Kundenschutzes ist zu berücksichtigen. Der Dienstleister erlangt mit der Verwahrung und Verwaltung der Wertpapiere für die Kunden seiner Banken Zugriff auf die Daten der Bank, weil er nach Abschluss des Outsourcingprozesses sämtliche Depots für sie führt.

Der Dienstleister darf deshalb nicht zu einem Mitbewerber in Marktsegmenten des Outsourcers werden. Das Konzept der Lombardkasse fordert daher, dass der Dienstleister seinen Service nur gegenüber den mit ihm zusammenarbeitenden Banken anbietet. Dadurch wird gewährleistet, dass er nicht selbst die Kunden der Bank akquiriert.

Beide Unternehmen – Dienstleister und Bank – erbringen somit unterschiedliche Produkte und bedienen unterschiedliche Kundengruppen. Jeder definiert für sich eine unterschiedliche Kernkompetenz.

Die heute am Markt operierenden Dienstleister für Wertpapier-Services in Deutschland sind in der Regel noch ausschließlich aus Banken (so genannte Mutterbanken) ausgelagerte Betriebseinheiten. Um die Einflussmöglichkeiten der Muttergesellschaft so gering wie möglich zu halten, fordert LOKay®, dass Dienstleister selbstständige Unternehmen sein müssen und keine Weisungsrechte Dritter oder Beherrschungsverträge gegenüber Dritten bestehen.

Neben der unternehmerischen Neutralität des Dienstleisters muss die Maxime der Neutralität selbstverständlich auch für den Zertifizierer gelten. Die Lombardkasse AG wird diesem Anspruch dadurch gerecht, dass sie durch ihre klassische Aufgabe als Hausbank der Makler in einem abgegrenzten Geschäftsfeld tätig ist und somit nicht in einem direkten Wettbewerb zum Outsourcer oder Dienstleister steht.

5. Ein Konzept – reif für den Markt

Keiner der sich im deutschen Markt etablierenden Wertpapierdienstleistern hat das LOKay®-Zertifikat zur Zeit beantragt.

LOKay® stellt dem Markt feste und verlässliche Mechanismen zur Risikoreduktion beim Outsourcing von Wertpapier-Services zur Verfügung. Das Zertifikat füllt die Sicherheitslücke, die beim Aufspalten der Wertschöpfungskette zwischen Outsourcer und Wertpapierdienstleister entsteht, und ermöglicht damit sowohl dem Dienstleister als auch den outsourcenden Banken, sich auf ihre Kernkompetenzen zu konzentrieren.

Die Lombardkasse bietet sich als neutrale Instanz an, die Interessen der Vertriebs- und Produktionsbanken miteinander abzustimmen und in den Zertifikatsbedingungen zum Ausgleich zu bringen, Wertpapierdienstleister zu zertifizieren und die Einhaltung der Zertifikatsbedingungen zu kontrollieren.

Die Zertifikatsbedingungen beinhalten einen erforderlichen Marktstandard für das Outsourcing von Wertpapier-Services, der in Abstimmung mit den wesentlichen Anbietern und Nachfragern dieser Leistungen erarbeitet wurde.

Zwei Studien der Uni Mainz belegen, dass LOKay® in der Lage ist, die meistgenannten Hinderungsgründe für ein Outsourcing von Wertpapier-Services aufzulösen.

Die aktuelle Situation auf dem Markt ohne zertifizierte Wertpapierdienstleister, das Fehlen von Marktstandards und -transparenz, ist für potenzielle Outsourcer eher noch abschreckend. Die angestrebten Kosteneinsparungen können momentan nur mit hohen Risiken erkauft werden.

Jedoch ist der Wunsch nach verbindlichen Spielregeln seitens der potenziellen Outsourcer von Wertpapier-Services groß. Doch die meisten von ihnen sind erst noch in der Vorbereitung einer Outsourcing-Entscheidung, sodass der Nachfragerdruck noch nicht ausreicht, um bei einem Wertpapierdienstleister den Antrag auf Zertifizierung zu erwirken.

Das Zertifikat LOKay® mit seinen Schutz- und Leistungskomponenten dient der Absicherung der hauptsächlichen Outsourcingrisiken im Bereich Wertpapier-Services. Es dient der Realisierung neuer Organisationsstrukturen und bietet für das Funktionieren und die Kontrolle wichtiger Nahtstellen der Wertschöpfungskette ein weiteres Glied: Sicherheit!

Teil 3:
Wertschöpfungsketten in neuen Institutionen

Franchising im Privatkundengeschäft von Banken

Ralf Jasny

1. Problemstellung

Das Bankgeschäft mit privaten Kunden profitabel zu gestalten, gilt als hohe Kunst. Auch die deutschen Banken versuchen mit umfangreichen Maßnahmen zur Kundennähe und Vertriebsoffensiven das Privatkundengeschäft zu beleben. Jedoch zeigen sich im Vertriebssystem der deutschen Privatkundenbanken strukturelle Schwächen. Dem engmaschigen Filialnetz, das oft noch mit zu vielen Mitarbeitern betrieben wird, den starren Öffnungszeiten und dem nicht immer an den Kundenwünschen ausgerichtete Dienstleistungsangebot stehen die flexiblen Vertriebsformen der Direktbanken gegenüber. Die hohen Kosten des stationären Vertriebsnetzes führen bei vielen Privatkundenbanken zur Zusammenlegung der Filialen oder zu deren Schließung. Auch die mit dem stationären Vertriebssystem einhergehenden hohen Personalkosten veranlassen die Banken, ihre Mitarbeiter systematisch abzubauen.

Die Folge dieser Entwicklung ist zum einen die Konzentration von Beratungskompetenz an wenigen ausgewählten Standorten (meist in größeren Städten), zum anderen wird der Versuch unternommen, durch Standardisierung der Produkte und Dienstleistungen diese über Selbstbedienungsterminals anzubieten. Vereinzelt wird auch versucht, standardisierte Leistungen (Abwicklungstätigkeiten, einfachere Beratungsfälle) über Filialen, die mit weniger qualifiziertem Personal ausgestattet sind, anzubieten, um die Kosten zu senken.

Der Nachteil dieser Entwicklung für die Banken ist, dass entweder an bestimmten Orten keine stationären Vertriebstellen mehr anzutreffen sind, oder diese Vertriebsstellen austauschbare Standardleistungen anbieten. Die persönliche Bindung des Kunden an den Berater und damit an die Bank schwächt sich ab. Ein Preiswettbewerb wird die Folge sein, wenn die Banken nicht in der Lage sind, neue Ansatzpunkte zu finden, um die Bindung ihrer Kunden an ihr Institut über Leistung und Qualität zu festigen.

Um Bankdienstleistungen kostengünstig anbieten zu können und gleichzeitig eine hohe Kundenbindung zu ermöglichen, muss ein innovatives Vertriebskonzept gefunden werden, dass den scheinbaren Widerspruch zwischen individueller Beratung einerseits und Standardisierung und damit Automatisierung der Leistungserstellung andererseits auflöst. Um die Kundenbindung zu erhöhen, sind drei Voraussetzungen zu erfüllen. Eine zielgruppengerechte Ansprache, kundenorientierte Produkte und der Aufbau eines eigenständigen Markenimages. Nur so kann die notwendige Differenzierung zu den Mitbewerbern hergestellt und die Kunden ihren Wünschen entsprechend bedient werden. Vor dem Hintergrund einer Expansion des Bankgeschäfts über Ländergrenzen hinweg muss darüber hinaus überlegt werden, wie die Expansion für Banken im Privatkundengeschäft rentabel durchgeführt werden kann – ohne nur die Möglichkeit von Übernahmen anderer Banken in Betracht zu ziehen.

Neue und innovative Konzepte, wie zum Beispiel Franchising – mit dessen Grundgedanken schon andere Vertriebsstrukturen erfolgreich aufgebaut wurden (zum Beispiel McDonalds, The Body Shop) – könnten die Möglichkeit bieten, das Privatkundengeschäft von Banken neu zu definieren und darüber hinaus die Voraussetzung für einen unternehmerisch geprägten, zielgruppengerechten und kostengünstigen Vertrieb zu schaffen.

2. Franchising im Licht des Privatkundengeschäfts von Banken

2.1 Begriffsbestimmung Franchising

Das Wort „franchise" stammt aus der französischen Sprache und wurde ursprünglich als Bezeichnung für die Befreiung von Steuern und Zöllen verwendet (vgl. Skaupy 1995, S. 1). Im 17. und 18. Jahrhundert verstand man darunter die Einräumung des Privilegs durch die Herrscher, in einer Monopolstellung gegen Entgelt eine im staatlichen Interesse liegende Produktion zu betreiben. Später wurde im angelsächsischen Bereich in der daraus entwickelten Bedeutung die Erlaubnis bezeichnet, in kommerzieller Weise die Rechte zu benutzen, die einem anderen zustehen (vgl. Emmons 1980, S. 13). Heute wird Franchising selbst als Vertriebsmethode bezeichnet.

Franchising im neueren Sinne wurde zuerst in den USA durch die Singer Sewing Machine Company in den Jahren 1860–1865 als Vertriebssystems für Singer Nähmaschinen eingeführt. Später begannen verschiedene Automobilproduzenten ihre Händlersysteme nach dem Franchisekonzept zu organisieren. Getränkeabfüllbetriebe, wie zum Beispiel Coca-Cola folgten. Diese Art von Franchising, bei dem das Schwergewicht auf dem reinen Warenvertrieb über selbständige Händler liegt, wird auch als „Product Distribution Franchising" bezeichnet (vgl. Skaupy 1995, S. 2).

Nach dem Zweiten Weltkrieg wurde eine andere Form des Franchising, das „Business Format Franchising" entwickelt. Diese Form des Franchising wurde mit der zunehmenden Bedeutung von Dienstleistungen in der Wirtschaft populär. Das „Business Format Franchising" beinhaltet eine Lizenzierung der Marke, des Know-how und des gesamten geschäftlichen Systems für den Vertrieb von Waren oder Dienstleistungen. Auf Grund der vielen verschiedenen denkbaren (und realisierten) Varianten des Franchising, die sich je nach genauer Vertragsausgestaltung an andere Vertriebskonzepte, wie zum Beispiel

Alleinvertriebsverträge anlehnen können, ist eine weltweit einheitliche Definition von Franchising bislang nicht in Sicht. Der Deutsche Franchise Verband hat folgende Begriffsbestimmung erarbeitet:

„Franchising ist ein vertikal-kooperativ organisiertes Absatzsystem rechtlich selbständiger Unternehmen auf der Basis eines vertraglichen Dauerschuldverhältnisses. Dieses System tritt am Markt einheitlich auf, und wird geprägt durch das arbeitsteilige Leistungsprogramm der Systempartner, sowie ein Weisungs- und Kontrollsystem eines systemkonformen Verhaltens. Das Leistungsprogramm des Franchisegebers ist das Franchise-Paket. Es besteht aus einem Beschaffungs-, Absatz- und Organisationskonzept, dem Nutzungsrecht an Schutzrechten, der Ausbildung des Franchisenehmers und der Verpflichtung des Franchisegebers, den Franchisenehmer aktiv und laufend zu unterstützen und das Konzept ständig weiterzuentwickeln. Der Franchisenehmer ist im eigenen Namen und für eigene Rechnung tätig; er hat das Recht und die Pflicht, das Franchise-Paket gegen Entgelt zu nutzen. Als Leistungsbeitrag liefert er Arbeit, Kapital und Information." (Skaupy 1995, S. 8). Diese Definition wird im folgenden als Format-Business-Franchising als Arbeitsgrundlage verwendet.

2.2 Business-Format-Franchising bei Banken

Nach der vorgenannten Definition des Franchising wäre eine Übertragung auf das Bankgewerbe nach folgender Form möglich: Die Bank ist der Franchisegeber, die einzelnen Filialleiter der Zweigstellen die Franchisenehmer, die rechtlich selbständige Vertriebsstellen unterhalten. Beide Parteien schließen einen langfristigen Vertrag über den Vertrieb von Bankdienstleistungen ab. Bei bestehenden Bankfilialen, die im Eigentum der Bank sind, wird der Franchisenehmer Teilhaber der Zweigstelle und des Mobiliars beziehungsweise übernimmt sie vollständig. Bei gemieteten Geschäftsräumen tritt der Franchisenehmer als neuer Mieter der Zweigstellen ein. Sofern das Mobiliar oder die Ausstattung der Zweigstelle erneuert werden muss, trägt der Franchisenehmer die Kosten.

Das Leistungspaket der Bank besteht aus der technischen Infrastruktur, dem Produktbündel, der Vorgaben der Filialausstattung, der Verkaufsunterlagen und der Nutzungsberechtigung der Markenrechte. Darüber hinaus verpflichtet sich die Bank durch Ausbildungsmaßnahmen die Mitarbeiter des Franchisenehmers und ihn selbst laufend zu schulen. Für die Inanspruchnahme dieser Leistungen erhält sie vom Franchisenehmer anteilige Erlöse aus dem Umsatz.

Beim Franchising für das Privatkundengeschäft sind einige rechtliche Besonderheiten zu beachten. Nichtfranchisierungsfähig sind grundsätzlich alle Dienstleistungen, deren Erbringung nur Personen, die entsprechende Examina absolviert und Zulassungen erhalten haben, persönlich gestattet ist, wie zum Beispiel Ärzte, Wirtschaftsprüfer, Notare usw. Dies bezieht sich jedoch nicht auf Hilfsdienste wie zum Beispiel Buchhaltung oder Datenservice. Vor diesem Hintergrund ist zu überlegen, wie die Vertragsverhältnisse zwischen Bank, Franchisenehmer und Kunden ausgestaltet werden können. Betrachtet man das Leistungsspektrum von Banken, so ist grundsätzlich zwischen Vermittlungsleistungen der Banken und eigenen (originären) Leistungen der Banken zu trennen, die in der

Bankbilanz ihren Niederschlag finden (vgl. Eilenberger 1996, S. 235 ff.). Bei den Vermittlungsleistungen der Bank, wie zum Beispiel Börsengeschäften oder die Vermittlung von Versicherungsleistungen erscheint das Franchisesystem weitgehend unproblematisch. Der Franchisenehmer tritt als Vermittler zwischen Kunde und Bank auf und erhält dafür einen Teil der Provisionen, die die Bank vereinnahmt. In der Beziehung zwischen Bank und Franchisenehmer ist lediglich die Frage der Provisionsaufteilung zu vereinbaren.

Die Frage der Möglichkeiten der Kreditvergabe, Kreditwürdigkeitsprüfung und Kreditüberwachung durch den Franchisegeber ist demgegenüber schwieriger zu beantworten. Zur Eingehung von Darlehensverbindlichkeiten ist eine entsprechende Genehmigung des Bundesaufsichtsamts für das Kreditwesen erforderlich, sodass allein die Bank die entsprechenden Rechte hat. Daher können Kredite im Rahmen eines Franchisesystems durch den Franchisenehmer ebenfalls nur vermittelt werden. Vertragspartner des Kreditnehmers bleibt die Bank. Gleiches gilt auch für alle anderen bilanzwirksamen Geschäfte wie das Hereinnehmen von Spareinlagen und Termingeldern oder das Kontokorrentgeschäft. Dadurch, dass der Franchisenehmer an die Informationssysteme der Bank angebunden ist, kann er direkt mit Hilfe dieser Systeme die entsprechenden Geschäfte als Vermittler tätigen. Eine Gegenbestätigung der bilanziell wirksamen Geschäfte, insbesondere der Kreditvergabe, durch die Bank erscheint jedoch unumgänglich. Voraussetzung für eine unbürokratische und schnelle Gegenbestätigung ist ein hohes Maß an Standardisierung der Geschäftsprozesse und insbesondere der Kreditvergabemodalitäten. Diese Standardisierung in der Abwicklung und insbesondere die Standardisierung des Vergabeprozesses ist bei vielen Banken heute schon im Rahmen von Kreditscoringsystemen implementiert. Kreditscoringsysteme sind Entscheidungssysteme die auf Grundlage eines bestimmten zu erreichenden Punktwerts die Annahme oder Ablehnung des Kreditantrages zur Folge haben. Die vom Kreditantragsteller zu erreichende Punktzahl hängt von seiner Bonität ab (vgl. hierzu näher Eilenberger 1996). Mit Hilfe dieser Systeme ist zum einen der Kreditentscheidungsprozess für den Franchisenehmer klar und transparent, zum anderen kann die Gegenbestätigung des Kreditvertrages bei Erreichen bestimmter Punktzahlgrenzen ohne Problem erfolgen. Werden seitens des Franchisenehmers Kreditanträge vermittelt, die außerhalb des Mindestpunktwert liegen, muss die Bank die Kreditvergabeentscheidung gesondert prüfen. Hinsichtlich der Risikokosten für die so ausgereichten Kredite können Vereinbarungen mit dem Franchisegeber dahingehend getroffen werden, dass er einen Teil der Risikokosten mit tragen muss und gegebenenfalls bei Kreditausfällen in bestimmter Höhe in Regress genommen wird.

Die Vergütung der Aktiv- und Passivgeschäfte ergibt sich für den Franchisenehmer aus der Differenz eines durch die Bank gestellten Verrechnungszinssatzes mit dem durch ihn realisierten Kundensatz. Je höher die weitergereichten Kreditzinsen an die Kunden und je niedriger die Verzinsung der hereingenommenen Spareinlagen und Termingelder, desto höher ist der Gewinnanteil des Franchisenehmers. Der Franchisenehmer hat auf Basis dieses Verrechnungsmodus die strategische Alternative, entweder hohe Volumina zu geringen Margen zu akquirieren oder zu hohen Margen weniger Volumina.

In einem Franchisesystem bleiben letztlich alle Leistungen, die üblicherweise auch heute durch die Zentralen der Banken durchgeführt werden (zum Beispiel bankaufsichtsrechtliche Meldungen, Risikosteuerung, Liquiditätsmanagement) bei diesen. Originäre Leistungen des Franchisenehmers sind damit Vertrieb, Beratung und Service. Gerade die Leistungen Beratung und Service sind es aber, die die Bank notwendigerweise benötigt, um dem Erfordernis der Kundenbindung zu genügen, und um sich im Wettbewerb zu profilieren. Gleichzeitig fallen diese Leistungen den Rationalisierungszwängen der Banken zum Opfer.

3. Vorteile des Franchising im Privatkundengeschäft von Banken

Als Vorteile des Franchising für das Privatkundengeschäft von Banken können das Arbeiten unter einer gemeinsamen Marke mit einheitlichem Marktauftritt und die Marktorientierung des Franchisesystems gesehen werden. Die Marktorientierung hat dabei zwei Aspekte. Zum einen kann durch Selbständigkeit des Franchisenehmers seine Motivation gesteigert werden, da er unmittelbar von seinem Erfolg profitiert. Zum anderen unterliegen die Leistungen der Bank gegenüber den Franchisenehmern und auch das Franchiseangebot der Bank selbst Marktbedingungen, die im folgenden näher betrachtet werden.

3.1 Gemeinsame Marke mit einheitlichem Marktauftritt

Ein wesentlicher Aspekt des Franchising ist das Arbeiten unter einer gemeinsamen Marke und einem gemeinsamen Kennzeichen. Alle Namen, Kennzeichen und Slogans sind wesentliche Bestandteile des Franchisesystems und gewährleisten somit einen einheitlichen Marktauftritt. Die nach außen sichtbare Wirkung des Franchising entspricht zwar weitgehend einem Filialsystem. Das Marketingkonzept kann aber durch Franchising meist erfolgreicher durchgesetzt werden, da der Franchisegeber vertraglich an die Anweisungen der Bank gebunden ist. Die in der Praxis von Filialbetrieben oft anzutreffende Autonomie der Entscheidungen der örtlichen Filialleiter kann in einem Franchisesystem, je nach Vertragsgestaltung unterbunden werden. Auch können die Franchisenehmer vertraglich gezwungen werden, an allen Marketingaktionen des Franchisegebers teilzunehmen. Dadurch kann sich die Bank von Marketingkosten zum Teil entlasten, wenn die Aufwendungen an die Franchisenehmer weitergegeben werden. Gleichzeitig entsteht durch die Franchisenehmer auch eine Kontrollinstanz für vertriebsorientierte beziehungsweise vertriebsfördernde Marketingaktionen. Zentralerseits initiierte Marketingaktionen, die mittelbar oder unmittelbar keine Vertriebsunterstützung leisten, werden auf den Widerstand der Franchisenehmer treffen und nicht realisiert werden können. Dies leistet einen Beitrag zur Erfolgsorientierung der Marketinganstrengungen von Banken.

Im Gegensatz zu anderen Vertriebssystemen, wie zum Beispiel Vertragshändlersystemen, ist die Organisation und die Führung des Franchisevertriebssystems klar und straff geregelt. Der Franchisevertrag regelt unter anderem die Anforderungen an die äußere und innere Ausstattung der Betriebe, den Ablauf der Geschäfte, die Formation der Franchisenehmer und schafft so die Voraussetzungen für einen einheitlichen Marktauftritt. Der Franchisenehmer kann sich damit allein auf den Verkauf und die Beratung konzentrieren. Alle Verhaltensweisen der Franchisenehmer werden, soweit notwendig, in Handbüchern und Anleitungen verbindlich geregelt. Durch Testkäufe und Kontrollen besteht für den Franchisegeber die Möglichkeit, die Qualität der Dienstleistungen permanent zu überwachen. Damit besteht für die Bank die Möglichkeit, einheitliche Qualitätsstandards in allen Zweigstellen einzuführen und durchzusetzen.

3.2 Marktorientierung des Franchisesystems

Basis der Marktorientierung des Franchisesystems, und damit Basis für den Unterschied zu den traditionellen Vertriebssystemen ist die rechtliche Selbständigkeit des Franchisenehmers und seiner gleichzeitigen vertraglichen Bindung an die Bank. Durch die rechtliche Selbständigkeit des Franchisenehmers hat die Bank den Vorteil, dass ein Teil des geschäftlichen Risikos auf den Franchisenehmer übergeht. Der Franchisenehmer hat in der Regel eine Abschlussgebühr für das zur Verfügung gestellte Konzept zu zahlen und darüber hinaus einen Beitrag zur Ausstattung der Verkaufsräume zu leisten. Hierdurch kann ein nicht unerheblicher Finanzierungseffekt für den Franchisegeber entstehen, da Aufwendungen für die Ausstattung der Verkaufsräume und die Kosten der Miete der Zweigstelle an den Franchisegeber übertragen werden können. Legt man die Anzahl der Zweigstellen von 800 bis 1 400 der großen deutschen Geschäftsbanken zu Grunde und unterstellt man weiter, dass jede zweite Zweigstelle langfristig als Franchise betrieben wird, so ergibt sich bei 100 000 DM Beteiligung jedes Franchisenehmers bereits ein Finanzvolumen zwischen 400 und 700 Millionen DM, das durch das Franchisekonzept der Bank zur Verfügung gestellt wird. Zusätzlich beteiligt sich der Franchisenehmer an den laufenden Kosten des Franchisegebers, zum Beispiel für Verkaufsförderung, Werbung, Schulung etc. wodurch nochmals das Budget des Systemgebers entlastet wird. Ein weiterer Vorteil für den Franchisegeber ist die Abwälzung des Verlustrisikos der Zweigstelle auf den Franchisenehmer. Darüber hinaus ist es die Aufgabe des Franchisenehmers, geeignetes Personal auszuwählen und einzustellen. Die Bank wird dadurch von nicht unerheblichen Lohnkosten für das Personal befreit, gleichzeitig trägt der Franchisenehmer das Risiko von Fehlzeiten und unausgenutzten Personalkapazitäten.

Der Franchisenehmer hat durch die Selbständigkeit den weiteren Vorteil, von seinen Leistungen in höherem Maße zu profitieren. Er ist nicht mehr Angestellter der Bank, der ein von seinen Anstrengungen weitgehend unabhängiges Gehalt bezieht, sondern er ist Unternehmer in seinem Marktgebiet und damit unmittelbar an seinem eigenen Erfolg maßgeblich beteiligt. Für den Franchisenehmer besteht somit ein wirkungsvolles Anreizsystem, um die zur Verfügung gestellten Produkte beziehungsweise Dienstleistungen systemgerecht zu verkaufen. Darüber hinaus bietet die Bank dem Franchisenehmer die Möglichkeit, von ihrem Know-how, ihrer Marke und ihrem Marktstanding zu profitieren und ermöglicht dem Franchisenehmer, seine Anstrengungen auf den Vertrieb und die Kundenbindung zu konzentrieren.

Die Anforderungen im Privatkundengeschäft aus Kundensicht, wie zielgruppengerechte Kundenansprache, eine hohe Bankstellendichte, bequeme Öffnungszeiten, können mit Hilfe des Franchisingkonzeptes realisiert werden, ohne seitens der Bank die Nachteile hoher Kosten in Kauf nehmen zu müssen. Da der Franchisenehmer selbständiger Unternehmer ist, kann er die ihm zur Verfügung stehenden Freiräume (zum Beispiel flexible Öffnungszeiten) nutzen, um auf die lokalen Gegebenheiten zu reagieren. Damit der Franchisegeber den Kundenwünschen entsprechende Produkte anbieten kann, wird er durch den Franchisenehmer regelmäßig über den Verkaufserfolg, Mängel und Verbesserungspotenziale aller Produkte und Dienstleistungen informiert.

Durch die Einführung eines Franchisesystems entsteht bei der Frage der Schließung oder Eröffnung ein marktorientierter Prozess. Der Franchisenehmer, der die Marktchancen in einem bestimmten regionalen Marktgebiet besser einschätzen kann als ein Planungsstab in einer Bankzentrale, trägt ein erhebliches Risiko bei der Eingehung der Franchisevereinbarung. Er wird daher nur dann in den Franchisevertrag eintreten, wenn er aufgrund seiner Kenntnis des lokalen Marktes vom langfristig zu realisierenden Erfolg überzeugt ist. Demgegenüber liegen den Entscheidungsprozessen über die Eröffnung oder Schließung von Bankfilialen in Bankzentralen meist nur statistische Informationen über das Marktgebiet zu Grunde (zum Beispiel Einkommenskennzahlen, Arbeitslosenstatistik) die über die tatsächlichen mikrogeografischen Verhältnisse vor Ort nicht immer alle relevanten Informationen liefern. Aus diesem Grund ist es nicht ausgeschlossen, dass Bankzweigstellen geschlossen werden, weil sie nicht zur Betrachtungszeitpunkt profitabel sind und die statistischen Marktdaten keinen Erfolg erwarten lassen. Tatsächlich ist aber zu prüfen, ob nicht bei genauer spezifischer Marktkenntnis und Engagement des Franchisenehmers diese Zweigstellen erfolgreich weitergeführt werden könnten.

Ein weiterer Vorteil liegt in der Möglichkeit der Expansion der Bank (vgl. hierzu auch Ludewig 1995, S. 23), ohne die dafür notwendigen Investitionen, zum Beispiel in die Filialausstattung und das Personal, zu tätigen. Gerade im Hinblick auf eine Internationalisierung des Privatkundengeschäfts, die eine flächendeckende Filialpräsenz im Ausland voraussetzt, kann das Franchisesystem wertvolle Hilfestellung leisten, da das hierfür notwendige Investitionsvolumen auf ein Minimum reduziert, gleichzeitig aber den Kunden ein Paket aller gewünschten Produkte und Dienstleistungen angeboten werden kann. Bei einer geplanten Expansion einer Inlandsbank können zum einen die Erlöse aus dem Verkauf der bisherigen Zweigstellen im Inland zur Finanzierung der Expansion herangezogen werden, zum anderen werden die Investitionsaufwendungen zum Teil auf die Franchisenehmer abgewälzt. Markteintrittsbarrieren im Privatkundengeschäft in Form von hohen Anfangsinvestitionen in Vertriebsstellen können auf diese Weise abgemildert werden.

4. Problemfelder und Konfliktpotenziale des Franchising

4.1 Personalrekrutierung

Die Problemfelder und Konfliktpotenziale bei der Übertragung des Franchisingsystems auf Banken ergeben sich vor allem durch das Problem der Auffindung und Auswahl geeigneter Zweigstellenleiter, die nicht nur die fachliche Qualifikation haben, sondern auch die Bereitschaft zeigen müssen, als selbständige Unternehmer tätig zu werden. Grundsätzlich sind an den Franchisenehmer die gleichen fachlichen Anforderungen wie an die Zweigstellenleiter der Banken zu stellen. Die Rekrutierung der Franchisenehmer aus den bei der Bank bereits angestellten Zweigstellenleitern scheint jedoch schwierig. Es ist anzunehmen, dass für diejenigen Kandidaten mit hoher Qualifikation und Erfahrung, die auf Grund ihres fortgeschrittenen Alters bereits über vergleichsweise hohe Grundgehälter verfügen, kein ausreichender Anreiz für das in Kauf zu nehmende Risiko der Selbständigkeit erbracht werden kann. Demgegenüber werden die Kandidaten mit niedrigeren Gehältern eher die Bereitschaft zur Selbständigkeit zeigen – allerdings ist bei diesen Kandidaten die Erfahrung mit dem Geschäftsbetrieb meist geringer. In der Realität wird sich deshalb nicht bei allen Filialen eine Franchiselösung als mögliche Handlungsoption erschließen.

Eine Möglichkeit zur Lösung des Personalrekrutierungsproblems könnte die Ausbildung von zukünftigen Franchisenehmern durch die Bank selbst sein. Im Rahmen ihrer eigenen Mitarbeiterförderung und Mitarbeiterweiterbildung ist sie ohnehin an der Heranbildung von künftigen Zweigstellenleitern interessiert. In diesem Rahmen wäre es möglich, auch geeignete Kandidaten für die Aufgabe als Franchisenehmer vorzubereiten.

4.2 Leistungsverrechnung zwischen Franchisegeber und -nehmer

Ein Konfliktpotenzial bei Franchisesystemen im Privatkundengeschäft besteht bei der Verrechnung der Leistungen im bilanziellen Geschäft der Bank mit den Franchisenehmern. Da die Bank im Rahmen ihrer Aktiv-Passiv-Steuerung auch die Einhaltung der aufsichtsrechtlichen Liquiditäts- und Risikogrundsätze (vgl. Süchting/Paul 1998, S. 455 ff.) beachten muss, kann es für die Bank zweckmäßig sein, den Franchisegebern die aktuellen Geld- und Kapitalmarktsätze nicht immer mit konstanten Margenaufschlägen weiterzugeben. Besteht beispielsweise bei der Bank ein Überhang im Aktivgeschäft der nach den bankaufsichtsrechtlichen Normen durch entsprechende Eigenmittel oder Einlagen zu unterlegen ist, ist die Bank gezwungen, die Verrechnungssätze für Kredite und Spareinlagen gleichzeitig anzuheben. Für Zweigstellen mit hohem Passivgeschäftsanteil ergibt sich dadurch ein Vorteil (da Spareinlagen auf Grund der höheren Zinssätze leichter akquiriert werden können), für Zweigstellen mit hohem Aktivgeschäftsanteil ergibt sich ein Nachteil (da die Kredite teurer werden, oder aber die Kreditmargen für die Zweigstelle sinken). Vor diesem Hintergrund können die Verrechnungszinssätze für die Franchisenehmer auch von den Geld- und Kapitalmarktzinssätzen abweichen. Dies führt zu einem latenten Konfliktpotenzial, da die Erträge der Franchisenehmer somit von den geschäftspolitischen Entscheidungen der Bank maßgeblich beeinflusst werden können.

Ein weiteres Konfliktpotenzial ergibt sich aus der Verrechnung von Leistungen die – auf Grund der Marktgegebenheiten – unter den Selbstkosten der Bank abgegeben werden, die aber für die Geschäftsbeziehung unumgänglich sind, da sich Cross-Selling-Potenziale eröffnen (vgl. hierzu auch Schlechthaupt/Gygax 1998, S. 481 ff.). Dies ist typischerweise bei Girokonten der Fall, die gegen eine geringe monatliche Grundgebühr oder sogar teilweise kostenlos angeboten werden. Stellt die Bank dem Franchisegeber die tatsächlich bei ihr durch die Girokontenführung angefallenen Kosten zuzüglich eines Gewinnaufschlages in Rechnung, so entstehen Verteilungskonflikte bei den Franchisenehmern, wenn die Kunden ihre Geschäft nicht alle bei der gleichen Zweigstellen durchführen. Führt Zweigstelle A beispielsweise das Girokonto des Kunden und nimmt der Kunde bei Zweigstelle B den Ratenkredit in Anspruch, so entsteht für die Bank insgesamt ein Vorteil aus der Geschäftsbeziehung durch die ausgenutzten Cross-Selling-Potenziale, aber gleichzeitig ein Verteilungskonflikt zwischen den Franchisenehmern. Der Franchisenehmer in dessen Zweigstelle das Girokonto geführt wird, erwirtschaftet negative Deckungsbeiträge, der erwartete Profit aus Cross-Selling-Potenzialen fällt aber nicht bei ihm an. Dieses Problem kann zwar zunächst durch interne Leistungsverrechnung der beiden Franchisenehmer geregelt werden, indem zum Beispiel die Marge des Kreditgeschäfts auf beide aufgeteilt wird. Zu Konflikten führt aber der nicht ordnungsgemäß zurückgeführte Kredit, wenn nämlich die Bank dem kreditvergebenden Franchisenehmer einen Teil der Ausfallkosten belastet, dieser aber im Gegenzug nicht in den Genuss der vollen Marge gekommen ist. Aus diesen Überlegungen wird klar, dass insbesondere im Aktivgeschäft von Banken das Franchisesystem über eine Vielzahl von interessenausgleichenden Regelungen verfügen muss.

5. Fazit

Franchising hat sich in der Vergangenheit als flexibles und universell einsetzbares System zur Gestaltung von Vertriebswegen in vielen Branchen bewährt. Der große Vorteil des Systems liegt in der Möglichkeit, die Leiter von Vertriebsstellen zu Unternehmern zu machen und damit zum einen die Leistungen des Franchisegebers realen Marktbedingungen auszusetzen, indem die Franchisenehmer eben diese Leistungen mitfinanzieren müssen. Zum anderen sind die Zweigstellenleiter selbst langfristig an den Standort gebunden – durch den Vertrag mit dem Franchisegeber und durch die eigenen Investitionen. Dies führt zu mehr Konstanz in den Kundenbeziehungen, da zumindest ein Ansprechpartner für die Kunden dauerhaft zur Verfügung steht. Darüber hinaus ist der Franchisenehmer durch seine langfristige Bindung an den Geber auch an langfristig profitablen Geschäftsbeziehungen mit seinen Kunden interessiert – eine Tatsache, die in bestehenden Bankfilialsystemen nicht immer der Fall ist. In Bezug auf die aufgeworfenen Probleme und der

Risikoübernahme bei Krediten wird wohl die Frage der Leistungsverrechnung zwischen Franchisegeber und -nehmer einer der entscheidenden Erfolgsfaktoren für den Aufbau eines Franchisesystems sein. Soweit bei einzelnen Banken Systeme der internen Leistungsverrechnung auf Filialebene implementiert sind, kann auf diesen Systemen aufgebaut werden, auch wenn die aufgeworfenen Probleme noch nicht umfassend erfasst und gelöst sind. Kritischer Punkt bleibt bei der Einführung eines Franchisesystems letztlich die Rekrutierung geeigneter Franchisenehmer. In der Summe erscheint jedoch das Franchising als sinnvoller Weg der Organisation von stationären Vertriebsstellen, der den bisherigen bankeigenen stationären Vertriebsorganisationen in vielen Facetten überlegen ist.

Literaturhinweise

EILENBERGER, G., Bankbetriebswirtschaftslehre, 6. Auflage, München, Wien 1996.
EMMONS, T., The American Franchise Revolution. A New Management Thrust, New Post Beach 1970.
LUDEWIG, S., Franchisekonzepte für Finanzdienstleistungsunternehmen, in: Institut für Finanz- und Aktuarwissenschaften, Ulm, 1995.
SCHLECHTHAUPT, W. und GYGAX, M., Kundenbindung mit Bonus-Banking, in: Betsch, O. et al (Hrsg.), Handbuch Privatkundengeschäft, Frankfurt, 1998, S. 481–502.
SKAUPY, W., Franchising – Handbuch für die Betriebs- und Rechtspraxis, 2. Aufl., München, 1995.
SÜCHTING, J. und PAUL, S., Bankmanagement, 4. Aufl., Stuttgart, 1998.

Finanzdienstleistungen entlang der automobilen Wertschöpfungskette

Rainer Blank

1. Wandel des Finanzmarktes

1.1 Entwicklung

Die Bankenlandschaft befindet sich bereits seit einiger Zeit im Umbruch. Bedingt durch die rasant wachsende technische Entwicklung werden die Institute mit neuen Herausforderungen konfrontiert. Insbesondere gilt dies für den derzeitigen Siegeszug des Internets, dessen zunehmende Akzeptanz die Nutzung weiterer Kommunikations- und Vertriebskanäle ermöglicht. Denn kaum eine Branche wird von der Ausweitung des Internets so intensiv und umfassend beeinflusst wie der Finanzsektor. Die Gründe liegen in der leichten Vergleichbarkeit und Digitalisierbarkeit von Finanzprodukten und -dienstleistungen sowie der globalen Ausrichtung der Kapitalmärkte.

Mit der schnelleren Verfügbarkeit von Informationen und der größeren Transparenz von angebotenen Dienstleistungen wachsen aber auch die Ansprüche der Kunden an ihre Bank. Von ihnen sind immer mehr in der Lage, über das WorldWideWeb Bankgeschäfte unabhängig von Öffnungszeiten vom heimischen Schreibtisch abwickeln zu können. Waren bisher die regionale Nähe und die persönliche Beziehung zum Berater einer Bank die entscheidenden Gründe für die Wahl des Instituts, so rücken heute andere Faktoren stärker in den Vordergrund:

- jederzeitige Erreichbarkeit ohne Bindung an bestimmte Öffnungszeiten,
- günstigere Konditionen für die Abwicklung von Bankgeschäften,
- schnelle Ausführung von Aufträgen,
- direkter Zugriff auf relevante Informationen,
- größere Transparenz der Produktpalette.

Um diesen veränderten Kundenwünschen gerecht zu werden, hat sich unter Einbeziehung der neuesten technischen Möglichkeiten der Trend zur Direktbank entwickelt. Zwar wurde mit der Allgemeinen Deutschen Direktbank das früheste Institut bereits 1965 gegründet, aber erst seit Anfang der 90er Jahre begann mit einer Fülle von Neugründungen der anhaltende Boom. Als eine der ersten hat die Volkswagen Bank das Potenzial der veränderten Marktsituation erkannt und ist 1990 mit der Aufnahme des Einlagengeschäfts und der Einführung des Volkswagen/Audi Card Systems in das Direktbanksegment eingestiegen.

Die Direktbanken unterscheiden sich von den klassischen Universalbanken durch den Verzicht auf teure und weitverzweigte Filialnetze. Zu erreichen sind sie über die Kommunikationswege Telefon, Fax und zunehmend das Internet. Doch die klaren Vorteile dieser Strategie zwingen auch die etablierten Universalbanken, tief greifende und kostspielige Anpassungsprozesse im Retail-Banking vorzunehmen. Sie erweitern ihre Angebotspalette um Dienstleistungen, die online wahrgenommen werden können. Viele gründen gleichzeitig Tochtergesellschaften, die sich ganz dem Direktbankgeschäft beziehungsweise dem Discount-Brokerage widmen. Discountbroker konzentrieren sich bevorzugt auf das Brokerage, also den Kauf und Verkauf von Wertpapieren, ohne dabei aber das weitere Spektrum der Direktbanken aus dem Auge zu verlieren. Allerdings wenden sie sich überwiegend an den gut informierten, zielsicheren Kunden, der lediglich seine Aufträge schnell und zuverlässig ausgeführt haben will, sodass sie weitestgehend auf Beratungsleistungen verzichten. In jüngster Zeit entwickelt sich in diesem Bereich sogar eine Tendenz zur reinen Internetbank. Diese Anbieter setzen ausschließlich auf Online-Produkte, die über andere Kommunikationswege gar nicht zu beziehen sind.

Die Vielzahl neuer deutscher Finanzdienstleister und die strategische Erweiterung bereits bestehender Häuser führt zu einem erheblichen Konkurrenzdruck. Darüber hinaus drängen europäische und amerikanische Mitbewerber auf den Markt. Und auch von Seiten einiger großer Versicherungskonzerne ist zu hören, dass sie die Gründung einer eigenen Direktbank zur Absatzförderung ihrer Produkte planen. Für die Zukunft bedeutet das: Der bisher schon sehr wettbewerbsintensive Finanzmarkt der Direktbanken wird sich weiter verschärfen. Um sich in diesem Umfeld zu behaupten, ist eine klare strategische Positionierung gefragt.

1.2 Perspektiven

In den kommenden Jahren werden in Europa vor allem die Bankgeschäfte, die außerhalb der Filialschalter getätigt werden, erheblich zunehmen. Auf Grund des erreichten hohen Technologiestandards und der konsequenten Ausweitung der Finanzdienstleistungen dürften grundsätzlich alle Direktbanken von diesem Wachstum profitieren. Zur Zeit werden die Bankgeschäfte noch vorwiegend über das Medium Telefon abgewickelt. Darüber hinaus verwenden allein in Deutschland bereits über vier Millionen Bundesbürger mit Internetzugang ihren Anschluss auch für die Abwicklung von Finanztransaktionen. Verschiedenen Untersuchungen zufolge verfügen bis zum Jahr 2002 zwischen 27 und 33 Millionen Verbraucher über einen Onlineanschluss. Nach Schätzungen werden davon dann rund zwölf Millionen die Möglichkeit nutzen, Bankgeschäfte über das Internet abzuwickeln.

Und auch im übrigen Europa wächst die Zahl der direktbankaffinen Kunden ständig. Vor allem Spanien, Italien, Frankreich und Großbritannien gehören dort zu den attraktivsten Märkten. Vor diesem Hintergrund und der fortschreitenden Internationalisierung des Kapitaltransfers wird die Ausweitung und Etablierung der Direktbanken auf europäischer Ebene zu einem wichtigen und interessanten Aspekt. Deshalb wird die Volkswagen Bank direct mit ihren Produkten dem bereits erfolgreich im Ausland gestarteten Leasing- und Finanzierungsgeschäft der Volkswagen Bank und Volkswagen Leasing folgen.

Sowohl für den Ausbau der Stellung im Wettbewerb des Heimatlandes als auch für die Expansion in andere Märkte kommt der strategischen Positionierung einer Direktbank enorme Bedeutung zu. Entscheidende Faktoren sind dafür die Ansprache einer konkreten Zielgruppe, die angebotene Produktpalette sowie die Beratungs- und Serviceintensität. Diese Dimensionen eröffnen dem jeweiligen Anbieter die Möglichkeit, sich von den Konkurrenten abzusetzen und eine Differenzierung im Wettbewerb zu etablieren. Studien von Roland Berger & Partner zufolge, zeichnen sich dabei drei grundsätzliche strategische Modelle ab:

1. Relationship-Manager,
2. Needs-Specialist und
3. Deep-Discounter.

Der Fokus des **Relationship-Managers** liegt auf dem Management der Kundenbeziehung mit dem Ziel, eine langfristige und profitable Verbindung aufzubauen. Er positioniert sich klar im Segment der Fullserviceanbieter mit hoher Beratungs- und Serviceintensität. Sein Bestreben ist es, die Hauptbankverbindung des Kunden zu werden. Die Zielgruppe sind Kunden mit hohem Finanzpotenzial, um entsprechend hohe Kundendeckungsbeiträge zu erzielen. Denn nur bei ausreichender Finanzkraft zahlt sich der hohe Level an Beratungs- und Serviceleistungen letztlich aus. Das Produktspektrum ist mit dem Angebot der traditionellen Filialbanken vergleichbar, um alle Kundenwünsche abzudecken und dessen Hausbank zu werden. Der entscheidende Erfolgsfaktor in diesem Modell ist dabei der persönliche Kundenbetreuer.

Im Unterschied dazu konzentriert sich der **Needs-Specialist** auf das Management von spezifischen Kundenbedürfnissen. Er deckt das Spektrum der Geldanlage und Finanzierung ab. Die Differenzierung erfolgt über innovative Produkte und objektive Beratung mit dem Ziel, sich vom reinen Preiswettbewerb abzusetzen. Kernprodukte sind dabei Sparanlagen und Fonds, ergänzt um Altersvorsorgeinstrumente und Versicherungsangebote. Zusätzliche Serviceleistungen, zur Stärkung der Kundenbindung runden die Produktpalette ab. Die Konzentration auf profitable Produkte und die Differenzierung über Beratungsdienstleistungen sprechen ein breiteres Kundensegment an. Erfolgsfaktoren in diesem Modell sind vor allem innovative Produktbündel, die intensive Analyse der Kundenbedürfnisse sowie die Integration der Erkenntnisse in Produktentwicklung und Marketing. Darüber hinaus entscheidet auch die angebotene Beratungs- und Servicequalität über den Erfolg dieser Strategie.

Der **Deep-Discounter** schließlich beschränkt sich auf die Abwicklungsfunktion, ohne Beratungsleistungen anzubieten. Das Portfolio weist einen hohen Standardisierungsgrad auf, um effiziente interne Prozesse zu ermöglichen und eine überlegene Kostenposition zu erreichen. Der Erfolgsfaktor dieser Positionierung geht insbesondere auf eine permanente Verbesserung der Kostenstruktur über die Realisierung von Größen- und Verbundeffekten zurück.

2. Positionierung der Volkswagen Bank direct

Im Rahmen dieser strategischen Modelle ist die Volkswagen Bank direct im Bereich des Needs-Specialist anzusiedeln. Gestartet als Geschäftsbereich der Volkswagen Bank war sie von Beginn an mit der Vollbank-Lizenz ausgestattet. Konzipiert als Spezialbank im automobilen Umfeld entwickelt sie sich mit der Erweiterung des Produktspektrums – auch durch Kooperationen mit Anbietern anderer spezieller Finanzdienstleistungen – und der gezielten Ansprache breiterer Kundensegmente in die Richtung, eine der Banken an der Seite des Kunden zu sein. Weil dabei von Anfang an die Kundenbedürfnisse im Vordergrund standen, erfolgte die Gründung als reine Direktbank ohne Filialnetz, sodass die Kostenvorteile an den Kunden weitergegeben werden können.

2.1 50 Jahre Volkswagen Finanzdienstleistungen

Bereits 1949 ist der Volkswagen-Konzern mit der Gründung der Volkswagen Finanzierungsgesellschaft mbH, Vorläuferin der heutigen Volkswagen Bank GmbH, in das Finanzdienstleistungsgeschäft eingestiegen. Sie trat vorrangig als Absatzförderer für die Konzernmarken auf. Den Konsumentenkredit an Privatkunden zur Anschaffung eines Automobils gab es zu jener Zeit noch nicht. Diese Marktlücke hat man bei Volkswagen als Erster erkannt und die „Bank zum Auto" gegründet. So konnte der Wunsch der Bevölkerung nach einem eigenen Fahrzeug, der ansonsten meist an der finanziellen Liquidität der Kunden gescheitert wäre, erfüllt werden. Damit trug die Volkswagen Bank wesentlich zur Massenmotorisierung in den Jahren des Wirtschaftswunders bei.

1966 hob VW die Volkswagen Leasing GmbH aus der Taufe. Damit war man der erste Hersteller in Deutschland, der diese neue Methode der Fahrzeugbeschaffung aus Amerika übernahm. Die Idee des Leasings war damals hierzulande noch völlig neu.

Der Einstieg in den Direktvertrieb von Finanzprodukten erfolgte 1990 mit der Einführung des Volkswagen/Audi Card Systems und der Aufnahme des Einlagengeschäfts. Mit diesem Meilenstein wurde das erste Direct-Banking-Konzept einer Autobank kreiert. Die Volkswagen Bank etablierte sich als innovativer Finanzdienstleister der Automobilwirtschaft.

Innerhalb der Bank, die ihrerseits heute bereits über eine Million Finanzierungsverträge abgeschlossen hat, entwickelt sich das Direktbankgeschäft außerordentlich erfolgreich. Von 1997 an präsentiert sich dieser Geschäftszweig als Volkswagen Bank direct mit eigenständigem Profil. Mittlerweile vertrauen über 410 000 Kunden der Volkswagen Bank direct Einlagen von mehr als 7,5 Milliarden Mark an. Damit gehört sie zu den Großen der Branche.

Durch die Übernahme sämtlicher Anteile der Volkswagen Versicherungsdienst GmbH (VVD) und die Gründung der international fleet management GmbH (ifm), die Komplettlösungen für den multinationalen Fuhrpark offeriert, wird das Spektrum der Finanzdienstleistungen rund um das Fahrzeug im Rahmen der Dachgesellschaft abgerundet.

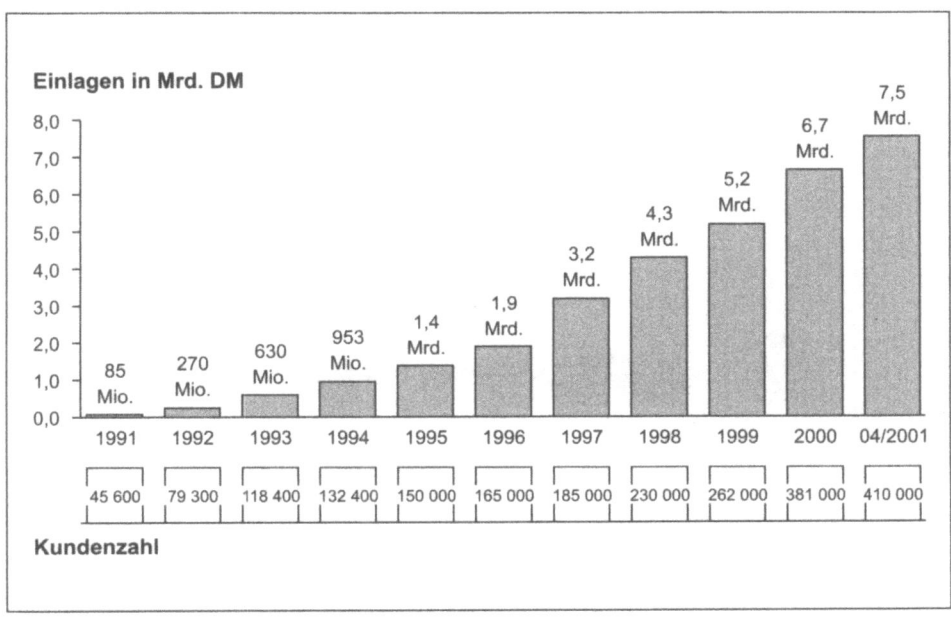

Abbildung 1: Entwicklung der Einlagen und Anzahl der Kunden seit 1992

2.2 Ergänzung der automobilen Wertschöpfungskette

Warum leistet sich ein Automobilhersteller eine Direktbank, und wie ist man überhaupt auf die Idee des Direktvertriebs gekommen? Um diese Fragen beantworten zu können, muss man sich die Idee der „Bank zum Auto" anschauen. Der Grund für alle Aktivitäten der Volkswagen Bank ist die Absatzförderung der Produkte des Volkswagen-Konzerns. In der heutigen Zeit haben sich die Kundenwünsche und -erwartungen jedoch einschneidend geändert. Der Kunde kauft nun zunehmend nicht mehr nur ein Kernprodukt, das Automobil, sondern erwartet gleichzeitig auch Dienstleistungen, die in einem logischen Verbund zum Kernprodukt stehen. Dadurch ergibt sich mehr und mehr eine Loslösung von der reinen Produktorientierung hin zur Bedürfnisorientierung.

Das heißt konkret: In der Regel steht hinter dem Wunsch, ein Auto zu besitzen, das Bedürfnis, mobil zu sein. So bietet die Volkswagen Bank ihren Kunden nicht nur automobile Mobilität, sondern ergänzt diese durch finanzielle Mobilität. In diesem Rahmen stellen die Finanz- und Servicedienstleistungen der Direktbank – beispielsweise mittels attraktiver Geldanlagekonditionen, Sparplänen, Investmentfonds oder Kreditkarten mit interessanten Reise-Zusatzleistungen – eine sinnvolle Erweiterung der Konzernstrategie dar.

Ergänzend zur originären Aufgabe der Absatzförderung wurde für das Finanzdienstleistungsgeschäft ein neuer Ansatz entwickelt und mit Leben erfüllt: die automobile Wertschöpfungskette. Während Finanzierungs- und Leasingprodukte unmittelbar bei Erwerb eines Fahrzeugs nachgefragt werden, können Kunden mit Direktbank-Produkten über die Laufzeiten von Leasing- und Finanzierungsverträgen hinaus an den Volkswagen-

Konzern gebunden werden. Mit speziellen Produkten wie beispielsweise dem Auto-Ansparplan ist es sogar möglich, diese schon vor der eigentlichen Kaufentscheidung an den Konzern heranzuführen und zu binden. Und schließlich können mit dem Spar- und Geldanlagespektrum oder auch Baufinanzierungen der Direktbank ganz neue Kundenpotenziale jenseits der Autokäufer oder Fremdmarkenfahrer gebunden werden.

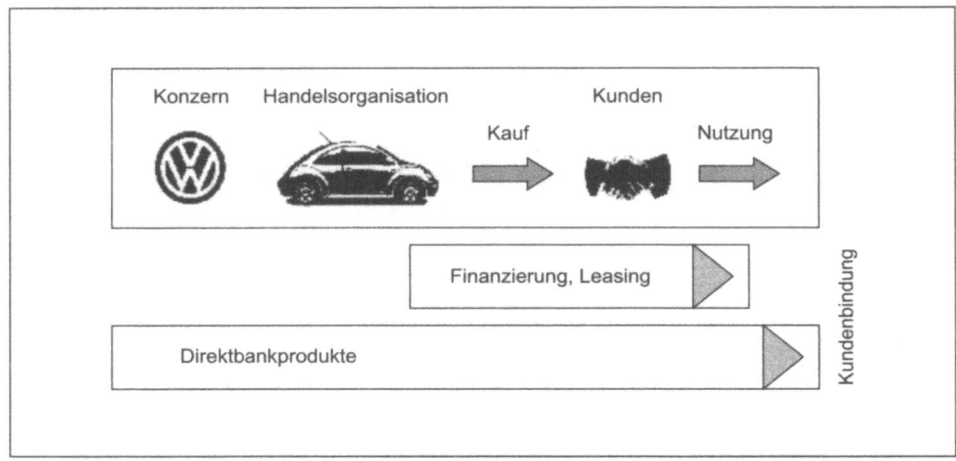

Quelle: VOLKSWAGEN BANK direct

Abbildung 2: Finanzdienstleistungen entlang der automobilen Wertschöpfungskette

Rahmen der Erweiterung der Wertschöpfungskette darf die Autobank nicht nur nach Antworten auf die Frage „Was möchte der Kunde erwerben" suchen, sondern sie muss sich auch um das „Wie" kümmern. Im Sinne einer One-Stop-Shopping-Strategie der Finanzdienstleistungen des Volkswagen-Konzerns wird dem Kunden daher beim Autokauf oder dem Erwerb anderer Produkte ermöglicht, alle damit verbundenen Mobilitäts-Dienstleistungen aus einer Hand zu erhalten. Das fängt bei der Fahrzeug-Finanzierung oder dem Leasing an und schließt heute bereits Kfz-Versicherungen und die Bankdienstleistungen der Volkswagen Bank direct mit ein. One-Stop-Shopping stellt somit die Bedürfnisse der Kunden vor das Produktangebot.

Zur Beantwortung der eingangs gestellten Fragen lassen sich als Gründe für den Einstieg und die Aufgaben des Direktbankgeschäfts zusammenfassen:

- Die Absatzfinanzierung der Volkswagen Bank kann zu günstigeren Konditionen im eigenen Hause refinanziert werden.
- Neue Ertragsquellen der Bank durch Teilnahme am rentablen Einlagen- und Provisionsgeschäft entstehen.
- Wechselseitiger Imagetransfer innerhalb des Konzerns zwischen Autohersteller und Finanzdienstleister ist möglich.
- Risikostreuung des Konzerns durch Aufbau eines weiteren Standbeins wird ermöglicht.

- Die Direktbank dient der Erweiterung des Finanzdienstleistungsprogramms des Volkswagen-Konzerns im automobilen Umfeld.
- Attraktive Produkte und hohe Servicequalität verstärken die Kundenbindung.
- Das Leistungsspektrum bietet dem Kunden eine sinnvolle Ergänzung seiner Mobilität.

2.3 Zielgruppen der Volkswagen Bank direct

Die Volkswagen Bank direct hat als Zielgruppe den „klassischen Direktbankkunden" im Visier. Darüber hinaus kann sie auf Grund ihrer besonderen Stellung als Auto-Direktbank auf zusätzliches Potenzial zurückgreifen. Ihr steht von Beginn an der Zugang zu konzernnahen Bevölkerungsteilen offen. Insbesondere die Mitarbeiter des Konzerns und deren Angehörige sind eine Zielgruppe von signifikanter Größe. Bereits über ein Viertel der Kunden der Volkswagen Bank direct sind Mitarbeiter des Konzerns. Diese Personengruppe hat grundsätzlich ein hohes Interesse an den Finanzdienstleistungsaktivitäten der konzerneigenen Bank. Auch für die Zukunft stellen die Mitarbeiter ein interessantes Potenzial dar, das auszuschöpfen ist.

Des Weiteren ist der Konzern in der Lage, auf die Handelspartner seiner Automarken samt deren Mitarbeiter zurückgreifen zu können. Darüber hinaus zielen die Aktivitäten der Direktbank auf schon bestehende Kundenkontakte aus dem Leasing- und Finanzierungsgeschäft. Nicht zu vergessen sind ebenfalls die Fahrer der konzerneigenen Automarken. All diesen Gruppen darf eine Affinität zu den Direktbankprodukten unterstellt werden. Selbstverständlich ist die Angebotspalette auch darauf ausgerichtet, ganz neue Kunden anzusprechen. Viele Fremdmarkenfahrer im Kundenstamm zeigen bereits erste Erfolge in dieser Richtung. Als vorrangiges Ziel bleibt daher festzuhalten, mehr und mehr Nicht-VW-Fahrer und Kleinsparer von der Qualität der Produkt- und Serviceleistungen der Volkswagen Bank direct zu überzeugen.

Die 350 000 Kunden der Volkswagen Bank direct honorieren die Strategie, den Kunden selbst in den Mittelpunkt des Handelns zu stellen und nicht eine Flut von unübersichtlichen und unausgereiften Produkten auf den Markt zu bringen. Durch ständigen Kontakt mit den Interessenten können so immer wieder deren Stimmungen und Bedürfnisse eruiert und in neue optimal abgestimmte Konzepte integriert werden.

2.4 Vertriebswege

Wie bereits im Rahmen der Analyse des Wandels im Finanzmarkt dargestellt, verzichten die Direktbanken auf ein kosten- und beschäftigungsintensives Filialnetz. Dadurch können die Einsparungen in Form von erheblich günstigeren Konditionen an die Kunden weitergegeben werden. Die wichtigsten Eckpfeiler des Vertriebskonzepts sind daher Telefon, Fax, Direct Mailing und natürlich die stark wachsenden Online-Medien. Diese intensive Kundenorientierung wird sich in Zukunft noch stärker in den neuen Produkten wiederfinden, beispielsweise im Angebot reiner Online-Konten oder von WAP-Banking.

Dabei profitiert die Volkswagen Bank direct auch von ihrer Eigenschaft als konzernzugehöriger Finanzdienstleister: Sie hat den Vorteil, auf das Händlernetz der Automarken als zusätzlichen, bereits vorhandenen und funktionierenden Distributionskanal zugreifen zu können. Der Händler fungiert als Vermittler von Finanzdienstleistungsprodukten an die Autokäufer. Darüber hinaus kann die Braunschweiger Direktbank die Verbindung zu den Autofahrern der eigenen Marken nutzen. Diese Möglichkeiten verlängern die Wertschöpfungskette des Konzerns rund um das Automobil ganz erheblich.

Trotz der rasanten technischen Entwicklung des Internets bleibt der Telefon-Service in Braunschweig das Herzstück der Volkswagen Bank direct. Ergänzend sind einige Beratungsstellen an den Werkstandorten des Konzerns eingerichtet worden und weitere geplant, um so nah wie möglich bei den Kunden zu sein. Der Kunde steht im Mittelpunkt und darf daher einen erstklassigen und kompetenten Service erwarten. Garantiert wird das konstant hohe Beratungsniveau durch die kontinuierliche Schulung und Ausbildung der Mitarbeiter.

2.5 Produkte und Dienstleistungen

Noch vor einiger Zeit hat sich die Volkswagen Bank direct als klassische Zweitbank in Ergänzung zur Hausbank definiert. Doch die veränderten Marktbedingungen, in denen Kunden weit mehr als nur eine Bankbeziehung unterhalten, führten zu einem Prozess des Umdenkens. Heute will sie „eine der Banken an der Seite des Kunden" sein. Dieser Wandel spiegelt sich in der erweiterten Produktpalette wider.

Für Privatkunden	
■ Kreditkarten	Volkswagen und Audi Kreditkarten mit Reise-Services (VISA +/oder EUROCARD/Master Card)
■ Geldanlage	Plus Konto (Tagesgeld), Festgeld, Plus, Sparbrief, Vario Sparbriefe
■ Sparen	Auto-Ansparplan, New-Beetle-Sparplan, Direkt-Sparplan, Ausbildungs-Sparplan
■ Kredite	Direkt-Kredit, Abruf-Kredit
■ Baufinanzierung	Hypotheken-Service
■ Investmentfonds	Vertrieb von ADIG-Fonds
Für Firmenkunden	Plus Konto Business, Volkswagen Euro Cash

Quelle: VOLKSWAGEN BANK direct

Abbildung 3: Produkte der Volkswagen Bank direct

Die automobile Mobilität wird um eine finanzielle Mobilität ergänzt. Aus diesem Grund ist ein wesentlicher Bestandteil der strategischen Überlegungen, die finanziellen Bausteine anzubieten, die solch eine Flexibilität gewährleisten. Die Produktstrategie der Volkswagen Bank direct lautet also: einfache, wenig erklärungsbedürftige, das heißt direktbankfähige Angebote – ganz nach dem Motto: transparent und mit klarem Profil.

Bei der Konzeption der einzelnen Segmente des Finanzdienstleistungsangebots fällt der Konditionenpolitik eine tragende Rolle zu. Aus Kundensicht sind günstige Konditionen bei gleichbleibender Beratungs- und Servicequalität das wichtigste Argument zur Akzeptanz der Produkte. Die Volkswagen Bank direct erteilt jedoch kurzfristigen Lockangeboten eine klare Absage und profiliert sich stattdessen mit nachhaltig guten Konditionen im oberen Drittel des Marktes.

2.5.1 Eigenkonzipierte Produkte

Der Startschuss für die Finanzdienstleistungen im Direktgeschäft der Volkswagen Bank direct fiel 1990 mit dem Angebot des Volkswagen/Audi Card Systems. Dahinter verbirgt sich ein Kreditkartendoppel von VISA Card und EUROCARD/MasterCard. Die Besonderheit dieser Konstruktion ist die Abrechnung über lediglich ein einziges Konto, obwohl die beiden Gesellschaften völlig getrennt voneinander operieren. Damit bietet die Volkswagen Bank direct dem Kunden die Möglichkeit, bargeldlos ein globales Zahlungsmittel zu haben, das bei täglicher Verfügbarkeit mit attraktiver Verzinsung aufwartet. Und dies auch noch in Verbindung mit dem Direct-Banking, das heißt, die Bankgeschäfte können außerhalb der üblichen Öffnungszeiten abgewickelt werden. Der innovative Ansatz des Kreditkartendoppels wurde 1998 nochmals um etliche „Reise-Services" erweitert, die beispielsweise Routenplanung, Reisebuchung oder das Ausstellen von Reiseschecks beinhalten. Über Kooperationspartner ist sogar der Abschluss von Reise-Versicherungen möglich.

Für Privatkunden bietet die Volkswagen Bank direct darüber hinaus eine sukzessive Erweiterung der Palette mit Tages- und Festgeldkonten, Sparplänen und Sparbriefen, die sämtlich eine Verzinsung im oberen Drittel der Marktbreite aufweisen. Demnächst wird auch ein Girokonto in das Spektrum aufgenommen. Als einer der wenigen Anbieter nennt die Volkswagen Bank direct bei Sparplänen und Sparbriefen dem Kunden im Prospekt nicht nur Nominalzinsen, sondern führt darüber hinaus für jede Anlagedauer die Rendite auf. Ein weiterer Beweis der klar nachvollziehbaren, transparenten Produktstrategie.

Geschäftskunden werden zusätzliche Dienstleistungen angeboten, wie etwa das Tagesgeldprodukt „Plus Konto Business" oder das System „Volkswagen Euro Cash" für Händler. Bereits mehr als 2 500 Konzern-Händler nutzen dieses Terminal, das schneller und kostengünstiger elektronische Zahlungsvorgänge abwickelt.

Hervorzuheben ist noch der bereits erwähnte Auto-Ansparplan. Er dient sowohl der Absatzförderung als auch der Kundenbindung und ist für Automotive-Kunden besonders interessant. Dabei wird das Sparguthaben jährlich verzinst und am Ende mit einem laufzeitabhängigen Zinsbonus versehen. Wird das angesparte Guthaben schließlich als Anzahlung für eine Finanzierung mit der Volkswagen Bank oder als Sonderzahlung für einen

Leasing-Vertrag mit der Volkswagen Leasing verwendet, wird nochmals ein Top-Bonus auf die Zinserträge vergütet. Durch die Anknüpfung an die konzerneigenen Leasing- und Finanzierungsangebote ist der Auto-Ansparplan ein Produkt, das so nur von einer Automobilbank angeboten werden kann.

2.5.2 Produkte von Kooperationspartnern

Um den Kunden maßgeschneiderte Lösungen für ihre Finanzbedürfnisse offerieren zu können, bindet die Volkswagen Bank direct, sofern es Sinn macht, verschiedene Kooperationspartner in das angebotene Spektrum der Finanzdienstleistungen mit ein.

Von Kundenseite wurden in der Vergangenheit häufig Anfragen nach Baufinanzierungen registriert. Um diesen Erwartungen von ergänzenden Produkten nachzukommen, ist seit 1999 auch das Hypothekengeschäft in Zusammenarbeit mit führenden Hypotheken- und Landesbanken integriert – und zwar direktbankfähig per Internet, Fax oder Telefon.

Ebenfalls seit 1999 ist die Volkswagen Bank direct in den Vertrieb von Investmentfonds, im Schulterschluss mit der ADIG-Investment, eingestiegen. Das Fondsangebot ist ein weiterer Baustein des strategischen Finanzdienstleistungs-Konzeptes, das auf die einzelnen Lebensphasen des Menschen zugeschnitten ist. Die Kooperation ist als Arbeitsteilung entsprechend der jeweiligen Kompetenzen zu sehen. Die ADIG bringt das professionelle Management der Fonds mit ein, und die Volkswagen Bank direct übernimmt die Akquisition, Beratung und Betreuung des Kunden, um ihn bei der Suche nach dem individuell passenden Fonds zu unterstützen. Mit diesem Angebot hat die Volkswagen Bank direct als erste und einzige Autobank den Schritt ins Wertpapiergeschäft vollzogen.

In konsequenter Fortführung des Lebensphasenkonzepts wird derzeit an Plänen gearbeitet, auch den Bereich der Altersvorsorge entweder durch eigene Produkte oder in partnerschaftlicher Zusammenarbeit mit etablierten Anbietern solcher Vorsorgeinstrumente abzudecken.

2.6 Imagetransfer und Marketing

Die Volkswagen Bank direct hat mit der Zugehörigkeit zum Volkswagen-Konzern einen erstklassigen Zugangsweg zu potenziellen Neukunden und profitiert hiervon in Form von unterdurchschnittlichen Akquisitionskosten pro Neukunde. Doch dieser Imagetransfer zwischen Automobilhersteller und Direktbank unter einem Konzerndach kann zugleich ein Problem darstellen. Eine Bank, deren Profil zu eng mit dem Volkswagen-Konzern verknüpft ist, wirkt unter Umständen weniger attraktiv auf Fahrer anderer Automobilmarken.

Deshalb hat die Volkswagen Bank direct seit 1997 das Hervorheben des eigenständigen Profils in den Mittelpunkt der Kommunikation gestellt. Denn auch zur bereits sehr bekannten Auto-Finanzierung der Volkswagen Bank muss die Abgrenzung publiziert werden. Der Bevölkerung soll klar werden, dass es eine Direktbank mit speziellen Produkten gibt. Diese Entwicklung begann mit der Namensfindung der heutigen Volkswagen Bank direct und gipfelte in zwei Werbekampagnen. In deren Verlauf festigte die Volkswagen Bank direct erneut ihre Vorreiterrolle, indem sie als erste Autobank in Deutschland TV-Spots schaltete.

Es bleibt festzuhalten, dass dieser Aufwand den gewünschten Zweck größtenteils erreichte. Die Bekanntheit der Marke Volkswagen Bank direct ist um ein Vielfaches gestiegen, und sie wird auch von nicht VW-affinen Bevölkerungsgruppen als eigenständiger Finanzdienstleister wahrgenommen. Sie gilt als sympathische Direktbank, die zu attraktiven Konditionen eine transparente Produktpalette mit hervorragender Beratungs- und Servicequalität bietet.

3. Strategische Ausrichtung

3.1 Zukunft in Europa

Die zunehmende Internationalisierung der Kapitalmärkte führt zu einem starken Wettbewerbsdruck und begünstigt bereits rechtzeitig in ganz Europa vertretene Direktbanken. Es wird daher zu einer Konsolidierungsphase der Anbieter von Finanzdienstleistungen kommen. Die Volkswagen Bank hat auch diesen Trend frühzeitig erkannt und sich im europäischen Kapitalmarkt bereits positioniert. Nach dem Motto „Was man erfolgreich in Deutschland tut, kann man auch in Europa" gibt es bereits erste Niederlassungen und eine Tochtergesellschaft der Bank für das Finanzierungs- und Leasinggeschäft im Ausland. Die Volkswagen Bank direct wird folgen. Grundsätzlich muss diese Entwicklung nicht auf Europa beschränkt bleiben. So ist es der strategische Ansatz, in denjenigen Märkten vertreten zu sein, wo es Potenzial für das Privatkundengeschäft mit Spar- und Anlageprodukten gibt. Auch in Zukunft wird die Finanzdienstleistungssparte des Volkswagen-Konzerns den Herausforderungen mit einer „World-Wide-Banking-Strategie" begegnen.

3.2 Auswirkung der Positionierung

Die Bemühungen der Volkswagen Bank direct, ihre Produktpalette auf das veränderte Kundenverhalten abzustimmen, sind noch lange nicht abgeschlossen. Die Kunden sind heute besser informiert, zeigen ein größeres Interesse an Geldfragen und verhalten sich Produkten, Marken und Unternehmen gegenüber nicht mehr so loyal. Sie nutzen zunehmend die Möglichkeiten der Neuen Medien und unterhalten sicherlich bald Bankbeziehungen zu mehr als einem Finanzdienstleister. Diesen Wandel bekommt der Finanzmarkt bereits zu spüren. Die klassische Einteilung nach Hausbank und Zweit- oder gar Drittbank gehört der Vergangenheit an.

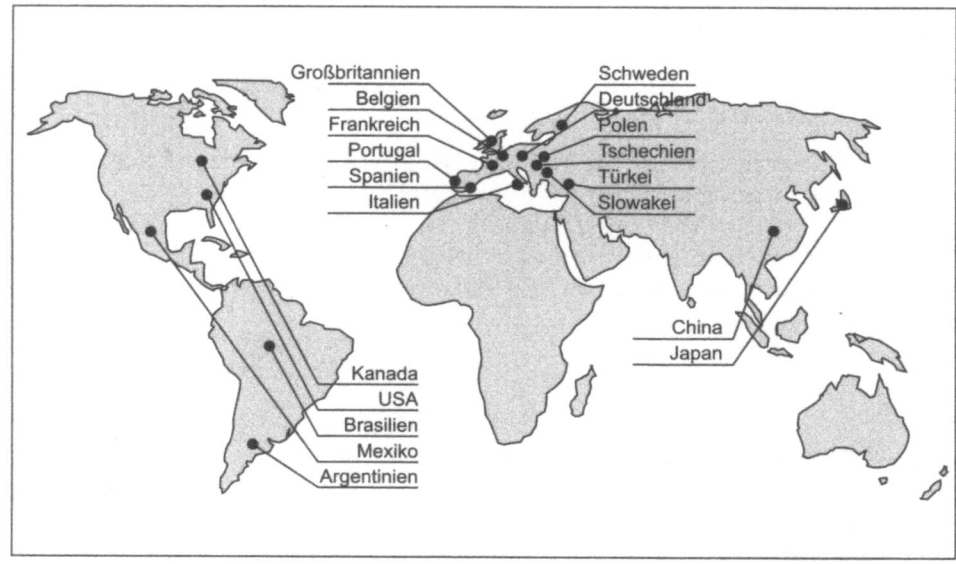

Quelle: VOLKSWAGEN BANK direct

Abbildung 4: Volkswagen Finanzdienstleistungen weltweit

Der Direktvertrieb der Volkswagen Bank direct wird dem Rechnung tragen. Die Autofinanzierung folgt dem Auto und daneben wird das Direktbankgeschäft mit seinen Anlageprodukten forciert. Das Zukunfts-Szenario könnte dann folgendermaßen aussehen: Der Kunde stellt im Internet seinen Traumwagen mit allen Ausstattungsdetails zusammen und lässt sich online sein Finanzierungsangebot ausrechnen. Es erfolgt online eine Bonitätsprüfung, und schließlich kann er mit seiner bereits ausgedruckten Kreditzusage zum Händler gehen und sein Auto gleich mitnehmen. Begleitend wird er – ebenfalls online – seine privaten Geldanlagegeschäfte über die Volkswagen Bank direct abwickeln.

Abschließend wird die **Positionierung der Volkswagen Bank direct** noch einmal kurz zusammengefasst:

- Sie wird keine Universalbank, sondern eine Direktbank mit universellem Angebot.

- Sie will eine der Banken an der Seite des Kunden sein.

- Sie will für jede Lebensphase des Kunden das passende finanzielle Begleitkonzept bieten.

- Im Vordergrund der Bemühungen steht immer der Kundennutzen beziehungsweise der Kundenwunsch.

- Die Finanzdienstleistungen zeichnen sich durch transparente und attraktiv verzinste Produkte aus, die von hoher Beratungsqualität im Service begleitet werden.

- Sie unterscheidet sich von anderen Direktbanken durch zwei Kriterien:
  1. Sie ist die Direktbank eines Automobil-Konzerns.
  2. Sie betreibt das Direktbankgeschäft profitabel.

Für den weiter anhaltenden Erfolg der Volkswagen Bank direct wird dabei auch in Zukunft von entscheidender Bedeutung sein, den Wunsch des Kunden zu kennen und ihn auf Dauer zufrieden zu stellen. Erreicht wird dies durch die stets fortschreitende Konzeption bedarfsgerechter Produkte, die dem Kunden in jedem individuellen Lebensabschnitt die passenden Finanzdienstleistungen bieten.

Literaturhinweise

HAUCK & AUFHÄUSER PRIVATBANKIERS, Wertpapier-Research: Directbanking in Deutschland, 17. Mai 2000.

MELNIK, R., ROGG, H. und STEINER, A., Direct Banking in Europa, in: Die Bank, 10, 1999, S. 664–669.

M. M. WARBURG & Co, INVESTMENT RESEARCH: Direktbanken, Juni 2000.

Optimierung der Wertschöpfungskette durch Outsourcing

Jürgen Rebouillon, Stanley Bauer

1. Technologie und Banken – eine Retrospektive

Ein kurzer Blick in die jüngere Geschichte der Banken in Deutschland und ihr Verhalten beim Einsatz von Technologie gibt ein anschauliches Bild über die in wenigen Jahrzehnten zurückgelegte Wegstrecke. Bankmitarbeiter, die sich in diesen Jahren aus dem aktiven Berufsleben verabschieden, sind Zeitzeugen einer spannenden Entwicklung, die heute den massiven Einsatz von modernster Technologie erforderlich macht.

Auch das Risiko als Nostalgiker gescholten zu werden, macht es nicht weniger reizvoll, mit einem kurzen Blick zurück – ganz ohne Zorn – aufzuzeichnen, was passiert ist.

Die erste Zeit des Wiederaufbaus der Bankdienstleistungen nach dem Kriege war stark formulargebunden, organisatorisch sehr komplex und erforderte eine große Anzahl von Mitarbeitern. Technische Hilfsmittel wurden nur sparsam eingesetzt, die Verfügbarkeit von Geräten, die wir heute Hardware nennen, war äußerst knapp. Die Organisation des Arbeitsablaufes war geprägt vom Formularsatz mit der begrenzten Möglichkeit Durchschläge zu erstellen. Der Einfluss des Organisators gründete sich stark auf der Konzeption intelligenter Vordrucke, die für Qualität und Zuverlässigkeit in der Bearbeitung der einzelnen Transaktionen prägend waren. Das Mengengeschäft hatte in den frühen 50er Jahren noch nicht Einzug in die Bankenwelt gehalten. Diese Welt mit dem Bankgeschäft „zum Anfassen" hatte aber keine Zukunft. Durch den Eintritt in das so genannte Mengengeschäft ab 1957 kam die klassische Bankenorganisation in erhebliche Schwierigkeiten. Mit dem Einstieg in das standardisierte Privatkundengeschäft (massive Einwerbung von Konten für bargeldlose Gehaltszahlungen, Einstieg in die Vermögensbildung durch das 312-DM-Gesetz) erhöhte sich der Bedarf an Mitarbeitern enorm. Die Lohnkosten explodierten. Die Banken gerieten unter massiven Kostendruck. Die Antwort auf diese Entwicklung war für die damaligen Verhältnisse revolutionär. Die lochkartengesteuerte Datenverarbeitung hielt Einzug in die abwickelnden Bereiche der Banken. Eine bis dahin unbekannte Bearbeitungsgeschwindigkeit bei hoher Präzision ersetzte Arbeitsplätze, die im Regelfall nur eine geringe Qualifikation erfordert hatten. Der erste Schritt zu einem entscheidenden Umbruch war getan. Die Lochkarte löste noch nicht alle Verarbeitungsprobleme, war aber ein entscheidender Zwischenstep. Der nächste Schritt zum Einsatz von Informationstechnologie kam dann bereits in den frühen 60er Jahren. Erste elektronische Datenverarbeitungsmaschinen wurden eingesetzt, die Massenspeicherung von Daten begann. Das Wort Informationsverarbeitung wurde ein allgemein benutzter Fachbegriff. Das Zeitalter der Lochkarte ging zu Ende. Die Lebensdauer dieses im Vergleich mit der traditionellen Bearbeitungsweise so revolutionär einzustufenden Informationsträgers Lochkarte im Bankgeschäft war nicht viel länger als ein gutes Dutzend Jahre; gemessen an den heute gewohnten Technologiesprüngen eine durchaus ordentliche Nutzungszeit.

Der Einzug der Informationstechnologie, heute prägend für die Bankorganisation, veränderte in der Folge die Strukturen der Banken. Die Back-Office-Bereiche wurden einem radikalen Wandel ausgesetzt. Effizient eingesetzte Informationstechnologie bedingt eine Konzentration in der Abarbeitung, denn nur dadurch wird die kritische Masse für einen stärkeren Einsatz der Technik erreicht. Folgerichtig war der nächste Schritt in der Kette eine umfassende Automation der Abläufe mit Konzentration auf größere Einheiten. Das Fundament für zentral operierende Back-Office-Einheiten war gelegt. Die Back-Office-Mitarbeiter wurden in ihrem bis dahin schwachen Status aufgewertet und verloren das Image der ärmelschonertragenden Hinterstübler. Der notwendige Konsolidierungsprozess war geprägt von massiven Veränderungen der Arbeitsplätze in diesem Umfeld, führte aber im Ergebnis durch das starke Wachstum der Banken in anderen Segmenten nicht zu echten Arbeitsplatzverlusten, sondern zu Umschichtungen. Die Abwicklung von Dienstleistungen um das Konto und das Depot herum ist ohne Einsatz modernster Technik heute gar nicht mehr vorstellbar. Der Zahlungsverkehr mit seinem früher üblichen physischen Austausch von Belegen, im Regelfall über die Abrechnungsfunktion der Landeszentralbanken oder im direkten Kontakt mit Nachbarbanken, die Bezahlung von Telefongebühren, Wassergeld, Stromrechnungen auf der einen, die Auszahlung von Gehältern und Renten auf der anderen Seite – in den 50er Jahren noch weitestgehend durch Barauszahlung vollzogen – ist Teil der Geschichte. Wenn in früheren Jahrzehnten solide Kenntnisse in der Buchführung, die Fähigkeit im Kopf zu rechnen im Zusammenspiel mit einer guten Handschrift, bereits eine ordentliche Startbasis für eine nahezu sichere Lebensstellung in einem Bankbetrieb waren, sind heute die Voraussetzungen völlig anders. Die Qualifikation von Mitarbeitern ist heute unter anderem zu messen an der Fähigkeit Informationstechnologie zu entwickeln, zu steuern und sinnvoll zu nutzen. Funktionalität, Kunden- und Bedienungsfreundlichkeit sind wesentliche Leistungsmerkmale der heute benutzten Werkzeuge.

Die klassische Bank der 50er- bis frühen 90er Jahre hat sich unter dem Einfluss der Technologie zu einem Gebilde gewandelt, das man heute unter dem Begriff der virtuellen Bank diskutiert. Das Beziehungsgeflecht eines Kunden zu seiner Bank wurde und wird immer noch radikal verändert. Das früher intensive und sehr persönliche Schalter- und Beratergespräch wird durch eine Vielzahl elektronischer Schnittstellen ergänzt. Die Bankdienstleistungen werden flächendeckend elektronisch angeboten und bedarfsorientiert gestaltet. Schnelle Datenübertragungen auf Basis von Datennetzen mit hoher Verfügbarkeit machen Angebote attraktiv. Sieben Tage lang ist ein 24-Stunden-Service verfügbar. Telefon- und Homebanking sind eine Selbstverständlichkeit. Die Informationstechnologie führt heute Informationen aus den verschiedensten internen und externen Quellen zusammen, und die Qualität eines Anbieters ist zu messen an seiner Fähigkeit, kunden- und bedarfsgerechte Informationsbündel und Dienstleistungspakete bereitzustellen.

Der Kunde hat die neuen technologischen Möglichkeiten angenommen und sorgt durch sein Verhalten dafür, dass den kreativen Produktentwicklern keine Atempause bleibt. Wettbewerbsvorteile halten sich allenfalls wenige Monate. Das Zeitalter des E-Commerce hat den Internet-Nutzern eine bis dahin unbekannte Mobilität verliehen. Man ist als Kunde heute mit wenigen „Mausklicks" drin, oder auch auf und davon. Wer das neue Spiel des Marktes nicht begreift, ist auf der Verliererstraße.

Im Folgenden sollen die dynamischen Einflüsse auf die Wertpapierabwicklung und daraus resultierende Handlungszwänge für das Back-Office aufgezeigt und am Beispiel des Outsourcing eine mögliche Handlungsalternative dargestellt und analysiert werden.

2. Strukturelle Rahmenbedingungen des Wertpapiergeschäfts

Das Wertpapiergeschäft befindet sich seit einigen Jahren in einem fundamentalen Veränderungsprozess mit weitreichendem Einfluss auf die interne und externe Unternehmensumwelt der beteiligten Finanzdienstleistungsunternehmen. Standardisierung, Deregulierung, Desintermediation, Finanzinnovationen, wachsende Aktienkultur, Fragmentierung/ Defragmentierung der Infrastruktur sowie die Informationstechnologie als strategisches Element sind die einflussreichsten Faktoren.

Im Ergebnis führen diese Entwicklungen zu insgesamt effizienteren und flexibleren Handels- und Abwicklungsstrukturen. Steigende Volumina, eine Vielzahl neuer Produkte, die internationale Ausrichtung der Märkte, wachsende Ansprüche an Abwicklungssicherheit und -geschwindigkeit sowie sich verkürzende Lebenszyklen der eingesetzten Informationstechnologie führen zu einem wesentlich komplexeren Geschäftsumfeld mit einer kaum noch zu bewältigenden Informationsflut.

Die Menge der Elemente im „System" Wertpapiergeschäft und deren Interdependenzen steigen stetig. Planung, das heißt die Vorwegnahme zukünftigen Handelns, gestaltet sich zunehmend schwieriger und zwingt zu einer Fokussierung der Banken auf ihre jeweiligen Kernkompetenzen. Die Komplexität steigt und fordert höchste Aufmerksamkeit und bindet damit sowohl humane als auch finanzielle Ressourcen.

2.1 Deregulierung/Globalisierung

Die Deregulierung setzte, vor allem aus Amerika kommend, Anfang der 80er Jahre ein und brachte seitens der Gesetzgeber, der Regulierungsbehörden und der Notenbanken eine weitgehende Liberalisierung und Harmonisierung der weltweiten Kapitalmärkte.

Getrieben vom Wettbewerb der nationalen Märkte im internationalem Umfeld wurde und wird durch politische Rahmenbedingungen in Form von kapitalmarktfördernden Maßnahmen die Flexibilität, Transparenz und Effizienz der Primär- und Sekundärmärkte weltweit spürbar erhöht. So gelten beispielsweise seit dem 1. Januar 1998 im europäischen Wirtschaftsraum einheitliche Regelungen für die Zulassung und Aufsicht von Banken und Finanzdienstleistungsinstituten oder deren Teilnahme an der Kontoführung bei europäischen Zentralbanken.

Für Deutschland seien an dieser Stelle die diversen Finanzmarktförderungsgesetze und KWG-Novellen sowie flankierende Maßnahmen im Gesellschaftsrecht erwähnt. Durch die Einführung von europäischen Wertpapierdienstleistungsrichtlinien und dem KonTraG wurde die Transparenz und der Anlegerschutz signifikant erhöht. Andere Beispiele sind gesetzliche Neuregelungen zur „Klein AG", Aktienrückkäufen oder Aktienoptionen.

Mit diesen Entwicklungen wurde der Rahmen der Kapitalmärkte internationalen Forderungen und Usancen angeglichen und mit ihnen harmonisiert, der Kapitalmarkt insgesamt im internationalen Wettbewerb gestärkt. Eine entscheidende Voraussetzung für die Schaffung eines integrierten globalen Kapitalmarktes. Die weltweite Deregulierung hat die Globalisierung der internationalen Kapitalmärkte forciert und diese in einem hohen Maße miteinander vernetzt.

2.2 Aktienkultur

Deregulierung, Shareholdervalue-Konzepte, Investor Relations, Schaffung neuer Marktsegmente (zum Beispiel der Neue Markt), gesunkene Abwicklungs- und Depotführungskosten sowie das Zinsumfeld und die Aktienhausse der vergangenen Jahre haben ganz wesentlich zu der Entwicklung einer europäischen Aktienkultur beigetragen.

Deutlich wird dies, wenn man an den Erfolg der T-Aktie denkt, den zum Teil exorbitant überzeichneten Neuemissionen in jüngster Vergangenheit oder der Aufmerksamkeit, die die Aktie in der Medienlandschaft genießt. Der Anteil der Aktien am Geldvermögen der privaten Haushalte ist von 1990 bis 1999 von circa sechs Prozent auf circa elf Prozent gestiegen.

Einen weiteren Entwicklungsschub wird die Aktie als Anlageform der privaten Haushalte durch die Notwendigkeit alternativer Altersvorsorgekonzepte bekommen. Demografische und biometrische Entwicklungen sowie zweckfremde und ineffiziente Mittelverwendung bereiten dem gesetzlichen Rentenversicherungssystem große Probleme und machen dieses in seiner traditionellen Konzeption nicht mehr tragfähig.

Zur Komplementierung der gesetzlichen Altersvorsorge wird eine zusätzliche private/betriebliche Altersvorsorge unumgänglich. Ein Großteil dieser zusätzlichen Altersvorsorge wird in Aktien investiert werden. Bei langfristigen Anlagehorizonten ist die Aktie als direkte Anlage oder über entsprechende Investmentfonds gegenüber festverzinslichen Wertpapieren, Spareinlagen oder Versicherungen das renditestärkere Investment.

Weitere Argumente für eine zunehmende Verbreitung der Aktie in breiten Bevölkerungsschichten ist die Entwicklung von neuen Mitarbeiterbeteiligungsmodellen, wie beispielsweise den Aktienoptionsplänen. Die Vorteile solcher aktienkursorientierten Vergütungssysteme liegen für die Unternehmen in der Shareholdervalue-orientierten Motivation der Mitarbeiter und in der Unternehmensbindung der Belegschaft. Volkswirtschaftlich gesehen forcieren solche Konzepte eine wünschenswerte Beteiligung breiter Bevölkerungsschichten am volkswirtschaftlichen Produktivvermögen.

Die Entwicklung einer Aktienkultur von privaten Haushalten in Deutschland und Europa befindet sich zwar noch in den Jugendjahren, doch zeichnet sich ein eindeutig positiver Trend in Richtung Aktie ab.

2.3 Informationstechnologische (IT-)Entwicklungen

Zu Beginn der Datenverarbeitung in Banken war diese geprägt durch die Rationalisierung von Bankabläufen. Die EDV war damals noch stark dezentral organisiert und führte deshalb zu einer hohen Heterogenität der Rechenzentren, der Anwendungsprogramme, der Datenstrukturen und der Programmiersprachen. Gleichzeitig war die damalige Datenhaltung primär sequenziell organisiert und damit für den Onlinezugriff nicht geeignet.

Heute zeichnen sich die IT-Strukturen der Bank- und Finanzinstitute durch Transaktionsorientierung, homogene Ansätze und Prozesse, hohe Datenqualität (Konsistenz), Standardisierung und Realtime-Verarbeitung aus.

Blick man zurück auf die IT-Entwicklung von den ersten Tabelliermaschinen mit Lochkartenverarbeitung Mitte der 50er bis hin zu den komplexen IT-Strukturen der Moderne, so sieht man einen atemberaubenden Entwicklungsschub auf diesem Sektor.

Neben Deregulierung, Globalisierung und eine sich etablierende Aktienkultur sind es insbesondere die Entwicklungen in der IT, die zu einem enormen Wachstum auf den weltweiten Kapitalmärkten geführt haben, ihn eigentlich erst ermöglichten. Ohne den Einsatz modernster IT wäre eine angemessen schnelle und sichere Abwicklung der heutigen Transaktionsmengen gar nicht darstellbar, viele Finanzinnovationen gar nicht möglich. Die Finanzinstitute wären ohne den Einsatz modernster IT-Systeme nicht in der Lage, den Überblick über ihre komplexen Finanzoperationen zu bewahren und deren vielschichtige Risiken zu bewerten und zu managen.

Ein weiterer Aspekt ist die immense Senkung der Stückkosten der Transaktionsabwicklungen, die in der heutigen Form erst durch die IT ermöglicht wurde. Hierdurch wurden neue Kundensegmente, insbesondere im Privatkundenbereich, erschlossen, die durch ihren Beitrag zu den allgemeinen Abwicklungsmengen in Wechselwirkung wiederum einen positiven Effekt auf der Stückkostenseite hatten.

Zeitliche und räumliche Grenzen der Kommunikation verlieren mit der zunehmenden Entwicklung der IT ihre Bedeutung, das heißt Daten sind jederzeit und überall zugänglich. Dementsprechend kann eine Bank ihren Service an jedem Ort der Welt anbieten. Weiterhin ist der Einsatz von Informationen in unbeschränktem Maße und zu immer geringeren Kosten möglich. Es lassen sich also immer neue Produkte schaffen, die aus individuell gebündelten Informationen bestehen. Um diese Möglichkeiten auszuschöpfen, darf die IT nicht lediglich als Rationalisierungswerkzeug verstanden, sondern sollte vielmehr vor dem Hintergrund einer strategischen Dimension mit klarer Fokussierung auf die IT als Wettbewerbselement gesehen werden. IT kann Markteintrittsbarrieren abbauen aber auch zielgerichtet eingesetzt, diese an anderer Stelle aufbauen. Weiterhin ist die IT-Basis für die Neu-Produktentwicklung und weist somit eindeutig strategische Elemente auf.

Insgesamt ist der Einfluss der IT auf die internationalen Kapitalmärkte in Wechselwirkung mit Deregulierung, Globalisierung und Aktienkultur zu werten. Die Globalisierung führte zur Deregulierung, die Aktienkultur setzte die Deregulierung voraus, und diese wiederum wurde erst durch die moderne IT ermöglicht, die wiederum die Deregulierung erst interessant machte.

2.4 Fragmentierung/Defragmentierung der Infrastruktur

Die Börsen- und Abwicklungslandschaft in Europa ist enorm fragmentiert. Es gibt rund 32 Aktienbörsen, etwa 23 Terminbörsen und 25 Zentralverwahrer. Dies hat eine liquiditätsverknappende Wirkung auf die im europäischen Markt gehandelten Wertpapiere. Wertpapiere können in Europa nur mit relativ hohen Kosten und geringer Geschwindigkeit umgesetzt werden. Darüber hinaus verursacht eine solche Infrastruktur Ineffizienzen durch redundante Kosten bei der Systementwicklung, dem Personalaufwand und der Anbindung der Nutzer über Mehrfachschnittstellen. Doch nun scheint Bewegung in die veralteten Strukturen zu kommen. Auf Handels- und Abwicklungsseite bilden sich Allianzen und Kooperationen, wie beispielsweise die iX (International Exchange), eine Allianz zwischen den Börsen in Frankfurt und London oder auch Euroclear auf der Abwicklungsseite mit Partnerschaften zu dem französischen Zentralverwahrer Sicovam und dem London Clearing House. Unterstützung finden diese positiven Entwicklungen in der Global Straight Through Processing Association, die mit ihrem Transaction-Flow-Manager Kommunikationslücken bei Cross-Border-Geschäften zwischen Handel und Abwicklung schließt.

Weitere Trends auf den internationalen Kapitalmärkten sind die Central-Counterpart-Konzeption, die das Gegenparteirisiko reduziert und das Netting, welches durch Saldierung und Verrechnung der hieraus resultierenden Spitzen das abzuwickelnde Transaktionsaufkommen vermindert.

Dem zuvor beschriebenen Konsolidierungsprozess auf dem ersten Blick diametral entgegengesetzt ist die zunehmende Relevanz von kleinen alternativen elektronischen Handelsplätzen, den so genannten ECNs (Electronic Communication Networks). Auch wenn die ECNs dazu beitragen, die Liquidität und die Infrastruktur insgesamt weiter aufzuspalten, so muss man doch zweifelsfrei anerkennen, dass diese Handelssysteme meist günstigere Konditionen bieten als ihre zum Teil schwerfälligen Konkurrenten. Insofern belebt die Konkurrenz durch die ECNs den Wettbewerb und forciert somit den Konsolidierungsprozess der Großen.

3. Aufbrechen traditioneller Wertschöpfungsketten am Beispiel des Wertpapier-Back-Office

3.1 Wertschöpfungskette im Back-Office

Betrachtet man die Wertschöpfungskette eines klassischen Wertpapiergeschäfts, lässt sich dieses generisch in die dreo Phasen Pre-Trade, Trade und Post-Trade gliedern (vgl. Abbildung 1).

Unter den Pre-Trade-Aktivitäten lassen sich Kundenbetreuung, Marketing und Verkauf, also die Aufbringung von Anlagekapital sowie Markt-, Unternehmens- und Risikoanalysen, das heißt die Generierung einer Anlageentscheidung, zusammenfassen.

Die Trade-Phase subsumiert Ordermanagement, Orderrouting und den eigentlichen börslichen und außerbörslichen Handel der Wertpapiere sowie den Execution Support mit seiner wichtigen Funktion als Schnittstelle zwischen Front-End und Back-Office.

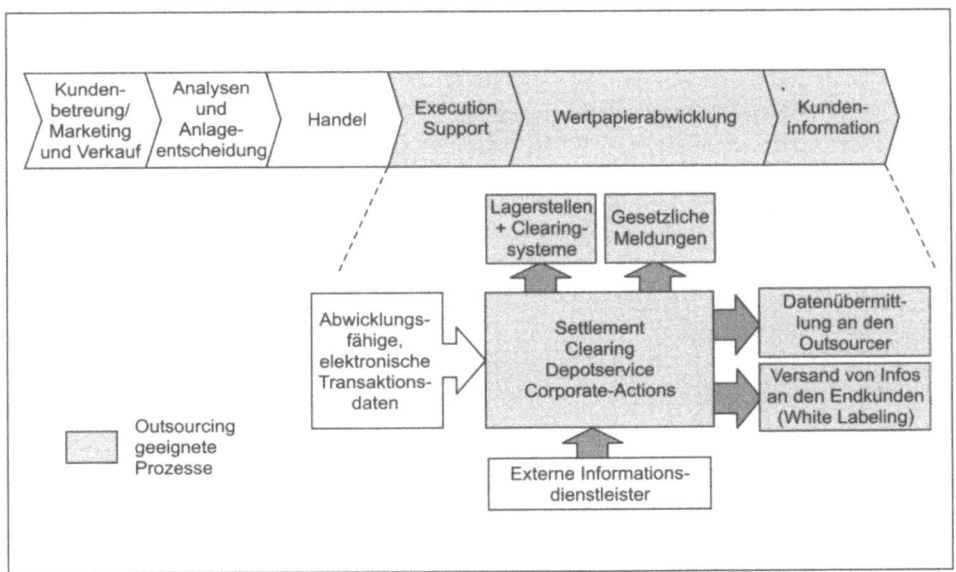

Abbildung 1: Wertschöpfungskette im Wertpapiergeschäft

Die Post-Trade-Phase ist das Betätigungsfeld des Back-Offices, sie beinhaltet alle Aktivitäten im Rahmen der Verwaltung der eingegangenen Positionen. Geschäfte müssen mit dem Kontrahenten abgeglichen (Matching), intern verbucht und extern über das Lagerstellennetz und die Clearingsysteme abgewickelt werden. Es werden notwendige Geld- und Wertpapiervolumina unter Einschluss eventuell notwendiger Wertpapierleihen disponiert. Die buchhaltungs- und steuertechnische Bearbeitung der Transaktionen muss vorgenommen werden. Es erfolgt eine Überwachung von offenen Positionen, Lieferterminen und anderer Stichtage. Des weiteren sind Zinsen und Dividenden, viele Varianten von Kapitaltransaktionen und Hauptversammlungen zu bearbeiten. Über eigentumsrelevante und andere wichtige Maßnahmen wird der Kunde zumeist aus dem Back-Office heraus informiert.

Zur Erfüllung seiner Aufgaben muss das Back-Office diverse externe und interne Schnittstellen betreiben. Dies sind Schnittstellen zu Handelsseite, Hauptbuchkonten, Risikomanagement, Clearingsystemen, externen Informationsdiensten, Meldewesen (AWV, AWG, WpHG, KWG), Rechnungswesen und Management-Informationssystemen.

Das heutige Back-Office ist eine High-Tech Veranstaltung mit einer hohen Komplexität in der Geschäftslogik. Dies wird insbesondere in der Abwicklung von grenzüberschreitenden Transaktionen mit seiner Vielzahl involvierter Parteien, spürbaren Einflüssen unterschiedlicher Kulturen, Marktusancen und Zeitzonen, auch bei den schwer standardisierbaren Corporate-Actions oder dem Fail-Management deutlich.

IT-Lösungen spielen eine immer größere Rolle in der Wertpapierabwicklung. Das Straight Through Processing (STP), das heißt der Automatisierungsgrad im Back-Office ist von hoher Relevanz für Kosten und Qualität der im Back-Office erbrachten Wertschöpfung. Während vor einigen Jahren eine hohe STP-Rate noch einen komparativen Wettbewerbsvorteil bildete, ist sie heute eine Notwendigkeit, um den Druck auf der Kostenseite und dem erwarteten Marktwachstum sicher zu begegnen.

Besondere Herausforderungen beim Aufbau des STP im Back Office sind sich ändernde Geschäftsprozesse (zum Beispiel durch neue Finanzprodukte), kurze Lebenszyklen der eingesetzten Technologien, hohe Investitionsvolumina sowie die Synchronisation des Back-Offices zum Front End und anderen Schnittstellen. Viele der heute eingesetzten Back-Office-Systeme sind in ihrer Struktur veraltet. Sie haben sich zumeist reaktiv den Anforderungen auf der Handelsseite angepasst, wurden erweitert, umgebaut, ausgebaut und angebaut. Transparente Strukturen sind oft nicht zu erkennen, die Assoziation mit einem Flickenteppich drängt sich auf. Doch werden an einen Flickenteppich zumeist auch keine Anforderungen an Kosten, Risikominimierung oder Flexibilität bei der Abwicklung von Transaktionen mit einem Gegenwert von Milliarden oder Billionen Euro im Jahr gestellt.

3.2 Outsourcing des Geschäftsprozesses der Wertpapierabwicklung

In der Vergangenheit war die Wertpapierabwicklung eine reine interne Dienstleistungsfunktion der sogenannten Produktionsbank. Seit einigen Jahren ist Bewegung in dessen traditionellen Strukturen gekommen. Signifikante Mengen und Effizienzunterschiede im Back-Office unterschiedlicher Bankinstitute bringen vor allem kleine und mittlere Anbieter in Handlungszwang. Eine Neustrukturierung der Geschäftsprozesse durch Outsourcing kann für eine Vielzahl der Institute eine passende oder eventuell die einzig mögliche Antwort sein.

Der Begriff des Outsourcings leitet sich aus den englischen Begriffen Outside, Ressource und Using ab und umschreibt das Übertragen der Leistungserbringung vom eigenen Unternehmen (Outsourcer) an externe Unternehmen (Insourcer). Outsourcing ist nicht nur ein Instrument zur Kostensenkung, sondern auch ein Werkzeug zur Restrukturierung von Geschäftsaktivitäten und zur Neupositionierung der Unternehmen am Markt.

Beim Outsourcing der Wertpapierabwicklung wird nicht nur eine Unternehmensfunktion (Beispiel: Call-Center) outgesourct. Es handelt sich vielmehr um einen komplexen Geschäftsprozess inklusive Fachabteilungsleistungen und IT-relevanten Komponenten wie Entwicklung und Betrieb von Hard- und Software. Es geht um eine unternehmerische Entscheidung von Rang.

Der Geschäftsprozess der Wertpapierabwicklung ist in Deutschland auf Grund der aufsichtsrechtlichen Mindestanforderungen an das Betreiben von Handelsgeschäften der Kreditinstitute funktional und organisatorisch von anderen Geschäftsprozessen (zum Beispiel dem Handel) zu trennen. Diese Bestimmung unterstützt im Grundsatz Überlegungen zum Outsourcing. Wird die Wertpapierabwicklung als Profit-Center betrieben, was durchgängig aber nicht der Fall ist, wäre dies eine noch bessere Voraussetzung um Vor- und Nachteile des Outsourcing der Wertpapierabwicklung gegeneinander abzuwägen.

Das Outsourcing lässt sich grob in sechs Phasen (Abbildung 2) unterteilen. In der Analysephase werden die Geschäftsprozesse des Back Office sowie deren Wertschöpfung und Interdependenzen zu anderen Wertschöpfungsprozessen innerhalb des Unternehmens analysiert und bewertet. Dies ist Grundlage für die grundsätzliche Make or Buy-Entscheidung und notwendig für die Outsourcing Ausschreibung, welche dem Insourcer genügend Informationen vorlegt, um ein qualifiziertes Angebot abgeben zu können. In einem vierten Schritt folgen Service-Level-Agreements mit detaillierten Beschreibungen des Leistungsspektrums und entsprechenden Benchmarks. Die Migrationphase beinhaltet die Betriebsübergabe an den Insourcer und entsprechend Anpassung der Betriebsabläufe auf beiden Seiten. Unter das Beziehungsmanagement schließlich fallen alle Maßnahmen (Monitoring, Review, Reporting usw.), die eine für beide Parteien zufriedenstellende dauerhafte Partnerschaft gewährleisten.

1	Ist-Aufnahme
2	Make-or-Buy-Entscheidung
3	Outsourcing-Ausschreibung
4	Outsourcing-Vertrag (SLAs)
5	Migration/Umsetzung
6	Beziehungsmanagement

Abbildung 2: Phasen des Outsourcings

3.3 Wichtige Gründe für das Outsourcing

3.3.1 Strategische Gründe

Das wohl bedeutendste strategische Motiv für das Outsourcing liegt in der Fokussierung auf die Kernkompetenzen eines Unternehmens. Es findet eine Reallokation von Ressourcen von den outgesourcten Back-Office-Prozessen hin zu den Kernkompetenzen, wie beispielsweise dem Vertrieb von Finanzdienstleistungen, statt. Kernkompetenzen werden zielstrebig aus- und Wettbewerbsvorteile aufgebaut.

Oft ist das Outsourcing auch ein Ergebnis aus einem Business-Process-Reengineering Projekt. So kann ein Unternehmen Vorteile nutzen, indem es auf die Prozessqualität eines Insourcers mit bereits auf hohem Niveau reengineerten Prozessen zurückgreift. Die Zusammenarbeit mit einem Unternehmen, das mit Best-Practice-Prozessen operiert, ermöglicht die Nutzung neuester Technologien, Werkzeuge, strukturierter Methoden, Prozesse und Dokumentationen.

Mit dem Outsourcen ist in der Regel auch der Zugang zum breiten Servicespektrum eines großen Finanzdienstleisters verbunden, wie beispielsweise ein umfassendes Custodian-Netzwerk, Order-Routing, Emerging-Market-Dienstleistungen oder professionelle Abwicklung von Wertpapierleihe und Repo-Transaktionen.

Ein weiterer strategischer Aspekt ist der Risikotransfer, das Outsourcing als „Versicherung" des operativen Risikos der Wertpapierabwicklung. Mit dem Outsourcen des Back-Office gehen in der Regel auch die operativen Risiken der Abwicklung aus Bearbeitungsfehlern, Hard- und Softwarefehlern oder Naturkatastrophen auf den Outsourcer über, der im Schadensfall verantwortlich ist. Das operative Risiko der Wertpapierabwicklung ist aufgrund des sich rapide wandelnden Geschäftsumfeldes, des hohen Abwicklungsvolumen und der oft fehlenden bzw. unzureichenden Mess- und Bewertungsinstrumente ein nicht zu unterschätzender Faktor.

3.3.2 IT-relevante Gründe

Auf der IT-Seite ermöglicht das Outsourcing den Zugang zu State of the Art Systemen und IT-Know-how des Insourcers. Mangelnder Funktionsumfang, Mengenrestriktionen und zu langsame Anpassung der eigenen Systeme an die Dynamik der Geschäftsanforderungen werden schnell zu Wettbewerbsnachteilen für das Kerngeschäft des Unternehmens.

Zudem machen kurze technologische Lebenszyklen der im Back-Office eingesetzten IT eine wettbewerbsfähige interne Leistungserstellung zunehmend kostenintensiv und bindet hohe Investitionsvolumen.

3.3.3 Finanzielle Gründe

Der wohl bedeutendste taktische Grund für das Outsourcing ist die Reduzierung der operativen Kosten des Back-Office. Beim Outsourcing könne durch das Pooling von Abwicklungsmengen signifikant Stückkostenreduzierung der abzuwickelnden Transaktionen realisiert werden. Ein Großteil der Finanzdienstleister hat ein zu geringes Transaktionsaufkommen, um mit wettbewerbsfähigen Transaktionskosten zu operieren. Es werden circa 1,5 bis 2,0 Millionen Wertpapierdepots benötigt, um bei Beibehaltung der internen Leistungserstellung ein wettbewerbsfähiges Kostenniveau zu erreichen.

Die Kostenstruktur kann insgesamt durch Verlagerung von Fixkosten (Systemkosten, Overhead usw.) vom Outsourcer zum Insourcer verbessert werden. Der Outsourcer erreicht eine Variabilisierung seiner Kostenseite. Durch die Variabilisierung der Kostenstruktur wird eine höhere Kostentransparenz und damit eine größere Sicherheit und Zuverlässigkeit bei der Kostenplanung erreicht. Durch die Nutzung skalierbarer Systeme des Insourcers wird eine sprungfixe Kostenentwicklung beim Outsourcer vermieden und das in IT gebundene Kapital reduziert.

3.4 Risiken des Outsourcing

Den Chancen aus dem Outsourcing der Wertpapierabwicklung stehen naturgemäß diverse Risiken gegenüber.

Die Auslagerung des Back-Office aus dem eigenen Unternehmen und die Migration der Geschäftsprozesse beim Insourcer sind mit Zeit- und Kostenaufwand verbunden. In der Regel wird für den Prozess zwischen Outsourcingentscheidung und Abschluss der Migration ein Zeitraum von zwölf bis 24 Monaten benötigt. Die Auslagerung ist mittelfristig irreversibel und eine spätere Wiedereingliederung der Operation in das Unternehmen oder der Wechsel zu einem alternativen Insourcer mit hohen Wechselkosten verbunden. Eine Wiedereingliederung ist wohl nur theoretisch möglich. Die Hürden, die sich an den Stichworten Know-how-Verlust, Mangel an Fachkräften, Systeme, Logistik festmachen lassen, sind wahrscheinlich zu hoch.

Weitere Risiken könnten sich aus der Loyalität und der Kontinuität des Insourcers ergeben. Nicht alle Details einer Geschäftspartnerschaft (vgl. Abschnitt 5) können im Rahmen von Sourcing-Verträgen fixiert werden, es existieren immer Informationsasymmetrien zugunsten des Insourcers. Bis zu einem gewissen Grad ist die Geschäftsbeziehung zwischen In- und Outsourcer Vertrauenssache. Darüber hinaus ist der Outsourcer in hohem Maße von der Geschäftskontinuität des Insourcers abhängig, auf dessen Management der Outsourcer keinen direkten Einfluss nehmen kann. So könnten sich beispielsweise Fehlleistungen des Managements oder eine Neuausrichtung beim Insourcer (zum Beispiel Einschränkung des Servicelevels) negativ auf die ausgelagerte Wertschöpfung auswirken.

Zusammenfassend wird in Tabelle 1 ein Überblick über die Chancen und Risiken gegeben werden. Die Argumente lassen sich schwer isoliert voneinander bewerten und sind immer von der konkreten Ausgestaltung der Sourcing-Partnerschaft abhängig und von beiden Vertragspartnern formbar.

Chancen	Risiken
Kostensenkung	Verringerte Entscheidungsfreiheit Kontrollverlust
Drastische Senkung der Transaktionen erhöht Fusionsdruck	Mögliche Minderung der Flexibilität
Ständig schnellere Veränderung der IT-Infrastruktur	Aufgabe von Kompetenzen im Unternehmen, Verlust von Schlüsselpersonen
Fixkosten versus variable Kosten	Erhöhte Fluktuation, „Abschneiden" von Karrierewegen
Risikotransfer und -reduzierung	Abbau/Aufbau von Personalressourcen
Ressourcenfreisetzung für Kerngeschäft bzw. Managementaufgaben	Entstehen von Abhängigkeiten, „lock-in-Situation"
Einsetzbarkeit spezialisierten Know-hows und „State of the Art"-Technologie	
Qualitätsoptimierung durch Service Level Agreement und Markt-/Kundenorientierung	
Erhöhte Flexibilität für Business Change	

Tabelle 1: Chancen und Risiken des Outsourcings

4. Make or Buy – die Entscheidungssituation

Die Make or Buy Entscheidung kann in zwei Stufen untergliedert werden. Zunächst ist zu entscheiden, ob das Wertpapier-Back-Office strategische Relevanz für das Unternehmen besitzt bzw. zu dessen Kerngeschäft gehört. Mit anderen Worten, es muss darüber entschieden werden, ob das Back Office grundsätzlich für das Outsourcing geeignet ist. In einem zweiten Schritt ist eine Bewertung der Make-or-Buy-Alternativen erforderlich.

Ein effizientes Instrument zur Beurteilung, ob das Back-Office zum Kerngeschäft zu zählen ist, stellt die Portfolioanalyse dar. Das Back-Office kann im Rahmen dieser Analyse vor dem Hintergrund unterschiedlicher, wettbewerbsorientierter Kriterien eingeordnet werden:

- Nähe zum Kundengeschäft,
- Servicespektrum des Back-Office,
- IT-Kompetenz,
- Abwicklungskompetenz,
- Marktanteil,
- und Ähnliches.

Es ist die Frage zu klären, ob das Back-Office geeignet ist, den Unternehmenswert nachhaltig zu steigern. Die Beantwortung indirekter Fragen kann bei der Entscheidungsfindung helfen:

- Würde das Unternehmen bei einer Neugründung heute noch ein eigenes Back-Office aufbauen?
- Würde das Unternehmen von anderen Unternehmen als Insourcer gewählt werden können?
- Ist es vorstellbar, dass künftige Mitglieder der Unternehmens- bzw. Konzernführung aus dem Back-Office-Umfeld kommen?
- Verlassen Kunden das Unternehmen, wenn die Back-Office-Funktionen fremd bezogen werden?

Zählt das Back-Office nicht zum Kerngeschäft, wird in einer zweiten Stufe der Nutzen der Handlungsalternativen Make or Buy verglichen. Neben reinen Kostenüberlegungen (Abbildung 3) sollten hier umfassende Nutzen Aspekte (vgl. Abschnitt 3.3 und 3.4), wie Transfer des operativen Risikos, IT-Anpassungskosten an zukünftige Anforderungen, Personalmarktentwicklungen usw. einfließen.

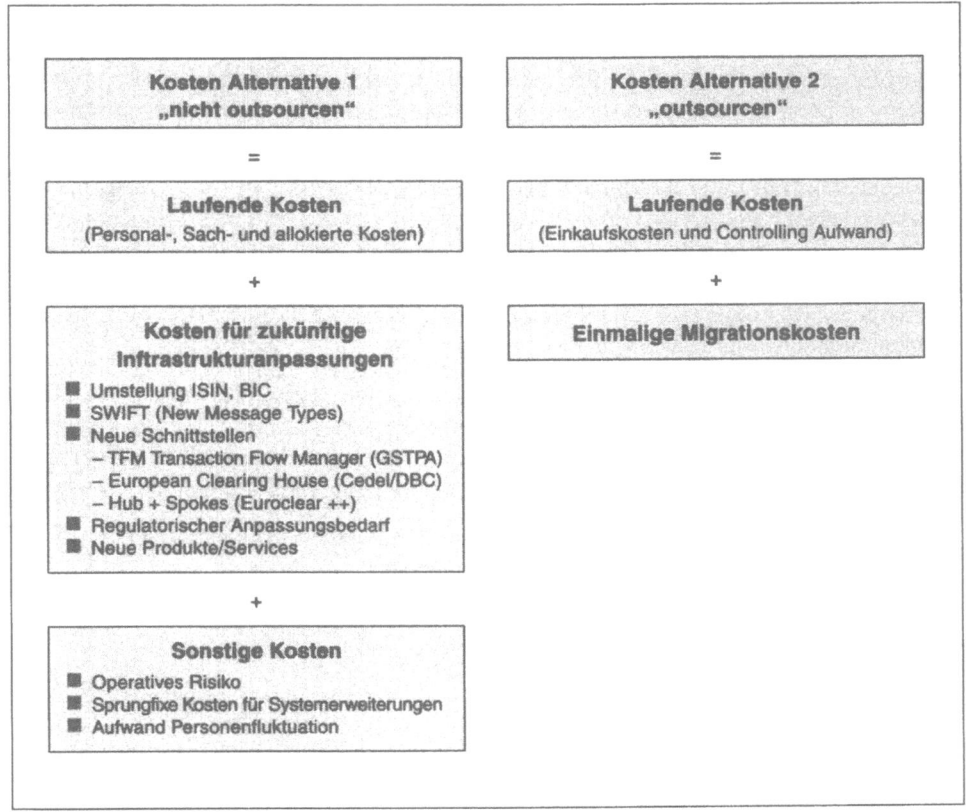

Abbildung 3: Elemente eine Kostenvergleichsrechnung

5. Outsourcing-Partnerschaft

Hat das Unternehmen sich für ein Outsourcing des Back-Office und für einen geeigneten Partner entschieden, ist es sinnvoll, frühzeitig Verantwortungsbereiche und entsprechende Meilensteine zu bestimmen.

Ein sinnvolles Vorgehen könnte die Projektaufteilung in Projektmanagement, Geschäftsprozessmanagement, Vertragsmanagement und Beziehungsmanagement sein. Diese Projektaufteilung kann spiegelbildlich beim Out- und Insourcer vorgenommen werden. Dies schafft Transparenz.

Das Projektmanagement erfüllt hierbei koordinierende und informationsverwaltende, -verdichtende und -steuernde Aufgaben. Dem Geschäftsprozessmanagement, naturgemäß stark IT-orientiert, kommt die Aufgabe der Analyse und Migration von Geschäftsprozessen, Systemen, Applikationen und Schnittstellen zu. Es muss mit dem Vertragsmanagement eng verzahnt sein, das Servicelevel und Preisverträge erarbeitet.

In der Migrationsphase sind unterschiedliche Unternehmenskulturen zu berücksichtigen, vor allem aber ist eine frühe Einbindung aller betroffenen Mitarbeiter im Rahmen einer entsprechenden Kommunikationsstrategie zu gewährleisten. Unsicherheiten bezüglich des zukünftigen Einsatzgebietes oder durch ungenügende Informationen, verlorenes Vertrauen in die Unternehmensleitung, kann zu einer abwehrenden Haltung der Mitarbeiter gegenüber dem Outsourcing-Projekt führen. Doch gerade die aktive Mitarbeit der Fachabteilungen und das Know-how von Mitarbeitern und Spezialisten ist ein ganz wesentlicher Bestandteil eines erfolgreichen Projektes.

Besondere Sorgfalt sollte auch auf die Ausgestaltung der Service-Level-Agreements verwandt werden. Diese sind juristische Grundlage und Basis für das Management der Geschäftsbeziehung beider Parteien. Auch wenn nicht alle Details vertraglich fixiert werden können, so sollten die Service Level Agreements doch die wichtigsten Aspekte enthalten. Leistungen sollten entsprechend Inhalt, Zeit und Qualität definiert sein, und entsprechende Messmethoden und Benchmarks etabliert werden.

Bei Verfehlung des Servicelevels müssen entsprechende Preisnachlässe etc. vereinbart werden. Auch müssen adäquate Absprachen getroffen werden, wie es dem Outsourcer ermöglicht wird, seinen Steuerungs- und Kontrollpflichten entsprechend § 25a KWG nachzukommen. Dies könnte zum Beispiel über externe Wirtschaftsprüfer realisiert werden.

Gegenstand des Outsourcing-Vertrages sollten auch grundsätzliche Regelungen für eventuell später notwendige Vertragsanpassungen sein.

Abbildungen 4 und 5 zeigen den Mandantenorientierungsprozess und den Ablaufplan in der Migrationsphase der etb (european transaction bank).

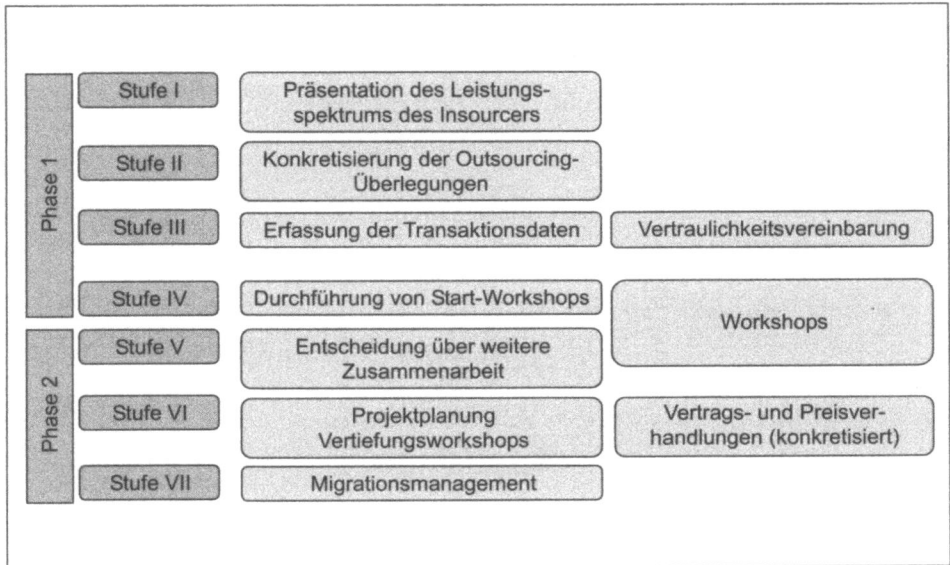

Abbildung 4: Mandantenorientierungsprozess

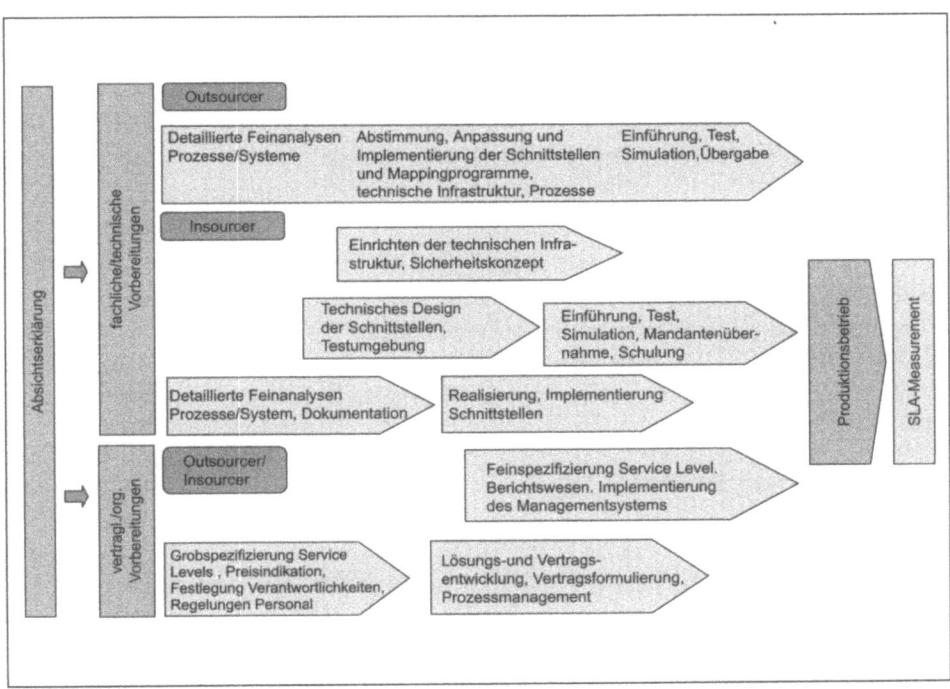

Abbildung 5: Ablaufplan der Migrationsphase

6. Ausblick

Die für die Abwicklung von Wertpapiertransaktionen und die Verwaltung von Depotbeständen erforderlichen Strukturen erfordern Aufwände, die zukünftig nur noch spezialisierte Dienstleister darstellen können, die diese Transaktionsverarbeitung zu ihrem Core-Geschäft gemacht haben. Trotz der aufgezeichneten Risiken einer Outsourcing-Maßnahme ist eine Buy-Entscheidung eine zukunftsorientierte und im Einzelfall sogar existenzsichernde Maßnahme.

Es kann prognostiziert werden, dass es in den nächsten drei bis vier Jahren zu einer großen Anzahl von Outsourcing-Vereinbarungen kommen wird. Im Regelfall ist von diesen Maßnahmen auch der Zahlungsverkehr betroffen.

Ein Blick in die Bankenlandschaft in Deutschland besagt, dass es kaum mehr als eine Hand voll Großbetriebe im Insourcinggeschäft geben wird. Wie es derzeit aussieht, müssen alle bekannten Anbieter weitere erhebliche Investitionen in ihre Technologie tätigen. Ohne modular aufgebaute Realtime-Systeme ist den erkennbaren Anforderungen der Märkte nicht zu begegnen. Die Innovationsgeschwindigkeit der Produkte und der Dienstleistungen und das explodierende Mengenwachstum bedingen schnelle Systemanpassungen. Das ist aus Gründen der Servicefähigkeit auf Marktlevel, Abwicklungssicherheit und Risikominimierung unabdingbar erforderlich.

Es kann davon ausgegangen werden, dass wohl kaum mehr als ein Zeitraum von fünf Jahren bleibt, um die Position des jeweiligen Hauses zu bestimmen. Wer nicht als Insourcer auftritt, ist bereits ein potenzieller Outsourcer und muss die für sein Unternehmen gegebenenfalls existenziell wichtigen Entscheidungen auch angesichts der Projektdauer einer Outsourcing-/Insourcing-Maßnahme rechtzeitig angehen. Der Markt kommt dabei um eine gewisse Standardisierung der Schnittstellen zwischen Outsourcer und Insourcer nicht herum. Das ist um so wichtiger, als mit jeder Maßnahme nicht zu unterschätzende Einmalkosten anfallen, die insbesondere auf der Seite des Outsourcers liegen.

Transaktionsverarbeitung ist Informationsverarbeitung in Reinkultur. Nur Unternehmen, die dieses Thema als ihr Core-Geschäft erkannt haben und entsprechend managen, haben eine reelle Chance in der Zukunft. Die Ansprüche an die Technik sind enorm. Jährliche Erhaltungs-/Erweiterungsinvestitionen werden die Finanzkraft der meisten Häuser mit noch eigenem Back-Office deutlich übersteigen. Das Zeitalter des Internets stellt höchste Anforderungen an die Kreativität der IT-Manager. Zusammenarbeit zwischen Entwickler und Nutzer ist wichtiger denn je. Basisdienstleistungen im Wertpapier- und Zahlungsverkehrgeschäft werden immer mehr kommodisiert und jeder Finanzdienstleister muss lieferfähig, das heißt auf der Höhe des Marktes sein, um nicht irgendwann die rote Karte zu sehen. Der finale Kunde bestimmt durch sein Verhalten sehr stark mit, was ein Finanzdienstleister bringen muss: höchste Qualität und Funktionalität zum günstigsten Preis und das alles 24 Stunden am Tag, sieben Tage die Woche – realtime.

Literaturhinweise

BONGARTZ, U. und BUßMANN, J., Dienstleistung Wertpapierabwicklung, in: Die Bank, 6, 1997, S. 330–334.

DEUTSCHES AKTIENINSTITUT e.V. (Hrsg.), Privater Aktienbesitz in Deutschland, Frankfurt/Main 1999.

DROEGE & COMPANY, Studie „Zukunft des Wertpapierservice", 1997.

HERRMANN, A., Studie zum Outsourcing von Wertpapier- und Zahlungsverkehrstransaktionen, Mainz 2000.

MURRAY, The future of CSDs, in: Global Investment Services, Juli/August 1999, S. 30.

REBOUILLON, J. und BAUER, S., Globale Neustrukturierung der Cross Border Wertpapierabwicklung, in: Die Bank, 12, 1999, S. 818–821.

www.GSTPA.org.

Outsourcing von Finanzdienstleistungen

Andreas Herrmann, Ingrid Vollmer, Frank Meyrahn

1. Chancen und Risiken beim Outsourcing von Finanzdienstleistungen

Wachsender Wettbewerbsdruck, hohe Anforderungen an die Qualität von Produkten und Dienstleistungen, die Notwendigkeit der Präsenz auf internationalen Märkten sowie das Postulat der Kundenorientierung prägen das Bild in den Unternehmen der Gegenwart. Traditionelle Organisationsgrenzen in den Unternehmen lösen sich durch den Einsatz neuer Informations- und Kommunikationstechniken auf. Das Auslagern von Leistungen tritt daher immer häufiger in den Fokus der Diskussionen.

Outsourcing ist kein neues Phänomen. In der Literatur wird das Wahlproblem zwischen Eigenfertigung und Fremdbezug von Leistungen hauptsächlich für den Bereich der industriellen Produktion behandelt. Der Einsatz moderner Produktions- und Logistikkonzepte, wie Total-Quality-Management oder Just-in-Time, binden die Zulieferer konzeptionell in die Wertschöpfungskette ein. Dabei gilt es, jene Leistungen von außen zu beziehen, die externe Anbieter effizienter erbringen oder abwickeln können, um die Leistungstiefe optimal zu gestalten. Ziel ist es, die Geschäftsprozesse zu optimieren. In jüngster Zeit stehen Unternehmen aber immer häufiger vor der Entscheidung auch Dienstleistungen, wie die betriebliche Informationsverarbeitung oder Datenabwicklung, auf externe Dienstleister, die so genannten Insourcer, zu übertragen. Ganz allgemein versteht man unter Outsourcing die Verlagerung von Wertschöpfungsaktivitäten, die bisher im Unternehmen erbracht wurden, auf Zulieferer.

Die Gründe für oder gegen das Outsourcing von Leistungen sind vielfältig. Das primäre Motiv für das Outsourcing ist die Einsparung von Kosten durch das Ausschöpfen von Größenvorteilen durch den Insourcer. Für den Outsourcer wandeln sich Fixkosten in variable Kosten, die eine Verbesserung der Planbarkeit von Kosten und eine höhere Kostentransparenz gewährleisten. Hohe Investitionen für neue Technologien oder Erweiterungen der bestehenden Kapazitäten werden vermieden, und das gebundene Kapital im Unternehmen wird reduziert. Finanzmittel können auf das Kerngeschäft gelenkt werden, um sich auf die Kernkompetenzen und unternehmensrelevanten Aufgaben zu konzentrieren. Darüber hinaus trägt die Auslagerung von Leistungen auf externe Unternehmen zur Komplexitätsreduktion im Unternehmen bei. Investitionen für neueste Technologien fallen beim Insourcer an, sodass das auslagernde Unternehmen Zugang zu moderner Technologie ohne eigene Investitionen und eine Flexibilität bezüglich der Kapazitätsanpassungen erhält. Daneben steht als weiterer wichtiger Beweggrund für das Outsourcing der

Mangel an qualifiziertem Personal. Der damit einhergehende Know-how-Engpass dürfte sich angesichts der immer weiter fortschreitenden technologischen Entwicklung noch weiter vergrößern.

Die beiden Alternativen Eigenfertigung oder Fremdbezug von Leistungen stellen die Randpunkte eines Kontinuums dar, das die verschiedenen Ausprägungen der Auslagerung beschreibt (vgl. Abbildung 1).

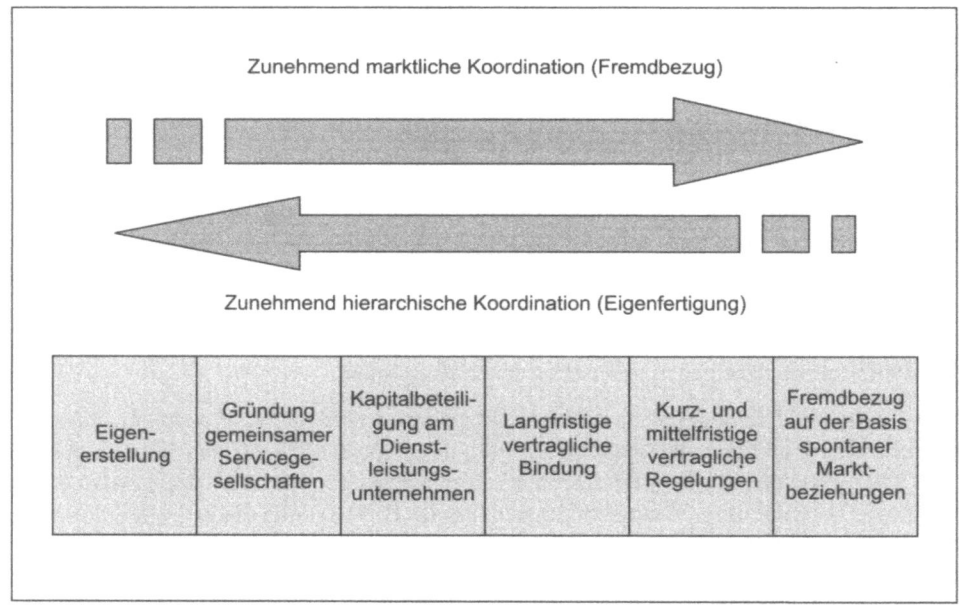

Abbildung 1:   Beispiele für unterschiedliche Varianten von Eigenfertigung und Fremdbezug (vgl. Picot)

In Bezug auf die Übertragung von Verantwortung für die zu erstellende Leistung kann man grundsätzlich drei Outsourcing-Formen unterscheiden: internes Outsourcing, In-house-Partnerschaft und die Dienstleistungs-Partnerschaft. Ausgehend von den Fachabteilungen wird die Verantwortung immer weiter aus dem Unternehmen herausgetragen, bis sie auf ein externes Unternehmen übertragen wird. Das interne Outsourcing wird häufig auch als Schein-Outsourcing bezeichnet. Es handelt sich um eine Form der internen Neuorganisation, vergleichbar mit der Bildung eines Profit-Centers. Der wirtschaftlich eigenverantwortliche Funktionsbereich übernimmt alle Funktionen zur Produktion der zu erstellenden Dienstleistung und steht im direkten Wettbewerb mit externen Dienstleistungsanbietern. Rechtlich ist der Profit-Center dem Unternehmen zuzuordnen und unterliegt den Weisungen des Mutterhauses. An die Stelle der Risiken, die durch die Zusammenarbeit mit externen Dienstleistern entstehen, treten die Risiken aus der Zusammenarbeit mit internen Partnern. Eine Inhouse-Partnerschaft, auch als Ausgliederung bezeichnet, verfolgt das Ziel, einen Funktionsbereich durch Verselbständigung zu optimieren und mit speziellen Leistungsangeboten Märkte zu erschließen (vgl. Horchler 1996,

S. 17 ff.). Die Ausgliederung bezeichnet den Übergang zum Fremdbezug von Leistungen. Vor der Ausgliederung erfolgt die Leistungserstellung im Unternehmen selbst. Danach bezieht das Unternehmen seine Leistungen von einem verbundenen Tochterunternehmen. Bei der Auslagerung (Outsourcing) erfolgt allerdings keine Übertragung von Vermögensgegenständen im Sinne einer Einbringung von Beteiligungstiteln (vgl. Bongard 1994, S. 89). Fast alle ausgegliederten Unternehmen stellen ihr Know-how und ihre Verarbeitungskapazitäten nicht nur ausschließlich der Muttergesellschaft zur Verfügung, sondern auch anderen, nicht beteiligten Unternehmen und werden damit zu einem Outsourcing-Anbieter.

Die überwiegend praktizierte Form des Outsourcing ist die Dienstleistungs-Partnerschaft. Sie umfasst die Beauftragung eines externen, nicht verbundenen Unternehmens, das entweder Teilleistungen oder die gesamte Verantwortung für die Erstellung einer Dienstleistung übernimmt. Die Outsourcing-Bindung ist grundsätzlich langfristig angelegt, da die technische Infrastruktur und sehr oft auch die Mitarbeiter vom Insourcer übernommen werden (vgl. Horchler 1996, S. 19).

Bei einer Entscheidung zum Ausgliedern von Leistungen müssen individuell die Vor- und Nachteile abgewogen werden. Bei neutraler Betrachtungsweise zeigen sich neben den Chancen auch eine Reihe von Risiken. Entscheidet sich ein Finanzdienstleister für das Outsourcing, so bedeutet dies, einen Teil seiner Unabhängigkeit aufgeben zu müssen. Neben der technischen Infrastruktur entstehen Abhängigkeiten bezüglich des technischen Know-hows und der Managementkapazitäten. Gibt der Outsourcer seine technische Infrastruktur vollständig auf, so kann dies häufig gar nicht oder nur mit sehr hohen Aufwendungen revidiert werden. Der Outsourcer begibt sich also in eine langfristige Abhängigkeit vom Insourcer. Der Verlust an Know-how erweist sich nur dann als gravierend, wenn es sich um unternehmensspezifisches Wissen handelt. Ist das Wissen auf Märkten frei verfügbar, so reduziert sich die Gefahr einer einseitigen Abhängigkeit (vgl. Schott 1993, S. 17 ff.).

Outsourcing kann somit als ein Vertrauensgut aufgefasst werden. Die Suche nach einem passenden, zuverlässigen Partner gestaltet sich daher sehr schwierig und aufwendig. Die Anbahnungskosten, die insbesondere die Suchkosten und die Kosten der Vertragsverhandlung umfassen, stellen einen nicht zu unterschätzenden Kostenfaktor dar (vgl. Picot/ Maier 1992, S. 20 f.). Einen wesentlichen Punkt im Rahmen der Vertragsverhandlungen ist der Datenschutz. Ein Finanzdienstleister hat ein ausgesprochenes Interesse an den Belangen des Datenschutzes, da ein Verstoß gegen den Datenschutz die Vertrauensposition des Outsourcers gegenüber seinen Kunden unwiederbringlich schädigen kann und damit dessen unternehmerische Grundlage ruinieren könnte. Ein weiterer nicht zu unterschätzender Faktor sind die Kommunikations- und Koordinationskosten. Die räumliche Differenzierung zwischen dem Standort des Insourcer und Standort des Outsourcer führt zu erhöhten Kommunikations- und Koordinationsaufwendungen. Die Kommunikations- und Abstimmungswege verlaufen nicht mehr hierarchisch innerhalb des Unternehmens, sondern zwischen den Outsourcing-Partner. Nicht selten, insbesondere bei der Softwareentwicklung, findet man eine Auslagerung von Dienstleistungen über die nationalen Grenzen hinweg.

Zudem sind die Kosten, die aus rechtlichen und technischen Rahmenbedingungen resultieren, nur schwer abzuschätzen (vgl. Bongard 1993, S. 129 ff.). So müssen möglicherweise Arbeitsverträge oder Vereinbarungen mit bisherigen Lieferanten und Dienstleistern gelöst oder verändert, Abfindungen gezahlt und laufende Lizenzen übertragen werden. Outsourcing hat insbesondere dann einen Einfluss auf die Personalpolitik, wenn ganze Bereiche auf einen externen Dienstleister übergehen. Die Mitarbeiter erhalten dann die Möglichkeit einer Übernahme durch den Outsourcing-Anbieter. Da er über spezifisches Wissen verfügt, nimmt er im neuen Unternehmen die Belange des „alten" Arbeitgebers wahr. Der Wechsel des Arbeitgebers ist allerdings nicht unproblematisch. Neben einer veränderten Unternehmenskultur und -philosophie müssen sich die übernommenen Mitarbeiter zunächst mit den neuen Gegebenheiten auseinandersetzen. Häufig fühlen sie sich in der neuen Situation als Anfänger, obwohl sie über langjähriger Berufserfahrung verfügen. Die Ausscheidungsquote nach einem Jahr, insbesondere von qualifizierten Mitarbeitern, ist daher sehr hoch.

Lehnen die Mitarbeiter eine Übernahme durch den externen Dienstleister ab, sind sie in andere Bereiche des Unternehmens zu integrieren und mit neuen Aufgaben zu betrauen. Hierdurch entstehen dem Unternehmen weitere Kosten für die Einarbeitung und eventuelle Umschulung der Mitarbeiter. Der Wechsel des Arbeitsplatzes innerhalb des Unternehmens kann zu Frustrationen und Demotivierung des Mitarbeiters führen.

Ist der Mitarbeiter weder bereit zum Insourcer noch in einen anderen Unternehmensbereich zu wechseln, so entstehen durch die Zahlung von Abfindungen und dem Erstellen von Sozialplänen anlässlich des Ausscheidens der Mitarbeiter weitere Kosten, die im Rahmen einer Outsourcing-Entscheidung berücksichtigt werden müssen.

2. Eine empirische Untersuchung zum Outsourcing von Finanzdienstleistungen

2.1 Grundidee und Datenbasis

Insbesondere Finanzdienstleistungsunternehmen sehen sich mit der Frage konfrontiert, bestimmte Leistungen an einen externen Diensteanbieter auszulagern. Kapazitätsengpässe im Hinblick auf das Jahr 2000 und wachsender Wettbewerbsdruck machen eine Konzentration auf die Kernkompetenzen der Finanzinstitute unumgänglich. Die Fusionen internationaler Finanzdienstleister und die zunehmende Globalisierung zeigen, dass die gestiegenen Anforderungen an die Informationsverarbeitung nur mit großem Knowhow und großen Verarbeitungskapazitäten bewältigbar sind. Für kleine und mittlere Finanzinstitute impliziert dies hohe Investitionen in moderne Systemtechnologien und qualifizierte Mitarbeiter. Das Auslagern von Teilbereichen auf externe Insourcer ist damit eine logische Konsequenz dieser Entwicklungen.

In einer nationalen Studie hat sich der Lehrstuhl für Betriebswirtschaftslehre und Marketing an der Johannes-Gutenberg-Universität in Mainz diesem Thema gewidmet. Im November und Dezember 1998 wurden 157 Führungskräfte, insbesondere Leiter der Wertpapierabwicklung und des Zahlungsverkehrs von Finanzdienstleistungsunternehmen zum Thema Outsourcing befragt. Ziel der Untersuchung ist die Identifikation der Anforderungen des Outsourcers an den Insourcer von Finanzdienstleistungen. Von allen befragten Instituten haben 78,2 Prozent bereits Erfahrungen mit dem Outsourcing von Leistungen. Das Erfahrungsspektrum streut vom Auslagern einfacher Dienstleistungen, wie beispielsweise dem Wach- und Sicherheitsdienst, bis hin zum Auslagern der gesamten Wertpapier- und Zahlungsverkehrsabwicklung. Die zukünftige Entwicklung im Bereich des Abwicklungs-Services orientiert sich an den steigenden Kundenanforderungen. Sie erfordern eine wachsende Flexibilität der Abwicklung und eine hohe Qualität der Leistungen. Um diesen Forderungen gerecht zu werden, ist eine Kooperation mit anderen Finanzdienstleistern in vielen Fällen unumgänglich.

2.2 Ergebnisse und Implikationen

Die Herausforderungen der Finanzdienstleister für die Zukunft, bei denen Outsourcing eine Rolle spielen kann, liegen nach den Aussagen der Befragten in der Abwicklung von Effektengeschäften, der Depotverwaltung, der Wertpapierstammdatenpflege und bei der Abwicklung von Finanzderivaten, wie beispielsweise Futures und Optionen (vgl. Abbildung 2).

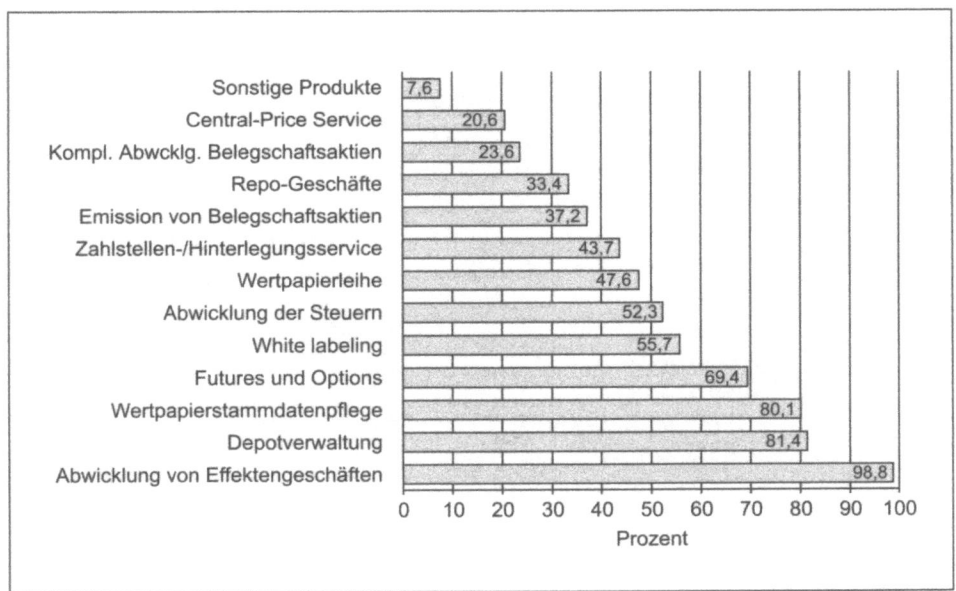

Abbildung 2: Herausforderungen bei der Wertpapierabwicklung

Die Zahlungsverkehrsabwicklung sieht die Herausforderungen bei den Selbstbedienungsterminals, der Scannertechnik und im Internet. Die Selbstbedienungsterminals nehmen immer häufiger die Aufgabe eines Kundenkontaktpunktes wahr. In einigen Fällen ist dies der einzige Kontaktpunkt zwischen dem Kunden und seiner Bank. Die Scannertechnik hilft dem Dienstleister die Abwicklung zu beschleunigen. Zahlungsbelege können schneller eingelesen und verarbeitet werden. Das Internet gilt, insbesondere beim Zahlungsverkehr, als das Medium der Zukunft, mit dessen Hilfe die Kundenbedürfnisse noch besser individuell befriedigt werden können.

Potenzielle Outsourcer stellen hinsichtlich der vom Insourcer angebotenen Produkte und der Qualität genau spezifizierte Mindestanforderungen. Insbesondere die Kompetenz der Ansprechpartner beim Insourcer, Flexibilität bei neuen Produkten und der Abwicklung sowie die Zuverlässigkeit und Ehrlichkeit im Umgang mit dem Outsourcer sind wichtige Anforderungen an die Produkte eines potenziellen Insourcers.

Wie die Abbildung 3 zeigt, fordern die Outsourcer höchste Qualität von den Leistungen des Insourcers. Neben einer vollen Serviceleistung sind Qualitätsbenchmarks und ein regelmäßiges Qualitätsreporting wichtig. Qualitätsbenchmarks sind Vergleichswerte, die ein Insourcer mindestens erfüllen sollte. Ein regelmäßiges Qualitätsreporting gibt Auskunft über die „Ist-Qualität". Ein Vergleich des Ist-Wertes mit dem Qualitätsbenchmark zeigt, ob die Qualitätsanforderungen erfüllt wurden bzw. in welchen Bereichen Defizite bestehen. Externe Qualitätskontrolleure, beispielsweise Unternehmensberatungen, fordern nur 2,5 Prozent der Befragten.

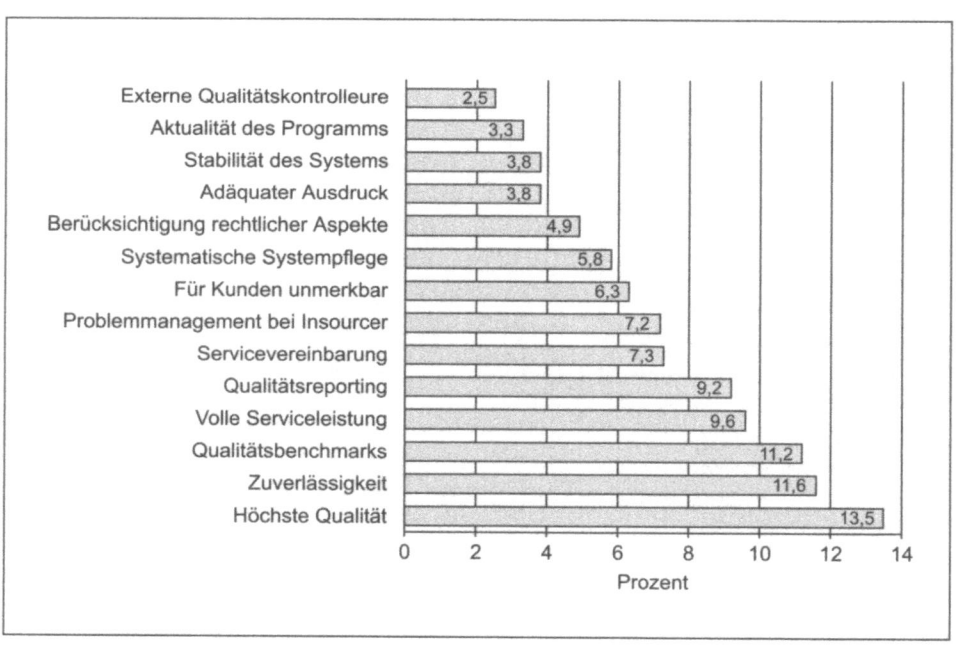

Abbildung 3: Mindestanforderungen hinsichtlich der Qualität

Die vom Insourcer bereitgestellten Systeme sollten Schnittstellen zu den bestehenden Systemen aufweisen. Neben der Bedienungsfreundlichkeit ist die Sicherheit von großer Bedeutung. Dabei gilt es, den Datenschutz zu gewährleisten und die Systemausfallzeiten zu minimieren. Die durchschnittliche Ausfalldauer liegt bei den befragten Instituten bei zwei bis drei Minuten pro Tag. In Einzelfällen berichteten die befragten Führungskräfte aber auch von zehn bis 20 Minuten pro Tag. Die Ursachen für die Ausfälle liegen in etwa einem Drittel der Fälle in der Überlastung der Datenleitungen. Aber auch Software- und Hardwareprobleme und ein mangelnder Service der Hersteller sind der Anlass. Höhere Gewalt und Fehler in der Bedienung der Systeme oder bei der Eingabe sind von eher untergeordneter Bedeutung für die Ausfallzeiten.

Ein modularer Aufbau und die Ausbaufähigkeit der Systeme sind unverzichtbar, um langfristig Kapazitätsengpässe zu vermeiden. Nach mittelfristigen Kapazitätsengpässen im Hinblick auf das Jahr 2000 befragt, gaben 30,7 Prozent Restriktionen an. 69,3 Prozent halten ihre Systemressourcen für ausreichend. Als Maßstab für die Leistungsqualität ziehen die Befragten verschiedene Indikatoren heran. Insbesondere die Einhaltung der zugesagten Ausführungszeiten von Leistungen und Qualitätsprotokollen sind wichtige Kriterien bei der Beurteilung der Leistungen. Großen Wert legen die Institute auf die Unmerklichkeit des Outsourcing. Der Kunde soll von der Auslagerung nichts bemerken. Er soll das Gefühl haben, alle von ihm in Anspruch genommenen Leistungen werden durch „seine" Bank erbracht. So besteht der Anspruch an die Insourcer, dass beispielsweise Konto- und Depotauszüge auf den Druckvorlagen des Outsourcers erstellt und unter dessen Namen verschickt werden. Man spricht in diesem Zusammenhang von „white labeling".

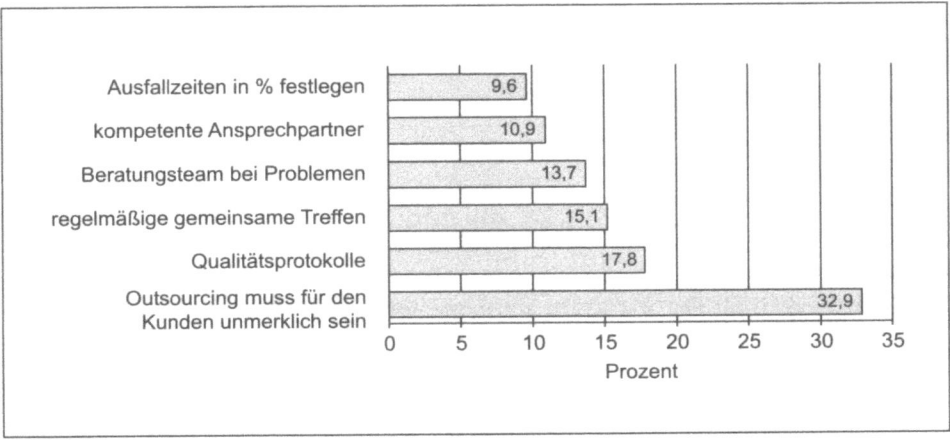

Abbildung 4: Die der Bewertung des Insourcers zu Grunde gelegte Qualitätsstandards

Mehrheitlich sind die Befragten allerdings der Meinung, dass die Anforderungen der Kunden an den Finanzdienstleister durch das Outsourcing nicht besser befriedigt werden können. Vorteile für den Kunden sehen sie nur in der elektronischen Orderabwicklung, der Online-Brokerage und den Call-Centern (vgl. Abbildung 5).

Die Produktpalette sollte in einer modularen Form konzipiert sein, um eine individuelle Leistungsgestaltung zu gewährleisten. Der Outsourcer ist somit in der Lage, aus dem Leistungsangebot des Insourcers die Leistungen auswählen zu können, die seinen individuellen Bedürfnissen und Anforderungen am ehesten entsprechen. Die Frage nach der Einhaltung von Mindeststandards wurde mit großer Mehrheit positiv beantwortet. Zusagen des Insourcers allein sind aber nicht ausreichend, zusätzlich besteht die Forderung nach einer Zertifizierung entsprechend der ISO 9000-Norm oder einem anderen neutralen Standard, der allgemein anerkannt wird. Diese Forderung trägt dem Risiko Rechnung, das ein Outsourcer mit dem Auslagern seiner Wertpapierabwicklung eingeht. Die Entscheidung zum Outsourcing ist langfristig und nur sehr schwer zu revidieren. Der Nachweis eines extern zertifizierten Mindeststandards ist daher ein wichtiges Kriterium bei der Wahl eines potenziellen Insourcers.

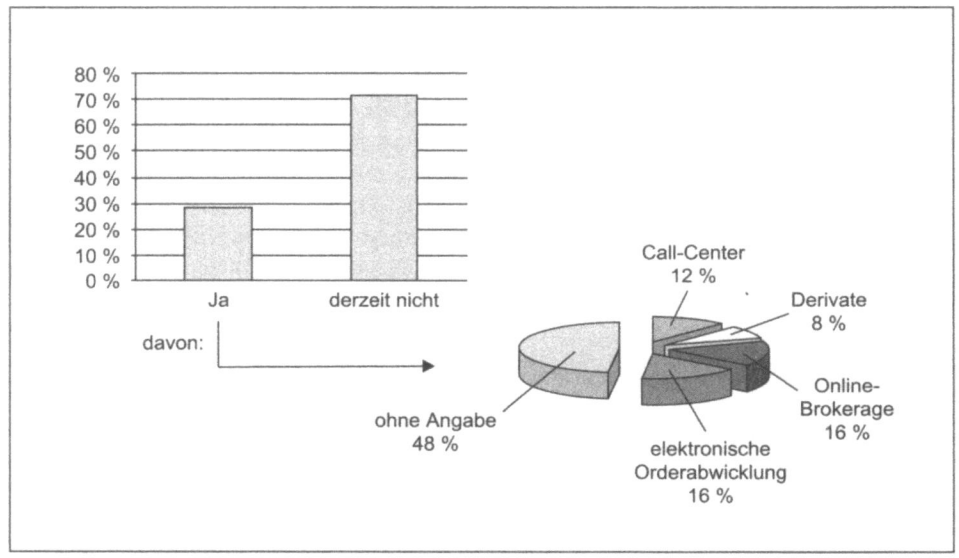

Abbildung 5: Verbesserungen für die Anforderungen der Kunden

Als Bedingungen für das Auslagern von Leistungen sollte eine Kostenersparnis, eine Verbesserung des Services und ein angemessenes Preis-Leistungs-Verhältnis bestehen.

Abbildung 6 zeigt, dass sich einige Institute noch nicht konkret mit der Möglichkeit eines Outsourcing befasst haben. Sie haben konkrete Bedingungen bisher nicht definiert.

Eine mengenabhängige Preisgestaltung hilft, die geforderte Transparenz der Preise zu gewährleisten. Für 70,7 Prozent der befragten Institute ist der Preis im Vergleich zur Qualität wichtig. Für 58,3 Prozent spielt der Preis bei der Entscheidung zum Outsourcing eine wichtige Rolle, 23,6 Prozent sehen den Preis als weniger wichtig an. Um eine Transparenz der Preise zu gewährleisten, fordern 60,8 Prozent der Institute eine auf den Stückkosten basierende Preisberechnung.

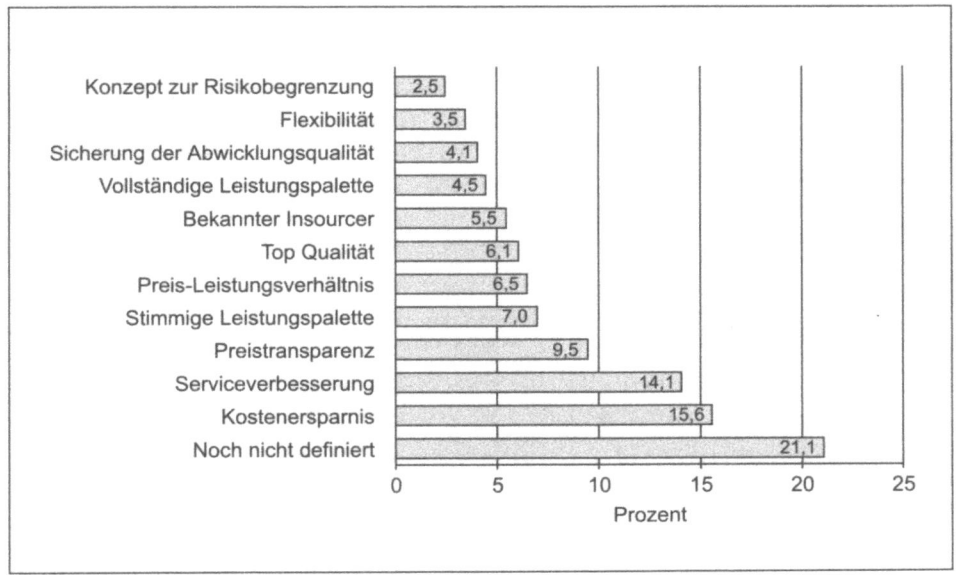

Abbildung 6: Bedingungen für ein Outsourcing

Finanzinstitute, die bereits Erfahrungen mit Outsourcing haben, sehen allerdings weiteren Verbesserungsbedarf. Insbesondere die hohen Kosten, ein unzureichender Service durch den Insourcer und eine ungenaue Abgrenzung der Verantwortlichkeiten werden bemängelt (vgl. Abbildung 7).

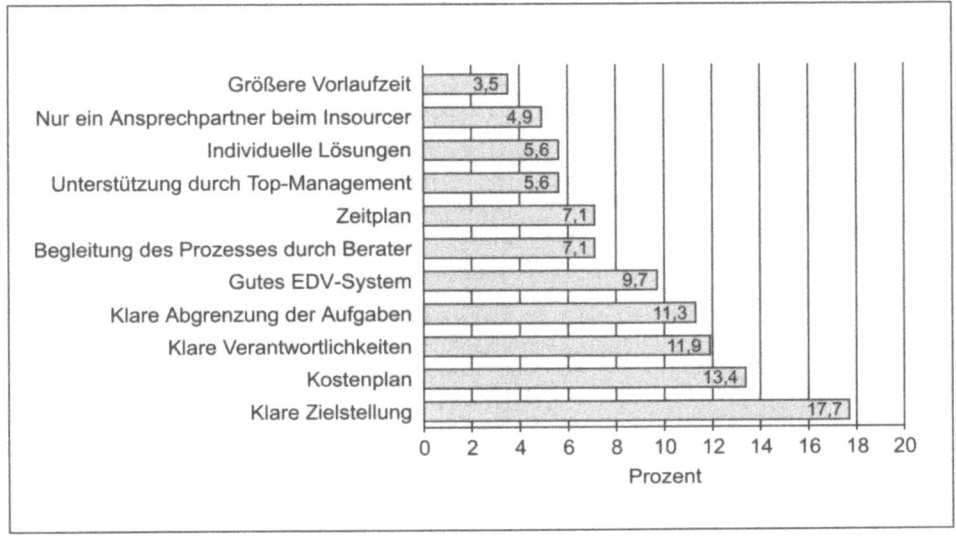

Abbildung 7: Verbesserungspotenzial beim Auslagerungsprozess und bei den Leistungen des Diensteanbieters

Der Prozess des Outsourcing wird in der Regel durch den Insourcer begleitet. Neben der Schulung von Mitarbeitern ist es wichtig, dass der Diensteanbieter Migrationsteams zur Verfügung stellt. Sie helfen, die neuen Abläufe im Unternehmen zu integrieren und bereits im Vorfeld die Vorbereitungen für einen reibungslosen Übergang zu tätigen. Sonstige Anforderungen an die Begleitung beim Outsourcing aus der Sicht eines auslagernden Finanzdienstleister zeigt die Abbildung 8.

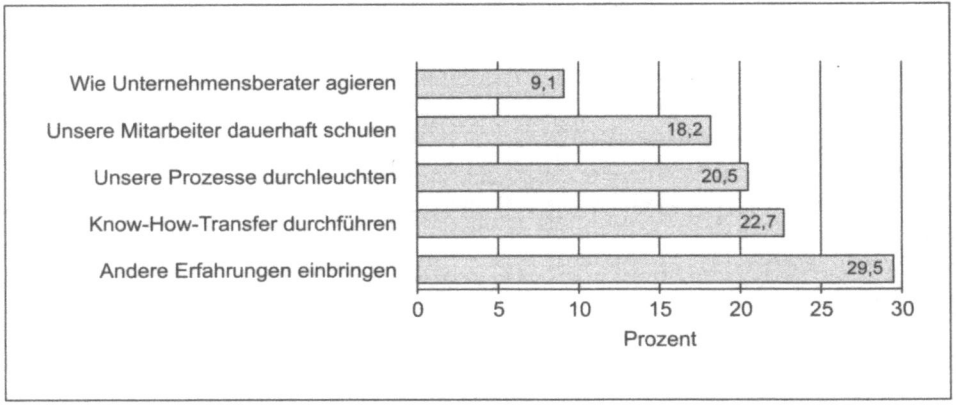

Abbildung 8: Sonstige Anforderungen an die Begleitung des Diensteanbieters beim Outsourcing

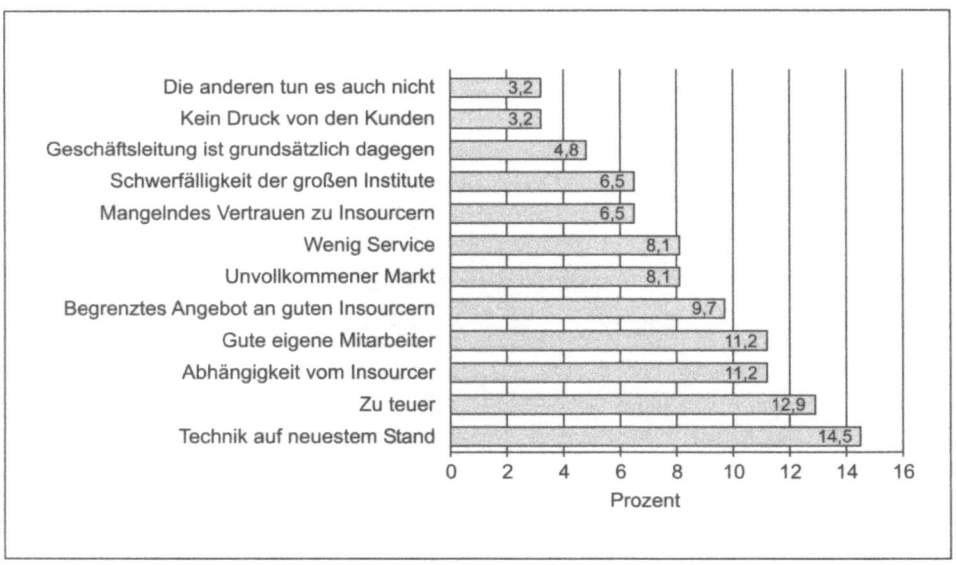

Abbildung 9: Gründe, das Outsourcing nicht zu forcieren

Die Gründe für Finanzinstitute das Outsourcing derzeit nicht zu forcieren, sind vielfältig. Die Mehrzahl der befragten Institute sehen in der unzureichenden Kompatibilität der Systeme mit den potenziellen Insourcer den größten Hinderungsgrund für eine Auslagerung. Weiterhin sind sie sich der weitreichenden Bedeutung bewusst, die das Outsourcing nach sich zieht und müssen daher eine solchermaßen grundlegende Entscheidung genau prüfen. Weitere Gründe, die Finanzdienstleister davon abhalten, Leistungen an einen externen Diensteanbieter auszulagern, zeigt die Abbildung 9.

Entscheidet sich ein Institut zur Auslagerung des Abwicklungsbereichs, so hat es genaue Vorstellungen über die Begleitung des Outsourcing-Prozesses. 21,2 Prozent der Befragten wünschen sich eine Unterstützung durch den potenziellen Insourcer. 18,5 Prozent bewältigen die Aufgabe in eigener Regie, während 13,7 Prozent sich von der jeweiligen Fachabteilung Unterstützung erhoffen. 9,6 Prozent geben an, bei der Auslagerung auf die Beratungsleistung von Dritten zurückzugreifen. Den Auslagerungsprozess gemeinsam mit einer anderen Bank zu bewältigen, streben nur 6,1 Prozent der potenziellen Outsourcer an.

Der für eine Auslagerung benötigte Zeitrahmen wird sehr unterschiedlich gesetzt. Wie Abbildung 10 verdeutlicht, schwankt der Zeitrahmen für die Entscheidung zum Outsourcing zwischen drei und 24 Monaten.

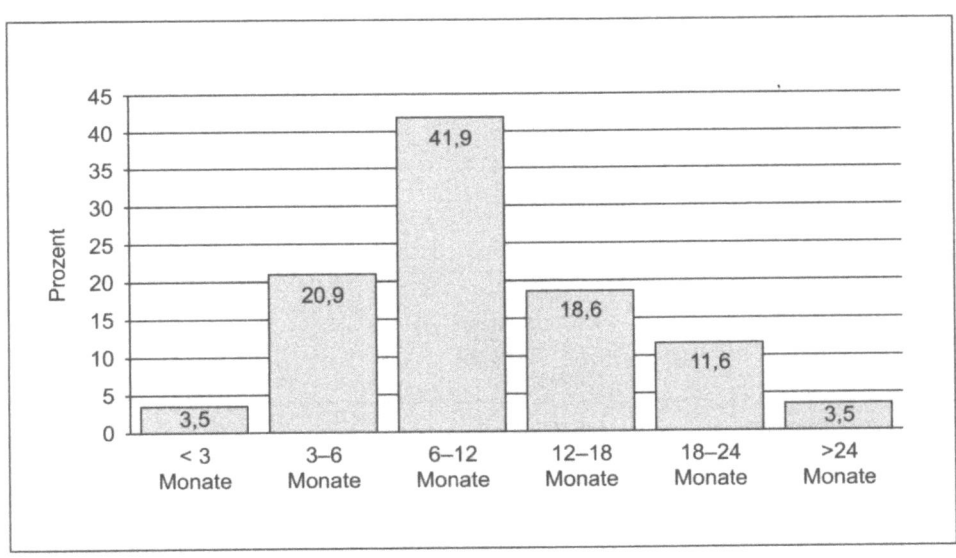

Abbildung 10: Zeitrahmen für den Entscheidungsprozess

Die Angaben des Zeitrahmens für das komplette Outsourcing, das heißt der Zeitraum zwischen der Entscheidung zum Auslagern und der tatsächlichen Implementierung, variieren zwischen kürzer als ein Jahr (36,9 Prozent) und mehr als drei Jahre (3,3 Prozent). Mehr als die Hälfte sehen den Zeitrahmen zwischen ein und zwei Jahren (51,1 Prozent).

3. Konkrete Anforderungen an den Insourcer von Finanzdienstleistungen – Ergebnisse einer Conjoint-Analyse

Eine Conjoint-Analyse, die zusätzlich zur Befragung durchgeführt wurde, hat weitere Erkenntnisse bezüglich der Anforderungen an einen Insourcer erbracht. Die Conjoint-Analyse hat sich in den letzten Jahren als eine Methode zur Messung der Nachfragerpräferenzen bewährt. Sie unterstützt die Konzeption neuer Produkte oder die Differenzierung bzw. Variation bereits existierender Erzeugnisse. Mit diesem Erhebungsinstrument gelingt es, Aussagen über die relative Bedeutung der einzelnen Attribute bzw. deren Ausprägung für das Zustandekommen des globalen Präferenzurteils zu formulieren. Hier geht es nicht darum, einzelne Produktmerkmale isoliert von anderen zu beurteilen, vielmehr trägt man den menschlichen Wahrnehmungs- und Beurteilungsvermögen Rechnung und rekonstruiert die Bedeutung des jeweiligen Merkmals aus den Urteilen der Nachfrager über vollständig beschriebene Produkte. Aus den Erkenntnissen ergeben sich ganz konkrete Hinweise für die Merkmalsgestaltung von Produkten. Generell geht es darum, solche Merkmalsausprägungen für das Produkt zu wählen, die möglichst große Nutzenwerte aufweisen und damit den Marktanteil der Produkte und Dienstleistungen maximieren.

Merkmale	Merkmalsausprägungen
Systemtechnologie	Eigene Fremde
Mindeststandards	Keine Zusagen Zertifikate
Preise	3 Millionen 3,75 Millionen 4,25 Millionen 5 Millionen
Service-Leistungen	Standard Standard+Repo-Geschäfte Alles
Service-Prozess	IT-Know-how Komplette Abwicklung Komplette Abwicklung + Datenübertragung
Zusatzleistungen	Keine Beratung Projektkoordination Projektkoordination + Schulung

Tabelle 1: Die Leistungsmerkmale und deren Ausprägungen

Der Ausgangspunkt für die Untersuchung der Nachfragerpräferenzen mit der Conjoint-Analyse besteht darin, eine Reihe von Leistungsmerkmalen und deren Ausprägungen vorzugeben (vgl. Tabelle 1).

Aus den sechs Merkmalen mit 19 Ausprägungen lassen sich 864 vollständig beschriebene Leistungsbündel beschreiben, die sich mindestens im Hinblick auf ein Merkmal unterscheiden. Mithilfe eines Computerprogramms wurden den befragten Führungskräften eine überschaubare Zahl von Leistungsbündel präsentiert, die sie hinsichtlich ihrer Vorziehenswürdigkeit in eine Rangfolge anordnen mussten. Die Analyse der Daten liefert sogenannte Teilnutzenfunktionen für die einzelnen Merkmale (vgl. Abbildung 11).

Man sieht, dass eine Modifikation des Leistungsbündels, die darin besteht, bei den Service-Leistungen anstelle reiner Standardleistungen zusätzlich auch Repo-Geschäfte anzubieten, zu einem Nutzenzuwachs von 0,11 Nutzeneinheiten führt. Bietet man hingegen darüber hinaus alle Service-Leistungen an, so lautet der Nutzenzuwachs nur noch 0,04 Nutzeneinheiten. Offenbar bringt die Erweiterung einer aus Standard plus Repo-Geschäft bestehenden Service-Leistung auf ein alle Service-Leistungen umfassendes Angebot keinen gravierenden Nutzenzuwachs. Insofern sind die Nachfrager auch nicht bereit, für diese Erweiterung besonders viel Geld auszugeben, das heißt die Preisbereitschaft für die Serviceerweiterung ist sehr gering. Vor dem Hintergrund der Kosten, die diese Erweiterung des Leistungs-Services für den Insourcer zur Folge hat, ist möglicherweise in Anbetracht der geringen zusätzlichen Preisbereitschaft von dieser Maßnahme abzusehen.

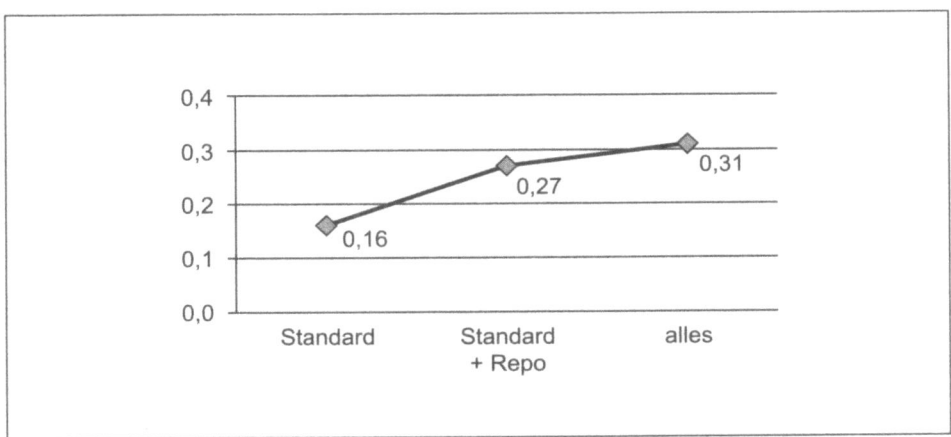

Abbildung 11: Die Teilnutzenwerte für das Leistungsmerkmal Service-Leistungen

Außerdem lassen sich die relativen Wichtigkeiten der Merkmale bestimmen (vgl. Abbildung 12). Wichtigster Maßstab bei der Beurteilung eines Leistungsbündels ist der Preis. Als weitere Kriterien spielen die Einhaltung von geforderten Mindeststandards, die angebotenen Zusatzleistungen und der Service-Prozess eine wesentliche Rolle. Die verwendete Systemtechnologie ist dagegen von eher untergeordneter Bedeutung.

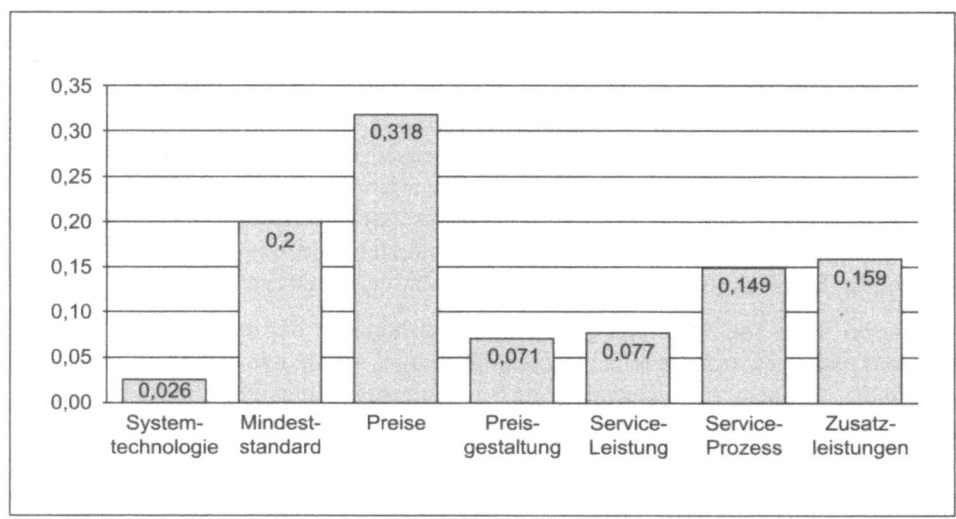

Abbildung 12: Relative Wichtigkeiten der Leistungsmerkmale

Es zeigt sich jedoch, dass die einzelnen Befragten unterschiedliche Nutzenstrukturen aufweisen und insofern den Maßnahmen unterschiedliche Bedeutung beimessen. Daher dient eine Cluster-Analyse dazu, Gruppen zu identifizieren, die unterschiedliche Anforderungen an die Leistungsgestaltung des Outsourcers stellen. Mitglieder einer Gruppe besitzen ähnliche Wünsche an den Outsourcer, während Personen unterschiedlicher Cluster verschiedene Nutzenstrukturen aufweisen (vgl. Tabelle 2).

Cluster 1: Der preissensitive Mitläufer	Cluster 2: Die qualitätsbewussten Auslagerer	Cluster 3: Die beratungsbedüftigen Umstrukturierer
Preise und Preisgestaltung sind wichtig	Serviceleistung und Mindeststandards sind wichtig	Zusatzleistungen und Service-Prozess sind wichtig
Service- und Zusatzleistungen sind unwichtig	Preise und Preisgestaltung sind unwichtig	Systemtechnologie und Service-Leistungen sind unwichtig
Outsourcing wird betrieben, weil andere es auch tun	Für das Outsourcing sind Vertrauen und Glaubwürdigkeit des Insourcers besonders wichtig	Outsourcing wird verknüpft mit einer Umstrukturierung der innerbetrieblichen Abläufe

Tabelle 2: Anforderungen der verschiedenen Cluster an den potenziellen Outsourcer

4. Fazit

Die Ergebnisse dieser Studie zeigen, dass Outsourcing mehr ist als eine vorübergehende Erscheinung. Die Entscheidung zum Auslagern von Leistungen hat einen langfristigen Charakter und ist insbesondere für Finanzinstitute ein unumkehrbarer Weg. Die Anforderungen an einen potenziellen Insourcer sind daher umfangreich und insbesondere die Einhaltung von Mindeststandards unabdingbare Voraussetzung. Die zunehmende internationale Verflechtung von Unternehmen im Finanzdienstleistungsbereich eröffnen weitere Möglichkeiten zu einem grenzüberschreitenden Outsourcing.

Literaturhinweise

BONGARD, S., Outsourcing – Entscheidungen in der Informationsverarbeitung, Wiesbaden 1994.

HORCHLER, H., Outsourcing: eine Analyse der Nutzung und ein Handbuch der Umsetzung: Markt – Recht – Management – Abwicklung – Vertragsgestaltung, Köln 1996.

KLEINALTERKAMP, M., JACOB, F. und LEIB, R., Outsourcing kaufmännischer Dienstleistungen, in: Information Management, Nr. 1, 1997, S. 65–72.

KÖHLER-FROST, W. (Hrsg.), Outsourcing: eine strategische Allianz besonderen Typs, Berlin 1993.

PICOT, A. und MAIER, M., Analyse und Gestaltungskonzepte für das Outsourcing, in: Information Management, Nr. 4/94, 1992, S. 14–40.

SCHOTT, E., Risiken des Outsourcing, in: Köhler-Frost, W. (Hrsg.), Outsourcing: eine strategische Allianz besonderen Typs, 1993, S. 15–29.

Sortimentspolitik in Retailbanken

Ralf Jasny, Andreas Herrmann, Norman Hänsler, Frank Huber

1. Einleitung

Vor dem Hintergrund der Diskussion über das Aufbrechen der Wertschöpfungskette von Universalbanken und der damit einhergehenden Trennung der bankbetrieblichen Leistungen zwischen Produktion und Absatz besteht die Notwendigkeit der Banken, für die Teile der Wertschöpfungskette die Absatzfunktionen wahrzunehmen und deren Wertschöpfungsbeitrag aktiv zu gestalten. Trennt man aus einer Universalbank die Retailbanking-Aktivitäten heraus, so ist damit gleichzeitig eine Separation des Hauptvertriebskanals der Universalbank, nämlich das Zweigstellennetz verbunden. Für die Retailbank entsteht damit das Problem, dass sie durch die Gestaltung ihrer Leistung einen eigenen Wertschöpfungsbeitrag erzeugen muss, der über das Angebot ihres eigenen bilanzwirksamen Geschäfts hinausgeht. Selbst hergestellt werden in der Retailbank nur die bilanzwirksamen Geschäfte wie zum Beispiel die Hereinnahme von Einlagen (Passivgeschäft) und die Ausgabe von Krediten (Aktivgeschäft). Alle anderen Leistungen wie zum Beispiel Investmentfonds, Aktienplatzierungen oder Versicherungsleistungen müssen von den jeweiligen Herstellern (Investmentbanken, Kapitalanlagegesellschaften, Versicherungen) hinzugekauft werden. Der Teil der Wertschöpfungsaktivitäten, der nicht durch den originären Geschäftsbetrieb einer Bank entsteht, geht in der Retailbank verloren.

Die Retailbank steht damit vor der entscheidenden Frage, welche Leistungen sie über ihren Vertriebskanal anbietet. Sie hat dabei grundsätzlich die Wahl, nur die selbst produzierten Leistungen anzubieten oder auch Leistungen von außerhalb mit in ihr Sortiment aufzunehmen. Hier stellt sich für die Retailbank die Frage, welche und wie viele Leistungen sie neben ihren selbst produzierten Leistungen anbieten sollte. Darüber hinaus muss geprüft werden, ob und in welchem Umfang zu diesen Leistungen zusätzlich Beratungs- und Serviceleistungen angeboten werden.

Vergleicht man die Situation der Retailbanken mit anderen Einzelhandelsunternehmen, so zeigen sich Parallelen. Auch der Einzelhandel steht bei der Bestimmung nach seinem Wertschöpfungsbeitrag zum einen vor der Frage des Angebots verschiedener Produkte in seinen Verkaufsflächen (Sortimentspolitik) und zum anderen vor der Frage der Ausgestaltung der Beratungs- und Serviceleistungen. Vor dem Hintergrund begrenzter Regalflächen ergibt sich zusätzlich das Entscheidungsproblem, welche und wie viele Produkte in seinen Läden den Konsumenten angeboten werden sollen.

Neben dem Angebot der Beratungsleistung kann die Frage der Sortimentsgestaltung als eine der zentralen Wertschöpfungsfunktionen des Handels gesehen werden (vgl. hierzu auch Leitherer 1989). Deshalb erscheint es zweckmäßig, sich zunächst mit grundsätzlichen Überlegungen von Handelsunternehmen bezüglich der Sortimentsgestaltung auseinander zu setzen um anschließend zu prüfen, ob und inwieweit diese Überlegungen auf die Sortimentspolitik von Retailbanken übertragen werden können. In einem weiteren Schritt ist dann zu prüfen, wie diese sortimentspolitischen Entscheidungen für Differenzierungsstrategien von Retailbanken eingesetzt werden können.

2. Sortimentspolitik von Handelsunternehmen

2.1 Ziele der Sortimentspolitik

Gestiegene Produktansprüche seitens der Nachfrager führen zu einem vermehrten Produkt- und Dienstleistungsangebot auf der Unternehmer- und Handelsseite, das heißt einer möglichst vollständigen Abdeckung der Märkte. Die Sortimentspolitik des Handels zur bestmöglichen Gestaltung der Sortimentsattraktivität hinsichtlich der Anforderungen und Wünsche aktueller und potenzieller Kunden strebt einen optimalen Grad an Bedürfnisbefriedigung an, um das Kundenpotenzial möglichst vollständig ausschöpfen und Wettbewerbsvorteile generieren zu können. Die im Rahmen der Sortimentspolitik zu treffenden Entscheidungen umfassen somit die Zusammenstellung und Umstrukturierung des Leistungsangebots zu einer in den Augen der Nachfrager attraktiven Gesamtheit. Dabei fördern heterogene Kundenbedürfnisse, der steigende Konkurrenz- und Preisdruck sowie allgemein veränderte Marktdaten die Entwicklung vom branchenorientierten zum bedarfsorientierten Sortiment und führten schließlich zu einer branchenübergreifenden Bedarfsbündelung. Das heißt, dass das Handelssortiment, welches einst weitgehend vom Material her bestimmt war, gegenwärtig durch Gruppierungskriterien wie Preislagen, Erlebnisbereiche oder auch die Selbstbedienungseignung bestimmt wird.

Die programmpolitischen Entscheidungen sind dabei abhängig von *außerbetrieblichen Rahmenbedingungen*, wie absatz- und beschaffungsmarktbezogenen, gesamtwirtschaftlichen, technischen, ökologischen, politischen sowie rechtlichen Einflussfaktoren, und *innerbetrieblichen Rahmenbedingungen*, zu denen die Betriebsform, die Unternehmensressourcen sowie die Führungs- und Aufbauorganisation zu zählen sind (vgl. Möhlenbruch 1994, S. 35–66). Entscheidend für die Gestaltung von Sortimenten im Einzelhandels ist gleichwohl die Bedürfnisstruktur der Kunden.

Mit der Strukturierung des Sortimentsinhalts wird die Grundpositionierung des Einzelhändlers im Branchengefüge fixiert und damit letztlich der Charakter seiner Tätigkeit. Die primäre Ausrichtung anderer absatzpolitischer Instrumentarien an dem Leistungsangebot, wie beispielsweise der Preis- und Vertriebspolitik, unterstreicht die besondere Stellung der Sortimentspolitik als zentrales Marketing-Instrument.

Im Zentrum steht die Frage nach dem Inhalt (qualitative Sortimentspolitik), den Dimensionen (quantitative Sortimentspolitik) und der Dynamik (zeitliche Sortimentspolitik) des Leistungsangebots. In unmittelbarer Verbindung damit stehen Kundenstruktur- und

Sortimentsverbundanalysen sowie ABC-Analysen nach Umsätzen, Deckungsbeiträgen und Umschlagsgeschwindigkeiten, die in ihrer Gesamtheit unter dem Begriff der *Sortimentsstrukturanalyse* zusammengefasst werden können. Die daraus gewonnenen Erkenntnisse über auftretende Verbundeffekte sowie das umsatzstärkste Produkt innerhalb des Angebotsportfolios, die Korrelation zwischen Kostenstruktur und realisierter Bedarfsdeckung und die Sortimentsattraktivität im Vergleich zum Wettbewerber geben Auskunft über das langfristige Wachstum des Produktprogramms und stellen somit unverzichtbare Informationen zur Erreichung der Umsatz- und Gewinnziele dar.

2.2 Parameter der Sortimentsgestaltung

Im Rahmen der programmpolitischen Modellierung werden unter anderem Entscheidungen über die quantitativen Dimensionen (Breite und Tiefe) und der qualitativen Dimension des Sortiments (Höhe) getroffen, die teils von taktischem teils von strategischem Charakter geprägt sind.

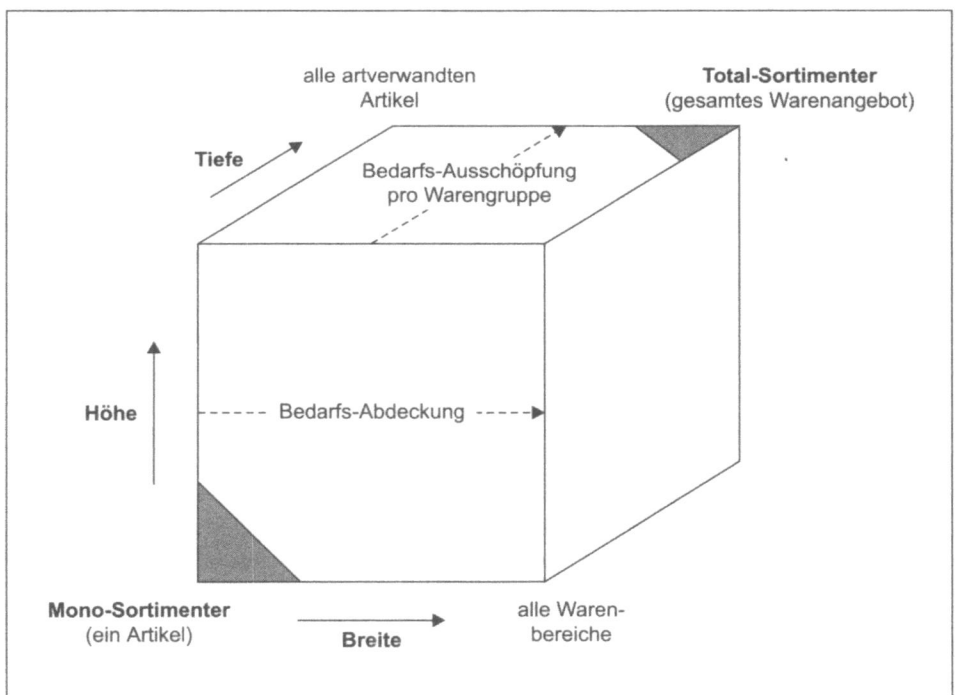

Abbildung 1: Sortimentsdimensionen

Die Dimension der Sortimentsbreite stellt die Anzahl der verschiedenen Produktlinien und/oder Dienstleistungen dar, die zusammen mit der Sortimentstiefe – definiert als die Anzahl der Artikel innerhalb einer Produktlinie – den *Sortimentsumfang* bestimmt. Bei einem extrem breiten Sortiment findet der Nachfrager jeglichen Warenbereich „unter einem Dach". Ein eher schmales Sortiment mit einer markanten Sortenvielfalt (Tiefe) profiliert sich hingegen mit wenigen Warengruppen, das heißt, es erfolgt eine Spezialisierung auf einen bestimmten Bedarf am Markt, und wird eventuell durch einen Servicekranz erweitert, um sich als dienstleistungsorientiertes Fachgeschäft gegenüber den Discountmärkten abzugrenzen.

Die Sortimentshöhe entspricht dem Niveau des Leistungsangebots, das heißt der Qualität im Sinne einer bedürfnisgerechten Nutzenbefriedigung. Entlang dieser drei Gestaltungsdimensionen, die als *konstituierende Variablen des Sortimentsportfolios* verstanden werden können, ergeben sich verschiedene Strategien zur optimalen Gestaltung eines Sortiments-Mix. In diesem Zusammenhang lassen sich die *Sortimentskontraktion, -expansion* und *-konsolidierung* unterscheiden (vgl. Barth 1999, S. 169 f. und Rusche 1991, S. 187–225).

Bei der Sortimentskonsolidierung verzichtet der Handel im Bereich der Sortimentsbreite auf weitere Diversifikationen und im Bereich der Sortimentstiefe auf eine weitläufigere Produktdifferenzierung, weil eventuell räumliche und finanzielle Grenzen eine Ausdehnung verbieten oder sich das bisherige Sortiment vor dem Hintergrund des habitualisierten Kaufverhaltens von Konsumenten bewährt hat, sodass einer Sortimentsmodifikation Grenzen gesetzt sind.

Im Rahmen der Sortimentseinschränkung werden Waren oder Dienstleistungen aus dem Angebotsportfolio genommen, deren Umlaufgeschwindigkeiten auf Grund von Bedarfswandlungen oder Konjunkturschwankungen zu hoch und somit die Kosten für eine umfangreiche Lagerhaltung nicht mehr tragbar sind. Die Überlegung, welche Leistungen trotz schlechter Margen weitergeführt werden, weil Verbundbeziehungen zu anderen Produkten bestehen (Spill-over-Effekte), ist in die Entscheidung einer Sortimentskontraktion einzubeziehen.

Mit der Sortimentserweiterung kommt es zur Aufnahme weiterer Produkte oder Dienstleistungen, die entweder dem Kernsortiment, das heißt der programmpolitischen Grundorientierung (Elektrogeschäft, Möbelgeschäft etc.), dem Zusatzsortiment (ergänzendes Leistungsangebot zum Kernsortiment) oder dem Randsortiment zugeordnet werden. Durch die Aufnahme von ähnlich gelagerten Waren und Dienstleistungen wird der *Sortimentsdynamik* Rechnung getragen, die sich durch den verschärften Wettbewerb des Handels stetig erhöht. Im Rahmen einer Expansionsstrategie ist dem Zielkonflikt zwischen einer größtmöglichen Bedarfsdeckung und den damit in Verbindung stehenden Kosten Rechnung zu tragen.

2.3 Category-Management und Shop-in-Shop-Konzepte

Eine marktorientierte Sortimentspolitik gehört zu den schwierigsten Aufgaben von Handelsunternehmen. Die Auswahl des Warenangebots des Handels ist derart zu gestalten, dass das Leistungsangebot für den Endverbraucher größtmögliche Attraktivität erlangt. Die Artikelwahl soll infolgedessen nicht dem Zufall überlassen werden, wobei das Sortiment im Hinblick auf die Bedürfnisstrukturen der Konsumenten fortwährend überprüft und in Einklang mit den Kostenbemessungen des Handelsunternehmens gebracht werden muss. Ständig wechselnde Marktkonstellationen erfordern eine *operative Sortimentssteuerung*, die saisonale Schwankungen nach dem Prinzip der zeitlichen Kompensation ausgleicht, indem Produkte mit zeitlich gegenläufigen Umsatzbewegungen in das Leistungsangebot aufgenommen werden. Für diese strategischen Aufgaben benötigt das Handelsunternehmen Informationen auf allen Ebenen seines Verantwortungsbereiches und über *alle* sortimentsbezogenen Einflussgrößen. In diesem Zusammenhang gewinnt das *Category-Management* (CM) (siehe dazu ausführlich Holzkämper 1999) zunehmend an Bedeutung, welches durch ein Zusammenwirken von Industrie und Handel hinsichtlich Produktentwicklung, Sortimentsgestaltung und Verkaufsförderung bestrebt ist, die Kundenzufriedenheit mittels bedürfnisorientierter Leistungsbereitstellung zu erhöhen und die Effizienz entlang der gesamten Wertschöpfungskette zu steigern. Durch den Informationsaustausch der Wertschöpfungspartner soll eine effiziente Ausschöpfung zielgruppenspezifischer Absatzpotenziale am Point of Scale erreicht werden (vgl. Barth 1999, S. 182). Das Kooperationskonzept des CM wirkt ferner der Betriebsstättenprofilierung des Handels entgegen, bei der die Bedeutung des einzelnen Artikels zum Unbehagen der Hersteller im Sortiment relativiert wird. Neben einer profitablen Steuerung des gesamten Sortiments in Zusammenarbeit mit den Herstellern versuchen Handelsunternehmen sich im Bereich der Servicepolitik, Verkaufsraumgestaltung und Warenpräsentation, der Preis- und Werbepolitik sowie der Qualitätspolitik zu differenzieren, um die Gunst des Kunden im *Erlebnishandel* für sich zu gewinnen.

Bei so genannten *Shop-in-shop-Konzepten* sind mehrere Geschäfte innerhalb einer großflächigen Einkaufsstätte integriert, sodass die Kundschaft auf ein vielfältiges sich in seiner Anordnung und Darbietung optisch stark unterscheidendes Leistungsangebot trifft. Diese deutlich signalisierte Vielfältigkeit des Warenangebots unter einem Dach soll die Einkaufsstätte – ähnlich wie auf einem Basar – in eine attraktive Erlebnisstätte verwandeln, um die Verweildauer im Geschäft und somit die getätigten Käufe zu erhöhen. Durch eine Kooperation dieser Art entsteht ein Verbund aus den Attributen großflächiger Einzelhandelsunternehmen (hohe Kundenfrequenz, große Angebotsbreite) und der Kompetenz von spezialisierten Fachgeschäften. Diese Fachkompetenz soll, so erhofft man sich, auf das Einzelhandelsunternehmen ausstrahlen. Diese „One-stop-shopping-Strategie" vereinigt „die organisatorischen und akquisitorischen Vorteile des klassischen Warenhauses mit dem individuellen Charakter der Beratung und der Kundendienste des Fachgeschäftes" (Barth 1999, S. 108).

Um zusätzliche Nachfrage zu generieren finden sich weitere Differenzierungsstrategien der Handelsunternehmen, wie beispielsweise die Erweiterung des Kernproduktes mit Kundendienst- und Serviceleistungen oder die Integration von Online-Angeboten. Bei den Kundendienst- und Serviceleistungen handelt es sich um sogenannte Ergänzung- oder Zusatzleistungen, die eine gewisse Affinität und Notwendigkeit zum Kernprodukt aufweisen müssen. Vom einstigen Verständnis eines „notwendigen Übels" wandelte sich die Servicekomponente zu einem absatzpolitischen Aktionsparameter, der häufig auf externe Servicespezialisten übertragen wird, wenn Leistungen in adäquater Form nicht selbst erbracht werden können.

Die Erweiterung des stationären Vertriebs durch einen elektronischen Handel findet wegen Freiwilligkeit der Teilnehmer, Omnipräsenz des Leistungsangebots, Auflösung starrer Vertriebssysteme und Gleichberechtigung der Transaktionspartner in jüngster Zeit immer mehr Zuspruch und wird unter dem Begriff des „Electronic-Commerce" zusammengefasst. Bei analogen Produkten werden die Transaktionsphasen elektronisch unterstützt, was eine physische Warenlogistik bzw. ein paralleles Warenprozesssystem notwendig macht. Diese Form der Leistungsbereitstellung ermöglicht es dem Handelsunternehmen bei vorausgegangenen Einkaufsakten eine individuelle Kommunikation zum Kunden herzustellen, sodass Streuverluste im Bezug der Produktpräsentationen eher selten in Erscheinung treten. Allerdings sind diesem Vertriebssystem bei Produkten mit einen hohen Kommunikationsbedarf Grenzen gesetzt, da es keinen persönlichen Kontakt zwischen Anbieter und Nachfrager gibt.

3. Programmpolitische Modellierung in Retailbanken

3.1 Sortimentsbreite und Sortimentstiefe

Bei der Gestaltung der Sortimentsbreite bei Retailbanken ist zu überlegen, welche Produkte und Dienstleistungen in einer Bankfiliale angeboten werden. Durch dieses Angebot bestimmt sich auch maßgeblich das Konkurrenzumfeld der Retailbank. Ähnlich der produktionsorientierten Herangehensweise beim Handel, besteht das Ausgangsproblem der Retailbank in der Notwendigkeit, die hohen Kosten des Filialsystems durch Erträge aus dem Produktverkauf überzukompensieren. Dies kann grundsätzlich durch die Aufnahme möglichst vieler Produkte aus dem Finanzbereich aber auch aus dem Nichtfinanzbereich ermöglicht werden. Sobald jedes zusätzlich in das Sortiment aufgenommene Produkt einen positiven Deckungsbeitrag erwirtschaftet ist deren Aufnahme lohnend. Sofern es sich bei der Sortimentsgestaltung um Dienstleistungsprodukte handelt, entsteht der beim Handel vorzufindende „Kampf um den Regalplatz" der Produkte nicht. Insofern erscheinen auf dem ersten Blick die Grenzkosten bei der Aufnahme eines beliebigen weiteren Produktes gering. Auf dem zweiten Blick ergeben sich jedoch auch bei der Sortimentserweiterung von Dienstleistungsprodukten Einschränkungen. Diese Einschränkungen gelten sowohl für die Gestaltungsproblematik der Sortimentsbreite als auch der Sortimentstiefe. Sie sind bedingt durch die Frage der profilierten Wahrnehmung der Retailbank durch den Konsumenten und der Frage des Angebots von Service und Beratungsleistungen.

Die Wahrnehmung von Retailbanken bei Konsumenten bestimmt sich maßgeblich aus deren Leistungsangebot und Leistungsprofil – und damit unmittelbar aus der Wahrnehmung des Sortiments. Retailbanken, die überwiegend Teilzahlungsgeschäfte und Ratenkredite anbieten (zum Beispiel Norisbank) werden von den Konsumenten auch hinsichtlich ihrer Kompetenz als ausschließlich für diese Leistungsart geeignet wahrgenommen. Eine Sortimentserweiterung in Richtung Vermögensanlageprodukte ist zwar für diese Banken technisch realisierbar. Bei Kunden und Nichtkunden kann dies aber zu Irradiationseffekten und zu einem Verlust des Wahrnehmungsprofils führen, wenn nicht die Sortimentserweiterung glaubwürdig kommuniziert werden kann. Des weiteren kann durch die Aufnahme weiterer Produkte in das Sortiment eine in der Wahrnehmung der Konsumenten vorhandene Spezialistenrolle hierdurch konterkariert werden. Dadurch wird auch das Wettbewerbsumfeld der Spezialisten verlassen und die Retailbank konkurriert mit anderen Banken die durch ihre Sortimentsgestaltung ähnliche Positionen besetzen.

Ähnlich den Imageeffekten durch die sortimentspolitischen Verknüpfungen von Waren zu Preislagen oder Erlebnisbereichen im Handel ist das Sortiment und das Leistungsangebot von Retailbank imageprägend. Sortimentspolitische Überlegungen müssen daher vor dem Hintergrund der Wahrnehmung der Retailbank im Markt betrachtet werden. So ist bei jeder Sortimentserweiterung im Einzelnen zu prüfen, ob und inwieweit die Kunden und potentiellen Kunden diese Sortimentserweiterung nachvollziehen können und das Angebot akzeptieren. Da gerade im Bankgeschäft die Produkte von einem hohen Maß an Vertrauen in die anbietende Institution oder aber in die Kompetenz des Beraters determiniert sind, ist es für Retailbanken nicht möglich, ihr Sortiment beliebig auszudehnen, da hierdurch Glaubwürdigkeitsverluste entstehen können.

Die Frage der Ausweitung des Sortiments hängt auch entscheidend von der Frage nach dem Angebot von Service und Beratungsleistungen ab. Sofern Beratungsleistungen angeboten werden, tritt an die Stelle der „Knappheit des Regalplatzes" die „Knappheit der Beratungsleistung" für die einzelnen Produkte. Dies betrifft sowohl die Sortimentsbreite als auch die Sortimentstiefe. Bei einer Verbreiterung des Sortiments muss die Retailbank nicht nur die entsprechenden Produkte in Form von EDV, gedruckten Broschüren oder Kundeninformationen vorhalten, sie muss vor allem sicherstellen, dass zu diesen Produkten ein ausreichendes Maß an Beratungsleistungen angeboten werden kann. Dies kann entweder durch Schulung der bestehenden Berater oder durch Neueinstellungen geschehen. Beide Varianten führen jedoch zu höheren Kosten. Bei der Entscheidung für die Sortimentsverbreiterung ist deshalb nicht nur der Fixkostendegressionseffekt des Filialbetriebs zu berücksichtigen, sondern gleichzeitig auch der Anstieg der variablen Personalkosten. So ist zum Beispiel vorgesehen, dass nach der Übernahme der Dresdner Bank durch die Allianz in ausgewählten Zweigstellen der Dresdner Bank Versicherungsfachleute der Allianz residieren, was zwangsläufig zu Neueinstellungen führen muss, da die bestehenden Berater der Dresdner Bank nicht kurzfristig zu Versicherungsspezialisten ausgebildet werden können.

Hinsichtlich der Sortimentstiefe ist bei einer Ausweitung zwar nicht notwendigerweise zusätzliches Personal einzustellen, die Notwendigkeit der Beraterinformation und gegebenenfalls der Schulung mit den damit verbundenen Kosten bleibt jedoch bestehen. Als weiterer begrenzender Faktor einer Ausweitung der Sortimentstiefe ist die beschränkte Informationsverarbeitung- und Beratungskapazität der Berater. So gibt es zum Beispiel im Vermögensanlagegeschäft mittlerweile mehr als 4 000 verschiedene Investmentfonds, deren einzelne Ausstattungsmerkmale und Differenzen für Berater kaum parallel erfassbar sind. So ist anzunehmen, dass sich Berater nur über einen geringen Teil der Fonds überhaupt informieren und diese Informationen im Beratungsgespräch einsetzen können. Jede weitere Produktvariante die zur Erweiterung der Sortimentstiefe eingeführt werden würde, kämpft damit um einen Platz im (begrenzten) Wahrnehmungsraum des Beraters und damit um die Chance, im Beratungsgespräch auch verkauft zu werden.

Bietet eine Retailbank demgegenüber keine Beratungsleistungen an, so ist die Ausweitung der Sortimentstiefe ohne größeren Anstieg der variablen Kosten möglich. So bieten auch die Banken, die ihre Leistungen ohne Beratung über das Internet vertreiben mehrere hundert Investmentfonds parallel an. Somit ist die Frage der Sortimentsgestaltung bei Retailbanken zum einen von der aktuellen Positionierung im Markt und der Frage der Möglichkeit der kommunikativen Vermittlung von Sortimentsveränderungen abhängig, zum anderen von der Frage, ob und inwieweit Beratungsleistungen angeboten werden.

3.2 Verbundwirkungen des Sortiments

Sortimentspolitische Verbundwirkungen ergeben sich bei Bankdienstleistungen schon allein aus bilanziellen Überlegungen von Retailbanken. Soweit eine Retailbank ihre Kredite nicht ausschließlich über die Kapitalmärkte refinanziert oder das Kreditgeschäft aus Konzerninteressen betreibt (vgl. hierzu die Banken der Automobilkonzerne und Versandhändler, (zum Beispiel Quelle Bank), die das Kreditgeschäft selbst als Absatzfinanzierung für den Kunden sehen und deswegen das Kreditgeschäft allein nicht unmittelbar profitabel sein muss), ist sie gezwungen, auch Spareinlagen und Termingelder anzubieten. Insofern ergibt sich aus der Produktion der Finanzdienstleistungen die Notwendigkeit, sowohl das Aktiv- als auch das Passivgeschäft zu betreiben. Insofern ist eine Retailbank in ihrer Sortimentsgestaltung nicht frei. Das Gleiche gilt für das Angebot von Zahlungsverkehrsleistungen und Girokonten. Obwohl diese Produkte meist nicht kostendeckend oder sogar kostenlos angeboten werden, gelten insbesondere die Girokonten als Basisprodukt der Banken. Nicht nur, dass dieses Produkt das am meist genutzte Finanzdienstleistungsprodukt in Deutschland überhaupt ist (circa 95 Prozent der Bevölkerung über 14 Jahre ist im Besitz eines Girokontos, vgl. hierzu Spiegel-Verlag 2000, S. 50), das Girokonto dient auch als Anknüpfungspunkt für den Vertrieb von weiteren Bankdienstleistungen. So ist zum Beispiel der Kontokorrentkredit, die EC-Karte unmittelbar mit dem Girokonto verbunden. Durch das Führen eines Girokontos erhalten die Banken beziehungsweise die Berater darüber hinaus Einblick in die finanzielle Situation des Kunden. Diese Einblicke erlauben es ihnen Informationen für weitere Dienstleistungen zu finden, wie zum Beispiel Sparverträge, Kreditkarten oder Ratenkredite.

Bei der Sortimentsgestaltung sind neben den dargestellten positiven Verbundwirkungen auch die negativen Verbundwirkungen zu berücksichtigen. Diese können bei zu hoher Sortimentstiefe durch Kannibalisierung der Produkte untereinander entstehen. So stehen zum Beispiel bei der Vermögensanlage „Investmentfonds", die eine ähnliche Anlagestrategie verfolgen, unmittelbar im Wettbewerb zueinander. Folgende Fragen sind daher hinsichtlich der Kannibalisierungseffekte zu beantworten: Gelingt es einem zusätzlich aufgenommenen Produkt auch neue Käufer zu gewinnen, das heißt erfolgt bei einem Kunden die Umschichtung von einem Aktienfonds in einen anderen Aktienfonds oder können durch das Angebot des zusätzlichen Aktienfonds neue Anlagegelder akquiriert werden?

Wenn Kannibalisierungseffekte eintreten, zum Beispiel durch Umschichtungen von Anlagegeldern von Spareinlagen zu Fondsprodukten: Ist der zusätzliche Ertrag höher als der Verlust aus der Umschichtung, das heißt können die Ertragseinbußen aus den Spareinlagen durch Erlöse aus den Investmentfondsanlage überkompensiert werden? Führt die Aufnahme eines neuen Produktes in der Gesamtwahrnehmung der Bank zu positiven Akquisitionseffekten, das heißt ist aus Gründen des Images notwendig, ständig neue Investmentfondskreationen in das Sortiment aufzunehmen um die Innovationsfreudigkeit der Bank zu demonstrieren?

Betrachtet man die derzeitige Sortimentgestaltung von Retailbanken so ist festzustellen, dass der Frage der Kannibalisierung der Produkte untereinander bislang wenig Aufmerksamkeit zu Teil geworden ist. Insbesondere bei Investmentfonds profitieren die Retailbanken von Ausgabeaufschlägen die sie als Vertriebsprovisionen vereinnahmen. Bei jeder Umschichtung eines „alten" Investmentfonds in einen „neuen" Investmentfonds wir der Ausgabeaufschlag verdient, sodass bei der üblichen Preisgestaltung von Investmentfonds jede Sortimentserweiterung belohnt wird. Anders verhält es sich dagegen bei der Kannibalisierung von Spareinlagen mit Investmentfonds. Werden Investmentfonds durch die Auflösung von Spareinlagen erworben, können bei der Retailbank Engpässe bei der Kreditrefinanzierung entstehen. Diese Engpässe können häufig nur durch hochverzinsliche Termingelder oder durch (teure) Verschuldung im Interbankenmarkt vermieden werden.

3.3 Differenzierungsstrategien durch Sortimentsgestaltung bei Retailbanken

Vor dem Hintergrund der diskutierten Handlungsalternativen haben Retailbanken folgende strategische Optionen für die Gestaltung ihres Sortiments. Das eine Ende des Kontinuums besteht in der Konzentration auf ihr eigentliches bilanzielles Geschäft, das andere Ende des Kontinuums besteht im Zukauf von Finanzdienstleistungsprodukten und Nichtfinanzdienstleistungsprodukten in der Positionierung als Vollsortimenter.

Vor dem Hintergrund der Bedarfsorientierung erscheint die Konzentration auf das bilanzielle Geschäft als wenig zweckmäßige Strategie. Entweder möchte die Kunden Geld anlegen, dann suchen sie nach geeigneten Anlageinstrumenten, die durch die Passivprodukte einer Bank allein nicht angeboten werden können. Oder die Kunden suchen Kreditleistungen, die zwar durch das Aktivgeschäft der Banken dargestellt werden können, die aber in vielen Fällen mit Versicherungsprodukten (Lebensversicherung, Berufsunfähigkeitsversicherung) kombiniert werden müssen, um aus Sicht der Kunden attraktive Angebote zu sein. Daher ist es für eine Retailbank unter dem Aspekt der Nachfrageorientierung zwingend, Produkte und Dienstleistungen hinzuzukaufen und so ihr Sortiment bedarfsgerecht auszuweiten. Dem Zukauf von Produkten ist, wie in Abschnitt 3.2 dargestellt, jedoch durch die begrenzte Beratungskapazität Grenzen gesetzt. Diese Grenzen können zum einen durch den vollständigen Verzicht auf Beratung überwunden werden oder zum anderen durch die Konzentration auf das Aktiv- (Kredit) oder das Passivgeschäft (Anlagegeschäft) mit der entsprechenden Ausweitung des Sortiments durch Zukäufe. Klammert man den Verzicht auf Beratung aus, so verbleiben als Gestaltungsparameter das Angebot von Aktiv- und Passivgeschäft mit dem Hinzukauf von jeweils dazu passenden Drittprodukten aus dem Finanzdienstleistungssektor. In dieser so entstehenden Matrix zwischen Aktiv- und Passivgeschäft haben die Retailbanken die Möglichkeit, ihr individuelles Ausmaß an Aktiv- und Passivgeschäft zu bestimmen. Dabei ist zu berücksichtigen, dass – bedingt durch die Engpässe der Sortimentsausweitung – diejenigen Retailbanken, die sich auf eine der beiden Achsen konzentrieren, eine bessere Möglichkeit haben, innerhalb ihres Sortiments die Sortimentstiefe zu erhöhen und damit zu einem Spezialisten zu werden. So kann zum Beispiel eine Retailbank, die sich auf das Vermögensanlagegeschäft spezialisiert, mehrere unterschiedliche Vermögensanlageprodukte in ihr Sortiment aufnehmen, da durch den Verzicht auf das Aktivgeschäft Beratungskapazität frei wird, die neu besetzt werden kann. Schwieriger ist diese Spezialisierung typischerweise im Kreditgeschäft, das, im Gegensatz zum Vermögensanlagegeschäft, weniger durch Provisions- als durch Zinserträge gekennzeichnet ist. Um den Refinanzierungsanforderungen zu genügen, muss einer Spezialisierung auf das Kreditgeschäft auch mit einer Spezialisierung auf das Kontokorrent- und Spargeschäft einhergehen.

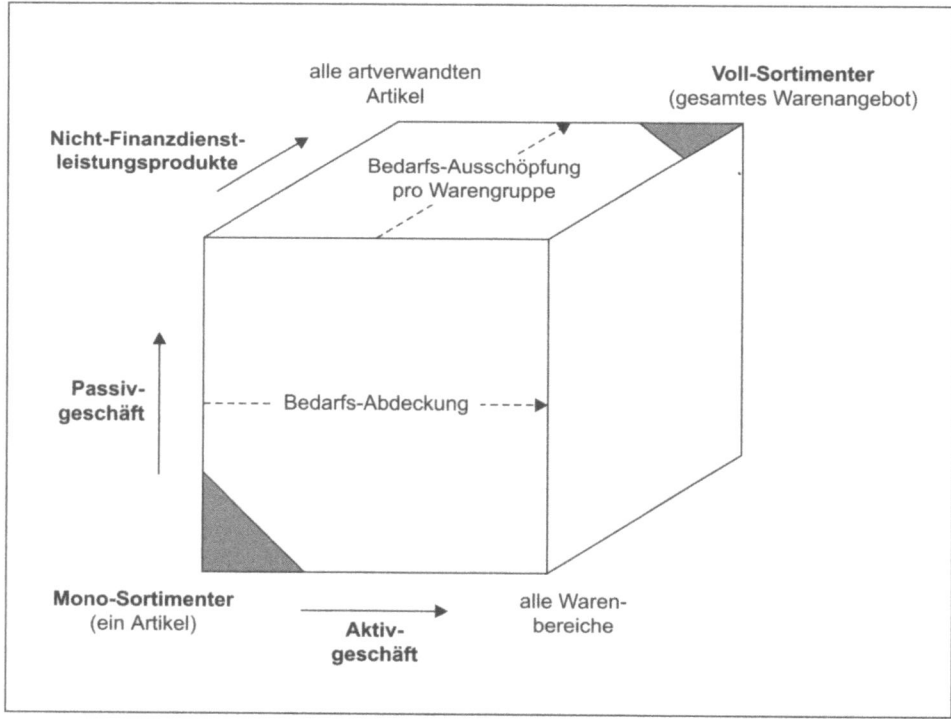

Abbildung 2: Raum der möglichen strategischen Positionierung

Um eine bessere Auslastung der Filialen zu erreichen, kann die Retailbank anstreben, neben den Finanzdienstleistungen auch Dienstleistungen und Produkte aus dem Nichtfinanzsektor in ihren Geschäftsräumen anzubieten. So besteht die Möglichkeit durch Shop-in-Shop-Konzepte einerseits die hohen Kosten der Bankfilialen durch Vermietung von Verkaufsräumen zu kompensieren, andererseits kann die Attraktivität der Bankfiliale insgesamt und damit die Kundenströme erhöht werden. Diese Erhöhung der Kundenströme kann auch für die Retailbank zu höheren Geschäftskontakten führen. Dies gilt umso mehr, wenn die Auswahl der Anbieter in den Shops so gewählt wird, dass mit dem Leistungsangebot die gleichen Zielgruppen angesprochen werden. So sollten zum Beispiel mit dem Angebot von Vermögensanlageleistungen auch Produkte und Dienstleistungen gehobener Preiskategorien angeboten werden.

4. Fazit

Ein Blick auf die Sortimentsgestaltung bei Banken zeigt im Kern zwei Entwicklungen. Einerseits findet eine deutliche Trennung zwischen dem Verkauf hochwertiger Produkte und Dienste (zum Beispiel Beratung beim Kauf von Investment Fonds) auf der einen Seite und standardisierten Transaktionen (zum Beispiel Kauf von Devisen) auf der anderen Seite statt. Während erstere mit entsprechendem Aufwand in den Räumlichkeiten der Bank inszeniert werden, versucht man die anderen auf dem Wege der elektronischen Abwicklung so effizient wie möglich zu vollziehen. So gesehen ist mit einer klaren Zweiteilung der Produkte und Dienste zu rechnen und damit verbunden eine völlig unterschiedliche Präsentation dieser Leistungen. Andererseits werden sich die Banken über ihr Sortiment und die Art der Bereitstellung dieses Sortiments im Markt positionieren. So ist davon auszugehen, dass es „Fast-food"-Filialen geben wird, in denen lediglich Standardleistungen erworben werden können, während aufwendige Produkte und Dienste lediglich in „Delikatess"-Filialen zu erwerben sind. Diese Aufteilung des Geschäfts findet teilweise sogar innerhalb einer Bank statt, wie die Trennung des Retail- und Privatgeschäfts etwa bei der Deutschen Bank AG zeigt. Insgesamt gesehen ist mit einer deutlichen Fragmentierung des Bankgeschäfts zu rechnen in dem Sinne, dass es wenige Universalbanken geben wird, aber dafür Spezialisten am oberen und unteren Ende der Leistungsskala. Als wichtiges Differenzierungsmerkmal dient schon heute der Preis.

Literaturhinweise

BARTH, K, Betriebswirtschaftslehre des Handels, 4. Auflage, Wiesbaden 1999.
HOLZKÄMPER, O., Category-Management, Göttingen 1999.
MÖHLENBRUCH, D., Sortimentspolitik im Einzelhandel: Planung und Steuerung, Wiesbaden 1994.
RUSCHE, T., Strategisches Sortimentsmanagement im Handel, Münster 1991.
LEITHERER, E., Betriebliche Marktlehre, 3. Auflage, Stuttgart 1989.
SPIEGEL VERLAG, Soll und Haben 5, Hamburg 2000.

Die Autoren

Stanley Bauer ist Regional Manager Deutschland/Schweiz der axion4gstp ltd, Zürich. Nach seiner Bankausbildung bei der Bayerischen Vereinsbank, Mannheim hat er an der Technischen Universität, Berlin und der Armstrong University, Berkeley USA sein betriebswirtschaftliches Studium mit Schwerpunkt Marketing und Wettbewerbstheorie 1996 als Dipl. Kaufmann abgeschlossen. Von 1997 bis 2001 war er für die Deutsche Bank, Frankfurt Projektmanager im Bereich IT/Operations und Mitarbeiter im Bereich Head Office Kapitalmarkt.

Rainer Blank absolvierte seine Ausbildung zum Bankkaufmann bei der Deutschen Bank AG. Von 1972 bis 1977 war er bei der NT Nordwestdeutsche Treuhand GmbH tätig und wechselte 1977 zur Allgemeinen Privatkundenbank AG (Allbank), Hannover. Dort war er bis 1993 Generalbevollmächtigter. Ab 1992 fungierte er zusätzlich als Geschäftsführer der Nordversicherungsdienst GmbH. Seit 1. Januar 1994 ist Rainer Blank Mitglied der Geschäftsführung der Volkswagen Bank GmbH. Zu seinen Zuständigkeitsbereichen gehören das Einlagen- und Provisionsgeschäft sowie das Personalwesen.

Dr. Klaus P. Caspritz war über 20 Jahre in verschiedenen Führungspositionen des Bankwesens tätig. Dabei war er Vorstandsvorsitzender der Lombardkasse AG, Berlin, sowie Sprecher der Geschäftsführung der Schickedanz Finanzdienstleistungs-Beteiligungs-GmbH, der Noris Verbraucher Bank GmbH und der Quelle Bank GmbH & Co, alle Nürnberg. Davor war er Vorsitzender der Geschäftsführung der V.A.G. Bank GmbH, Braunschweig, und Vorstand der Landesgenossenschaftsbank AG, Hannover. Sein Werdegang schließt noch die Position der Geschäftsführung der Scaha Verwaltungsgesellschaft mbH, Hannover, und des Referatsleiters der Westdeutschen Landesbank Girozentrale, Düsseldorf, ein. Das Studium der Nationalökonomie erfolgte an der Universität Hamburg, wo er auch promovierte.

Dr. Roland Folz verantwortet als Mitglied des Vorstands der DAB bank AG, München, und als dessen stellvertretender Sprecher die Bereiche Business-to-Business-Geschäft, Investor Relations und Produktentwicklung. Seinen beruflichen Werdegang startete Folz mit dem Studium der Wirtschaftsmathematik in Ulm und einem MBA-Studium an der University of Illinois at Chicago. Während dieser Zeit sammelte er parallel erste Marketingerfahrungen bei General Electric in Boston. Anschließend promovierte er in Ulm zum Dr. rer. pol. im Bereich Finanzmarketing. Folz wechselte von 1994 bis 1997 zu Foreign & Colonial in London, wo er als stellvertretender Direktor für die internationale Geschäftsentwicklung und Expansion im Bereich Investment Management verantwortlich war. Im Juli 1997 kehrte Folz als Generalbevollmächtigter zur DAB bank zurück. Seit Dezember 1998 ist er Mitglied des Vorstands, seit März 2001 dessen stellvertretender Sprecher.

Norman Hänsler studierte nach Abitur und Auslandsaufenthalt an der Johannes Gutenberg-Universität Mainz Betriebswirtschaftlehre, Sportwissenschaft und Hispanistik. Nach seinem Studium hat er als wissenschaftlicher Mitarbeiter am Lehrstuhl für Allgemeine Betriebswirtschaftslehre und Marketing, Center for Market-Oriented Product and Production Management von Professor Andreas Herrmann an der Universität Mainz begonnen im Bereich Konsumentenverhalten und kundenorientierte Produktgestaltung zu promovieren.

Prof. Dr. Andreas Herrmann ist Direktor des Center for Market-Oriented Product and Production Management an der Universität Mainz. Nach dem Studium und der Promotion an der WHU in Koblenz war er im Marketing-Controlling bei der Audi AG tätig. 1996 schloss er die Habilitation im Fach Betriebswirtschaftslehre an der Universität Mannheim ab. Seit dieser Zeit ist er an der Universität Mainz tätig und Vorsitzender des Beirats der Unternehmensberatung 2hm in Mainz.

Dr. Frank Huber ist am Center for Market-Oriented and Production Management an der Universität Mainz tätig. Das Studium der BWL und die Promotion schloss er an der Universität Mannheim ab. Zudem ist er Partner bei der Unternehmensberatung 2hm.

Prof. Dr. Ralf Jasny ist Professor für International Finance an der Fachhochschule Frankfurt am Main. Nach seiner Promotion am Seminar für Bankwirtschaft der Universität München war er bei der Deutsche Bank AG unter anderem als Global Head Private Customer für die Koordination der Marktforschungsaktivitäten in Konzern weltweit verantwortlich. Zuletzt war er Bereichsleiter Brand & Market Research bei der Deutschen Bank 24 AG. Er hat zahlreiche Beiträge zu den Themen Kundensegmentierung, Bankmarketing, Kundenzufriedenheitsforschung und Marktforschung veröffentlicht.

Dr. Luca P. Marighetti studierte an der Universität Konstanz Literaturwissenschaft, Geschichte, Philosophie und Soziologie mit anschließender Promotion zum Dr. phil. Nach seiner Promotion war der gebürtige Mailänder von 1988 bis 1993 für Procter & Gamble in verschiedenen Marketing- und Geschäftsbereichen im In- und Ausland tätig, zuletzt in leitender Funktion als Brand Manager Europe im Bereich Schönheitspflege (für Westeuropa). Von 1993 bis 1996 verantwortete er als Geschäftsführer und Sprecher der Geschäftsleitung der SC Johnson Wax GmbH in Düsseldorf die Bereiche Marketing und Vertrieb. 1996 wechselte er zu dem Beratungsunternehmen Mc Kinsey, wo er verschiedene Führungsaufgaben vor allem in den Bereichen Financial Institutions/E-Commerce wahrnahmen. Dr. Luca Marighetti wechselte zum 1. Januar 2001 als Generalbevollmächtigter zur Deutschen Bank 24. Er verantwortet den Aufbau und die Leitung des ersten integrierten Online Brokerage-Angebotes maxblue.

Frank Meyrahn ist Geschäftsführer der internationalen Unternehmensberatung 2hm mit Sitz in Mainz, Boston und Porto Allegre. 2hm wickelte im Bereich der marktorientierten Dienstleistungsgestaltung und des Markenmanagements zahlreiche Projekte im Finanzdienstleistungssektor ab.

Dr. Friedhelm Plogmann trat 1980, nach seiner Promotion, in die Westdeutsche Landesbank Girozentrale ein. Ab August 1984 war er Abteilungsleiter Vorstands- und Organbetreuung. Im Juli 1987 wurde er Leiter des Zentralbereichs Vorstandsstab und Presse. Im Januar 1991 Geschäftsbereichsleiter der Division Konzernsteuerung, dann ab Juli 1995 Geschäftsbereichsleiter Leasing und Kommunikation. Im Mai 1996 stieg er zum Mitglied des Vorstandes der Landesbank Rheinland-Pfalz, Mainz, auf und ist nun seit dem 25. Februar 1997 Stellvertretender Vorsitzender des Vorstandes der Landesbank Rheinland-Pfalz, Mainz.

Jürgen Rebouillon ist Vorstandsmitglied bei der Credit Suisse First Boston AG, Frankfurt. Diese Funktion bekleidet er seit dem 1. November 2000 nach 34 Jahren Zugehörigkeit zur Deutschen Bank AG, davon 20 Jahre in leitenden Managementfunktionen im In- und Ausland. Die wichtigsten Stationen waren dabei Controlling, Revision, Internes Consulting (In- und Ausland), Kreditüberwachung, Mitglied der Geschäftsleitung der Filiale Buenos Aires, Innenleitung der Zentrale Frankfurt und Leiter der Wertpapierabwicklung für Kontinental-Europa. Herr Rebouillon hat daneben für die Deutsche Bank AG bedeutsame Mandate in internationalen Organisationen wahrgenommen, darunter ISSA, SWIFT, GSTPA, ESF. Er engagiert sich nach wie vor intensiv für alles, was mit der Standardisierung und Automatisierung der Wertpapierabwicklung und Wertpapierverwaltung und Insourcing und Outsourcing von Backoffice-Funktionen zu tun hat.

Dr. Thomas Veit ist seit 1996 Mitglied des Vorstandes der Eurohypo AG, Europäischen Hypothekenbank der Deutschen Bank AG. Er studierte Betriebswirtschaftslehre und war vor seiner heutigen Tätigkeit für die Eurohypo AG Direktor der Deutschen Bank AG in verschiedenen Funktionen und davor Dozent für Finanzwirtschaft an der Universität Mannheim.

Ingrid Vollmer ist wissenschaftliche Mitarbeiterin am Lehrstuhl für ABWL und Marketing bei Prof. Dr. A. Herrmann und Doktorandin der Johannes-Gutenberg-Universität in Mainz. Ihr Forschungsschwerpunkt liegt auf dem Konsumentenverhalten, insbesondere dem Verhalten unzufriedener Kunden, der marktorientierten Produktgestaltung, der Attributionstheorie und dem Vertrauen. Neben ihrer Tätigkeit als wissenschaftliche Mitarbeiterin hat sie einen Lehrauftrag an der FH Darmstadt inne und ist Geschäftsführerin des Executive MBA an der Johannes-Gutenberg-Universität, Mainz.

Dr. Herbert Walter promovierte an der Universität in München. In dieser Zeit schrieb er auch als freier Journalist für das Handelsblatt und die Frankfurter Allgemeiner Zeitung, insbesondere über Kapitalmarktthemen. 1983 trat er als Trainee bei der Deutsche Bank AG ein; anschließend ist er im Firmen- und Kreditbereich tätig. Ab 1985 war er Vorstandsassistent in der Zentrale der Deutschen Bank. Danach übernahm er verschiedene Führungs- und Veränderungsaufgaben in Filial- und Geschäftsbereichen der Bank. 1998 wurde ihm die Leitung des Projektes Deutsche Bank 24 AG übertragen. Seit dem 1. September 1999 ist er Sprecher des Vorstandes der Deutsche Bank 24 AG. Darüber hinaus ist er Mitglied des Executive Committee der Private Clients and Asset Management Group im Deutsche Bank Konzern.

Stichwortverzeichnis

A
ABC-Analysen 163
Ablauforganisation 71
Aktienbörse 132
Aktienkultur 52, 55, 130–131
Aktivgeschäft 161, 169
Allfinanzgedanke 25
Allfinanz-Portal 59
Altersvorsorge 55, 130
Anlagegeschäft 65
Anleihefinanzierung 80
Anonymisierung 22
Arbeitsmarkt 78
Arbeitsverhältnis 32
Asset-Management 28
Auslandsgeschäft 67
Auto-Ansparplan 121–122
Autobank 116, 118
Autoindustrie 40
Automation 128
Automobilhersteller 117

B
Back-Office 93, 133–134, 136–140, 142
– Bereich 93
– Einheiten 128
– Mitarbeiter 128
Bankenaufsicht 84–85
Bankenloyalität 57
Bankfunktion 20
Bankgeschäfte 75
Banking-Community 91
Baseler Ausschuss 84
Baufinanzierung 57, 63, 75
Bedienungsfreundlichkeit 151
Beherrschungsverträge 99
Bilanzsumme 79
Bonitätsbeurteilung 84
Börse 53

Business Angels 86
Business-Format-Franchising 105
Business-to-Business-Kunde 52
Business-to-Customer-Kunde 52

C
Call-Center 47
Category-Management 164–165
Central-Counterpart-Konzeption 132
Clearing 96
Cluster-Analyse 158
Co-Branding 30
Community 54
Conjoint-Analyse 156–157
Controlling 69
Convenience 54
Cross-Border-Geschäfte 132
Cross-Selling 64, 75
Cross-Selling-Potenziale 111
Custody-Services 28
Customer-Management 20
Customer-Relationship-Management (CRM) 47

D
Datenübertragung 128
Datenverarbeitung 131
DAX 55
Deep-Discounter 115
Dekonstruktion 39
Depotverwaltung 149
Deregulierung 39, 129
Deutsche Bank 24 42, 44–48
Deutsche Bundesbank 80
Direct Mailing 119
Direkt Anlage Bank 51–54, 56–58
Direktbank 41, 43, 114, 123
Direktbankgeschäft 43
Discount-Broker 51–56, 58
Discount-Brokerage 51, 54–55, 114

Discounter 13
Distributionskanäle 30, 34
Distributionskraft 47
Distributor 42

E
E-Business 63
E-Commerce 13, 16, 20, 22, 25, 45, 129
Effektengeschäfte 149
Eigenerstellung 15, 17–18
Eigenkapitalunterlegung 68
Electronic-Commerce s. E-Commerce
Emissionsgeschäft 70
Erreichbarkeit 56
Event-Marketing 23
Existenzgründer 86

F
Fertigungstiefe 91
Filialbank 22, 26, 58
Filialnetze 114
Finanzderivate 149
Finanzdienstleister 32
Finanzdienstleistungen 75
Finanzinnovationen 129
Finanzmarktförderungsgesetze 130
Firmenkundengeschäft 65, 74
Fixkosten 137
Fixkostendegressionseffekt 167
Flexibilität 78
Fondsgesellschaften 57
Franchisegeber 105–108, 110
Franchisenehmer 105–111
Franchising 103–105, 107, 110–111
Fremdbezug 15, 18
Fremdprodukte 47
Fristentransformation 68, 72
Fusion 32
Fusionsdruck 138

G
Gegenparteirisiko 132
Genossenschaftsbank 83, 85
Geschäftsmodelle 41–42

Geschäftspotenziale 28
Gesetz über das Kreditwesen (KWG) 74
Gironetz 28
Globalisierung 39, 41, 129
Global-Player 91

H
Handelsgeschäfte 135
Handelsorganisationen 34–35
Handelsunternehmen 162
Handelszeiten 53
Händlersysteme 104
Hausbankbeziehung 80
Hausbankprinzip 80
Hilfsfunktionen 75
Hypothekenbank 61–67, 69–70, 72–75
Hypothekenbankgesetz 61, 66

I
Imagetransfer 122
Immobilienmarkt 66
Informationsbereitstellung 21, 54
Informationsgesellschaft 78
Informationsökonomik 17
Informationstechnologie 17–18
Informationsverarbeitung 148
Informationsvermittlung 21
Inhouse-Partnerschaft 146
Initial Public Offering (IPO) 86
Innovationsgeschwindigkeit 142
Insourcing 26
Interactive Voice Recognition-System (IVR) 57
Internet 45, 65
Internetbank 44
Internet-Portal 48
Investment-Banking 67
Investmentfonds 167–169
ISO 9000-Norm 152
ISO-Zertifikat 95
IT-Entwicklung 131
IT-Investition 91
IT-Technologie 16

J
Jumboemissionen 69
Just-in-Time 145

K
Kannibalisierungseffekte 169
Kernkompetenz 15, 99, 136, 145
Kfz-Versicherungen 118
Kommunalgeschäft 68
Kommunalkredit 61
Kommunikationstechnologie 17–18
Konditionentransparenz 64
Kontrahierungszwang 33
Kontrollverlust 138
Konzernverbund 47
Kooperationsformen 28
Kooperationsverträge 25
Koordination 14, 19, 146
- hierarchische 14, 19, 146
- hybride 19
- interne 19
- marktliche 14, 19, 146
Koordinationsformen 14–15
Kostenführerschaft 73
Kostensenkung 138
Kostentransparenz 137
Kostenvergleichsrechnung 139
Kreditanstalt für Wiederaufbau (KfW) 82
Kreditentscheidungsprozess 64
Kreditgeschäft 83, 170
Kunde-Bank-Beziehung 22
Kundenbindung 32
Kundendaten 98
Kundenfreundlichkeit 64
Kundenloyalität 58
Kundensegmentierung 44
KWG-Novellen 130

L
Leasingprodukte 117
Leistungsbündel 33
Leistungsschwankungen 32
Leistungsverrechnung 110

Liquiditätsmanagement 107
Lochkarte 127–128
LOKay® 94, 96–100
Lombardkasse AG 94, 96–99

M
Make or Buy 47, 92, 138–139
Marke 107
Markenname 30–31
Markenpräferenz 34
Marketingkonzept 107
Markteintrittsbarrieren 109
Marktorientierung 108
Markttransparenz 59
Marktzutrittsbarrieren 58
Mengengeschäft 127
Mitarbeiterbeteiligungsmodelle 130
Mitarbeiterbindung 32
Mittelstand 77–78, 81, 83, 85
Mittelstandsfinanzierung 82, 84, 87–88
Modularisierung 20
Mortgage Backed Securities 70
Mulitkanalnutzer 43
Multikanalbank 42, 44–45

N
Navigator 42
Needs-Specialist 115
Neuer Markt 55
New Economy 39, 49

O
One-Stop-Shopping 118
Online-Banking 34
Online-Brokerage 52
Online-Medien 119
Online-Nutzer 43
Online-Plattform 54
Organisationsstrukturen 100
Outsourcing 70, 73–74, 76, 92–93, 95, 98, 100, 127, 134–138, 140, 142, 145–149, 151–153, 155, 159
Outsourcing-Partnerschaft 140

P

Passivgeschäft 161, 170
Performancemessung 69
Personal 167
Personal Banking 42
Personalmanagement 71
Personalpolitik 148
Personalrekrutierung 110
Pfandbrief 72
Pfandbriefemissionen 69
Point of sale 34
Pooling 137
Positionierung 123
Preisgefüge 54
Preiswettbewerb 103
Privatanleger 54
Private-Banking 27–28
Privatkundenbanken 39
Privatkundengeschäft 41–42, 46, 49, 53, 62, 64, 67, 73, 103–105, 107, 109, 127
Produktebene 47
Produktionsbank 93
Produktspezialist 41
Profit-Center 146
Publizitätsanforderungen 80

Q

Qualitätsbenchmarks 150
Qualitätsoptimierung 138
Qualitätsreporting 150

R

Rationalisierungspotenzial 35
Reengeneering 26, 33
Refinanzierung 83
Relationship-Manager 115
Reorganisationsprozess 33
Repo-Geschäfte 157
Research-Tools 53
Ressourcenfreisetzung 138
Retailbank 161, 166–170
Retail-Banking 26, 28–30, 114
Retail-Geschäft 27
Risikominimierung 91
Risikosteuerung 107
Risikotransfer 136, 138

S

Schein-Outsourcing 146
Sekunden-Handel 53
Selbständigkeit 108
Service-Leistungen 157
Shareholdervalue 62
Shop-in-Shop-Konzepte 164–165, 171
Sicherheit 151
Skaleneffekte 29
Slogans 107
Sortimentsbreite 164, 166–167
Sortimentsdynamik 164
Sortimentseinschränkung 164
Sortimentserweiterung 167
Sortimentsgestaltung 168–169, 171
Sortimentshöhe 164
Sortimentskonsolidierung 164
Sortimentskontraktion 164
Sortimentspolitik 34, 161–162
Sortimentssteuerung 165
Sortimentsstrukturanalyse 163
Sortimentstiefe 166–168
Sortimentsumfang 163
Spargeschäft 170
Sparkassensektor 83, 87
Spezialbankprinzip 61
Spezialisierungsvorteile 20
Spill-over-Effekte 164
Standardisierung 129
Store-in-store-Konzept 22
Straight Through Processing (STP) 134
Strukturwandel 78
Stückkostenreduzierung 137

T

Technologie 128
Telefonkapazität 56
Terminbörse 132
Top-Trader 58
Total-Quality-Management 145
Transaktionsabwicklungen 131
Transaktionsebene 47
Transaktionskosten 14–16, 26
Transformationsprozess 39
Transparenz 59

U
Unabhängigkeit 147
Universalbank 29–30, 114
Universalbankensystem 25
Unternehmensfinanzierung 77
Unternehmensgröße 79
Unternehmensnachfolge 79

V
Venture-Capital 86–87, 89
Verbundwirkung 168
Vermögensanlagegeschäft 167
Vermögensanlageprodukte 167
Vertriebsbank 93
Vertriebsebene 47
Vertriebskanäle 33
Vertriebsweg 54
Volkswagen Bank direct 114, 116, 119–120, 122–125
Volkswagen Euro Cash 121
Volkswagen/Audi Card System 113, 116, 121

W
WAP-Banking 119
Wertpapierabwicklung 133–135, 137
Wertpapiergeschäft 51, 56, 129, 133
Wertpapierhandel 51
Wertpapierhandelsgeschäft 54
Wertpapierservice 93, 95
Wertpapierstammdatenpflege 149
Wertschöpfungskette 14, 17–18, 20, 29
Werttreiber 45
Wettbewerbsdruck 91, 145, 148
Wettbewerbsfähigkeit 40
Wettbewerbsvorteile 18, 79
Wiedereingliederung 137
WorldWideWeb 113

Z
Zahlungsverkehr 128
Zahlungsverkehrsabwicklung 150
Zentralverwahrer 132
Zielgruppenfokussierung 73
Zusagevolumen 83

MIX
Papier aus verantwortungsvollen Quellen
Paper from responsible sources
FSC® C105338

If you have any concerns about our products,
you can contact us on
ProductSafety@springernature.com

In case Publisher is established outside the EU,
the EU authorized representative is:
**Springer Nature Customer Service Center GmbH
Europaplatz 3, 69115 Heidelberg, Germany**

Printed by Libri Plureos GmbH
in Hamburg, Germany